山东省人文社会科学课题“博物馆展览质量观众评价体系研究”(2021-YYLS-01)成果

博物馆观众评估

——以山东博物馆2018—2020年的观众评估工作为例

卢朝辉　席丽　著

山东大学出版社
SHANDONG UNIVERSITY PRESS
·济南·

图书在版编目(CIP)数据

博物馆观众评估:以山东博物馆 2018—2020 年的观众评估工作为例 / 卢朝辉，席丽著. —济南：山东大学出版社，2022.8
ISBN 978-7-5607-7583-8

Ⅰ. ①博… Ⅱ. ①卢… ②席… Ⅲ. ①博物馆—观众—评估—山东—2018-2020 Ⅳ. ①G260

中国版本图书馆 CIP 数据核字(2022)第 147373 号

责任编辑 宋亚卿
封面设计 王秋忆

出版发行 山东大学出版社
社　　址 山东省济南市山大南路 20 号
邮政编码 250100
发行热线 (0531)88363008
经　　销 新华书店
印　　刷 山东和平商务有限公司
规　　格 720 毫米×1000 毫米 1/16
　　　　 15.5 印张 287 千字
版　　次 2022 年 8 月第 1 版
印　　次 2022 年 8 月第 1 次印刷
定　　价 56.00 元

前　言

对于每一个文博人来讲，无论其业务是否直接以公众为对象，其工作的最终目标都是满足人民群众对美好文化生活的向往。因此，了解观众的公共文化需求和学习体验特征对每个博物馆人来说必不可少。书中所述观众调研的理论和方法，不仅借鉴了西方观众评估的理论框架，还结合本土的展览和观众，在研究方法上做了一些突破性创新，使读者通过本书能够更好地了解博物馆观众研究，将所学理论与实践相结合，为将来的工作打下坚实的基础。

本书立足山东博物馆近十年来观众调查研究工作的实践成果，将具有代表性的案例加以提炼，既可用作博物馆从业人员的参考用书，也可用作博物馆学专业本科生和研究生的参考用书。本书共分为六章，撰写分工具体如下：第四章、第五章、第六章由卢朝辉撰写，第一章、第二章、第三章及附录部分由席丽撰写。

博物馆的产生和物的收藏密不可分。18世纪中叶，公共博物馆诞生。物作为博物馆的核心价值，其收藏和研究备受重视。20世纪初，本杰明·艾夫斯·吉尔曼(Benjamin Ives Gilman)对博物馆观众疲劳的研究，开启了博物馆对人的研究。在此后百余年的发展历程中，博物馆是以物为中心还是以人为中心一度成为争论的焦点。但一个不争的事实是，博物馆推出的各类公共文化产品在物和人之间搭建起了沟通的桥梁，只有透彻地对物和人进行研究，才会使这种沟通更有价值。

基于对人的研究对于博物馆发展的重要性，山东博物馆开展了观众评估工作。评估作为观众研究的重要组成部分，主要着眼于博物馆应如何为公众提供更为精准、更高质量的公共文化服务，通过调查研究来发现博物馆工作中存在的问题并尝试提供解决方案。展览作为博物馆最核心的文化产品，前置评估、形成性评估和总结性评估组成了展览评估的观众评价体系，在提升展览质量方面发挥着积极的作用。公共服务满意度评估、展览评估和教育项目评估构成了博物馆观众评估的基本架构。本书选取了2018—2020年山东博物馆开展的典型观众评估案例，并采用问卷调查法、无干扰跟踪观察法、访谈法等进行研究，而且较多地呈现了展览评估案例。不可否认，展览即教育载体，而且是博物馆波及观众数量最多的教育载体，随着精准化服务时代的到来，配套的教育项目评估亦是未来高质量教育服务的基础。博物馆教育分为线上教育和线下教育，本书呈现的主要是线上教育评估案例，但是线下教育项目的评估也在进行中。关于教育项目评估，无论是在理论上还是在方法上，本书都有很多尚不完善的地方，期待未来能和同行进行更深入的交流，共同推进博物馆教育项目评估工作再上新台阶。

本书的撰写建立在山东博物馆2018—2020年开展的观众调查研究工作的基础之上。在这三年的研究工作中，我们得到了山东大学历史文化学院博物馆观众学习项目组和北京师范大学教育学部中国儿童博物馆教育研究中心博物馆研究网络专家组的学术支持。与高校的合作既可以弥补博物馆观众研究理论和方法的不足，也可以加快高校观众研究成果在博物馆实践领域的应用，是两全其美的事情。这种合作如果可以得到双方管理层的推动，并给予适当的资金支持，势必会极大地加快这项工作的进程，进而推动博物馆事业和产业进一步发展。

限于我们的水平，书中难免存在一些错误和不妥之处，恳请同行、专家批评指正。

著　者

2021年11月于山东博物馆

目　录

第一章 概 述

第一节 博物馆观众评估的内涵

博物馆观众评估(museum visitor evaluation)是博物馆观众工作的主要组成部分。从20世纪初开始,一批研究者和实践者就开始探索如何通过观众来帮助博物馆检验、评判或提升自身的展览与教育活动,从而更好地吸引观众,实现博物馆社会价值的"终极目标"。人们开始关注观众在博物馆中的行为模式、博物馆观众数量的变化、博物馆给观众带来的影响或者观众对博物馆作出的评价等内容,并试图建立起这些内容与博物馆实践工作之间的具体联系。在这一过程中,观众开始呈现出一种"工具化"的倾向,他们被认为是博物馆实现"以观众为中心"理念的重要筹码,进而引起了越来越多的关注。在这一背景下,人们开始尝试对这样一个快速发展的领域进行反思与重构,以期清晰地理解博物馆观众评估究竟是什么以及它能为博物馆解决哪些问题。

关于观众评估的概念,国内外的相关学者均对这一问题作出过重要的论述。作为最早对博物馆观众评估进行界定的研究者之一,蒙利(M. E. Munley)认为,观众评估"是一种最普遍的实践,指的是自我分析与审阅的过程……评估被描述为整个系统的努力,来从观众的角度检验教育活动与展览的效果"[①]。大英自然博物馆公共服务部的米尔斯(R. Miles)则进一步详细地阐述了观众评估的内涵,他指出,观众评估旨在测量项目的运行状态,通常只针对单个项目或

① M. E. Munley, "Back to the future: A call for coordinated research programs in museums", *The Journal of Museum Education*, vol. 11, no. 1(1986), pp. 3-6.

项目的某一部分。[①] 美国杰克逊维尔州立大学的知名环境心理学家比特谷德(S. C. Bitgood)与观众评估的代表性学者谢特尔(H. H. Shettel)也提出了与米尔斯相似的观点,他们认为,观众评估"倾向于回答博物馆实践中遇到的具体问题"[②]。在此基础上,澳大利亚学者凯利(L. Kelly)进一步强化了这个观点,她认为,观众评估主要"是为了产生答案与建议"[③]。国内的研究者也对这一问题作出过相应的解释。台湾学者王启祥在综合了西方学者的相关观点后,将评估与调查和研究一起,视为观众研究的不同类型,并强调不同类型之间存在"目标上的差异"[④]。山东大学博物馆学青年专家尹凯对这一问题也进行了深入的探讨,他指出,观众评估与观众研究存在目的上的明显差异。[⑤] 周瑶在此基础上进一步将观众评估归纳为"应用性的观众研究",以强调观众评估在"目的"上的独特性。[⑥] 国内观众研究与评估领域的"奠基者"、吉林大学的史吉祥教授,也通过不同的表达方式来强调观众评估的实践导向。[⑦] 这些观点与认识对于我们理解观众评估的概念有着重要的影响。

综合上述国内外研究者与实践者关于观众评估的相关观点,本书认为,观众评估指的是一种基于观众视角的旨在为博物馆特定实践项目的开发、提升与检验过程服务的应用领域。首先,观众评估的内核在于"以观众为中心",即强调观众导向下的博物馆项目开发行为。换句话说,当博物馆能够有效地开展观众评估并将观众评估作为指导博物馆实践工作的重要参考时,这意味着博物馆将观众置于自身日常工作实践环节中的重要位置;反之,如果博物馆并没有将来自观众的反馈纳入博物馆的决策环节,那么观众评估也就无法发挥应有的价值和作用。其次,观众评估是一种应用导向型研究,这一点与观众研究之间存在着显著的区别。相比之下,观众研究侧重的是探索形成对于观众的一般性理解,是一种理论导向型学术研究行为,研究成果与结论往往具有典型性或普遍性;而观众评估则具有更为鲜明的实践导向,它强调有针对性地解

---

① R. Miles, "Grasping the greased pig: Evaluation of educational exhibits", in S. Bicknell and G. Farmelo, eds., *Museum visitor studies in the 90s*, London: Science Museum, 1993, pp. 24-33.

② S. C. Bitgood, H. H. Shettel, "An overview of visitor studies", *Journal of Museum Education*, vol. 21, no. 3 (1996), pp. 6-10.

③ L. Kelly, "Evaluation, research and communities of practice: Program evaluation in museums", *Archival Science*, vol. 4, no. (1-2)(2004), pp. 45-69.

④ 参见王启祥:《国内博物馆观众研究知多少》,《博物馆学季刊》2004年第2期。

⑤ 参见尹凯:《博物馆观众研究议题:概念、理论与实践》,《东南文化》2015年第6期。

⑥ 参见周瑶:《中国博物馆观众研究方法的现状与反思》,《中国博物馆》2018年第2期。

⑦ 参见史吉祥:《描述·解释·改变——博物馆观众研究的三重境界》,《东方考古》2018年第1期。

决对博物馆中某个特定的项目——具体的展览或教育活动所面临的具体问题。例如，为展览的开发提供来自观众的需求信息，检验展览的文字说明牌是否能够发挥应有的作用，通过分析展览带给观众的影响来判断展览的价值，等等。显然，观众评估的结论往往仅针对某个特定的项目，在典型性与普遍性上稍弱，但是对解决某个具体的问题具有极强的针对性和实效性。这一点也构成了观众评估与观众研究之间的显著差异，与上文国内外相关研究者的描述和判断相一致。

第二节 博物馆观众评估的内容

通常情况下，我们认为观众评估的主要内容包含前置评估（front-end evaluation）、形成性评估（formative evaluation）和总结性评估（summative evaluation）。上文中我们已经指出，观众评估是一种应用导向型研究，这与以理论导向为主体的观众研究之间形成了显著差异。但是在观众评估的内部，根据所要解决的主要问题的差异，仍然存在着不同的内容。从 20 世纪 60 年代末至 80 年代中期，在观众评估的内部基本形成了以前置评估、形成性评估和总结性评估为主体的三个具体方向。显然，这三类评估大体上与一个项目开发的前、中、后三个阶段相对应。下面我们将逐一阐述这三类评估的具体内容。

一、前置评估

前置评估通常指的是在项目开发的前期所进行的观众评估，旨在为项目的开发提供来自观众需求层面的信息。无论是举办展览还是教育活动，如果能够在项目开发之前充分理解观众对于特定主题、内容或呈现方式的基本需求，无疑对于项目的开发具有明确的指导性意义，这也是提升项目的观众参与度的重要途径。在这一背景下，观众前置评估显然是实现这一目标的有效方式。此类评估明确发生在项目开发的前期，项目的开发者与策划者通常会面向项目的潜在目标群体进行有针对性的评估，以获取这些观众对于项目的基本需求或特定需求。前置评估的开展从客观上对项目的开发提出了具体的要求：一方面，前置评估要求项目在开发之初，能够对自己的目标观众群体有一个比较清晰的认识，或者通过前置评估，初步形成对目标观众群体范畴的整体理解；另一方面，前置评估要求项目形成“目标意识”，即项目希望传播的目标是什么或者项目希望达成怎样的效果。根据米尔斯的观点，目标观众与预期目标应当成为展览和教育活动开发的重要出发点，而前置评估的应用，显然能够帮助项目树立这一意识。[①]

二、形成性评估

形成性评估通常指的是在项目开发的过程中所进行的观众评估，旨在检验项目对观众带来的影响是否符合项目的预期，并将此作为项目自我提升与改进的基础和依据。通常情况下，研究者与实践者们习惯于将展览面向公众正式开放之前的阶段视为展览的“开发阶段”，因此评估的对象往往集中在展览的“雏形”或者“模型”(mock-up)上。例如，检验某一处的单元文字或者说明牌是否能够被观众理解，观众是否能够正确操作某个交互设施，等等。但是，一些研究者也认为，展览面向公众开放之后，虽然往往无法再进行大规模的调整，但是仍然存在局部调整的空间，所以这一时期进行的以自我提升为目的的观众评估，也可以归为形成性评估的范畴。由于这一阶段进行的评估仿佛是对已经完成的项目进行适度的“补救”，因此一些研究者也将其称为“补救评估”(remedial evaluation)。但无论是在展览面向公众开放之前还是在展览面向公众开放之后进行的有限度的“补救”，评估的目标都指向了自我提升，而这构成了形成性评估最为显著的特点。

三、总结性评估

总结性评估通常指的是在项目开发完成之后所进行的观众评估，旨在检验项目给观众带来的影响，并将此作为判断项目效果、影响与价值以及未来开发新项目的依据。如上文所言，一些研究者与实践者倾向于将展览面向公众开放的时间作为“展览完成”的时间节点，但这样的划分会在一定程度上混淆总结性评估与形成性评估之间的边界。虽然总结性评估与形成性评估在操作层面并无明显差异——都指向了检验项目给观众带来的影响，但是总结性评估对结果的阐释更侧重于对项目的效果作出判定而非修正，这也是总结性评估最重要的特征。此外，尽管总结性评估的目标并不指向对项目自身的改进和提升，但是仍然可以为未来其他项目的开发提供参考与借鉴。从某种角度来看，总结性评估在一定程度上建立起了与前置评估之间的联系，并与其构成了一个可持续发展的闭环。

---

① R. S. Miles, “Museum audiences”, *International Journal of Museum Management and Curatorship*, vol. 5, no. 1(1986), pp. 73-80.

第三节 博物馆观众评估的方法

为了解决不同评估内容的具体问题，在观众评估的过程中往往会综合运用社会科学领域的研究方法。当我们谈及研究方法时，通常是指研究范式与具体研究方法两个不同层面的内容。研究范式通常包括实验研究、准实验研究、量化研究、质性研究、历史研究、混合研究等内容。这些研究范式通常在认识论、本体论和方法论上存在不同程度的差异。而具体研究方法则往往强调的是实现某种特定目标的直接途径或方式，如访谈法、问卷法等。作为一种实现特定研究目标的“工具”，它们可以适用于不同类型的研究范式。本节所强调的观众评估方法，指的是在观众评估中常用的具体研究方法，主要包括观察法、访谈法和问卷法。

观察法是观众评估中用以获得观众行为信息的一种有效方式。通常情况下，观察法由观察主体（观察员）发起，基于观察的形式，采集并记录客体（观众）的特定目标行为。作为观众研究与观众评估领域历史最悠久的一种研究方法，早在20世纪初，观察法就被研究者们广泛用于探索观众在博物馆中的行为，并由此提出了诸如“博物馆疲劳”等观众研究与观众评估领域的重要概念。从观察的形式上看，人工观察法是应用最为普遍的一种信息采集方式，较低的人工成本与学习成本是其显著的优势，但长期以来也饱受精确度和主观性方面的质疑；随着室内定位技术的不断发展，基于感知技术的新型观察方式也开始在观众评估领域得到应用，例如射频识别（RFID）、超宽带（UWB）、蓝牙等技术，它们的出现进一步提升了观察法的精确度和客观性，但同时也提高了观察的成本，它们对于硬件的需求也增加了推广的难度。从观察的对象上看，观察法能够记录和采集的行为信息类别非常广泛，这取决于评估的具体目标，通常情况下包括观众的注意力分布情况、参观时长、参观动线以及观众间的对话行为等。此外，由于一些研究成果建立了观众行为与观众体验之间的关联，因此观察法有时也被用于理解观众的学习成果。

访谈法是观众评估中用以获得观众体验与反馈的重要方式。通常情况下，访谈法由访谈主体（访谈员）发起，基于对话的形式，引导并记录客体（观众）对特定内容或问题的态度、看法与观点。作为一种常见的质性研究方法，访谈法对于探索性的研究有着非常重要的意义。20世纪90年代以来，随着建构主义理论对观众评估领域的影响不断深入，越来越多的研究者开始接纳利用访谈法的形式来捕捉观众对特定内容的“主观建构”，并将其视为理解项目对观众带来影响的主要途径之一。从访谈的形式上看，面对面访谈是访谈法最常见的一种表达形式，研究者与实践者通常会在博物馆场景内对正在参观的观众展开此类形式的访谈，以获取项目给他们带来的即时影响。此外，通过电话或邮件等方式进行间接的访谈，有时也会被用于观众评估，以理解项目给观众带来的长期影响。从访谈的内容上看，通常分为结构式访谈、非结构式访谈和半结构式访谈三种类型。结构式访谈强调访谈按照特定的标准程序进行，一般严格遵守访谈提纲的内容和顺序；非结构式访谈则是建立在某个特定主题的基础上，不依赖标准化程序而开展的自由交谈；半结构式访谈一方面参照一定的访谈提纲与顺序来进行，另一方面也会在特定的问题上进行开放式的沟通与交流。

问卷法是观众评估中用以获得观众体验与反馈的另一种常见方式。尽管对于问卷法的界定和理解存在不同的认识，但是从整体上看，问卷法就是运用问卷来收集研究资料的一种研究方法。其中，问卷就是根据研究课题的需要编制而成的一套问题表格，并由调查对象自己填写答案的收集资料的工具，同时也可以作为一种测量个人行为和态度倾向的手段。从调查的方式上看，问卷法包含邮寄调查、网络调查、电话调查、纸笔调查等方式。在博物馆观众评估的实践中，邮件调查与电话调查往往被用于观众离开博物馆之后，来检验项目给观众带来的长期影响；网络调查通常用于对潜在观众群体展开调查的前置评估阶段；纸笔调查通常是在博物馆场景内对观众进行调查的主要方式。从调查内容的结构上看，问卷包括结构式问卷和非结构式问卷。前者强调的是调查者根据项目的要求，按照提出问题的方式、措辞、提问顺序等规则来收集资料；后者也称“开放式问卷”，它对问题回答的逻辑与顺序并没有事先的硬性规定，通常仅按照项目的需求方向来进行信息采集。

需要强调的是，任何研究方法本质上都需要服务于特定的研究与评估目标，并不存在所谓“最好的研究方法”，只有最合适的研究方法。在这一背景下，研究者与实践者通常会综合采用多种方法来实现自己的目的。特别是对于实践导向与应用导向极为鲜明的观众评估领域来说，充分理解研究方法的特征与长处，是进行评估方案设计的重要基础。虽然观察法、访谈法和问卷法是观众评估领域最“普通”的基础性研究方法，但是时至今日这三种研究方法以及基于这三种研究方法延伸出来的方法，例如建立在访谈法基础上的焦点小组访谈法等，仍然发挥着不可替代的重要作用。

第四节 博物馆观众评估的意义

博物馆主动开展观众评估，有助于博物馆检验特定项目给观众带来的影响与效果。作为一个典型的非营利机构，全球范围内的博物馆几乎都在坚持“不以营利为目的”的博物馆伦理准则。在这一背景下，传统消费领域中用以判断市场效益或影响力的经济指标，在博物馆范畴内所能扮演的角色和发挥的作用就变得非常有限。特别是随着博物馆教育职能的不断提升，越来越多的博物馆开始寻求一种有效的途径，来证明自身所发挥的教育价值，并以此作为进一步获得资助与支持的重要支撑。在这种情况下，来自教育学教育技术领域的教育评估的相关成果引起了博物馆领域的关注，如斯科瑞文（C. G. Screven）[①]和谢特尔（H. H. Shettel）等人[②]开始尝试将教育评估的研究范式引入博物馆领域，来证明博物馆给观众带来的影响，特别是博物馆最重要的产物——展览所具有的教育效果。因此，观众评估之于博物馆的意义与价值，首先体现在为博物馆提升自身的影响与价值提供了一种可操作的、值得信任的新途径。

除了检验博物馆特定项目的影响与价值之外，观众评估的实施与开展也为博物馆项目的自我提升与改良提供了一种有效的路径。虽然观众评估为我们检验项目对于观众的影响提供了一种有效方式，但是显然检验本身并不是项目开发的目标，如何进一步提升项目给观众带来的影响才是博物馆的重点发展方向。在这一背景下，观众评估同样能够为特定项目的提升提供重要支撑和依据。一方面，这种支持体现为检验博物馆特定项目的预期目标与给观众造成的实际影响之间的差异；另一方面，这种支持通过反复的迭代和复测来缩减预期目标与实际效果之间的距离，甚至使实际效果超越预期目标。需要注意的是，博物馆项目面向公众开放，并不等同于项目本身已经“完成”，只要项目还存在可以提升的空间和改良的客观条件，那么观众评估就有能力为项目的发展带来积极影响。

观众评估还可以为博物馆的项目开发提供直接支持。特别是在项目开发

---

① C. G. Screven, “Exhibit evaluation—A goal-referenced approach”, *Curator: The Museum Journal*, vol. 19, no. 4(1976), pp. 271-290.

② H. H. Shettel, M. Butcher, T. S. Cotton, et al., *Strategies for determining exhibit effectiveness*, Pittsburgh, PA: American Institute for Research, 1968.

之初，无论是开展展览还是教育活动，都会面临一系列关于选题、内容的组织与安排等有待解决的基础性问题。通常情况下，项目的开发者往往会结合自身的经验和需求来进行开发和设计，但是随着观众评估的不断发展，项目的开发者有条件在项目开发之前理解潜在目标观众对特定主题的需求，这就为项目的开发提供了观众的视角。特别是在“以观众为中心”理念不断深入人心的当下，能够将观众对项目的特定需求融入展览与教育活动的开发过程中，显然是博物馆重视观众的一种重要举措。在这一背景下，观众评估所扮演的角色被赋予了更多的时代意义。

综上所述，主动开展观众评估工作，对博物馆在当代环境下的发展有着重要且积极的意义。随着“以观众为中心”理念的不断深入，观众评估开始成为衡量博物馆发展路径的重要风向标。显然，能够充分理解并将观众的需求、体验和反馈信息作为实践工作发展中心，更符合博物馆的发展趋势。而在展览与教育活动的开发和评价过程中，充分发挥观众评估的价值，是实现这一重要目标的有效途径，也是时代赋予观众评估的重要价值与意义。

第五节　博物馆观众评估的现状和进展

如果我们将吉尔曼在1916年提出的“博物馆疲劳”概念作为博物馆观众研究与观众评估的开端，那么至少在北美地区这一领域的发展已逾百年。① 虽然我们在回顾观众评估的发展过程时难以和观众研究完全“割离”，但从整体上看，观众评估的发展仍然呈现出比较明显的阶段性特征。本节我们将围绕以下内容展开：第一，将初步呈现观众评估的基本发展路径；第二，将描述现阶段观众评估的基本面貌特征。

首先，虽然博物馆观众领域的相关工作与研究可以追溯到19世纪末或20世纪初，但是真正意义上的观众评估实践，发端于二战后的北美地区，特别是20世纪六七十年代。在这一时期，以斯科瑞文、谢特尔和米尔斯的研究与实践为典型代表。为了挖掘二战后期北美地区的博物馆在全民教育与科普领域的潜在价值，一批研究者开始有意识地探索一种检验并提升博物馆教育效果的“科学路径”。在这一背景下，来自教育技术领域和评估领域的相关研究成果引起了人们的关注。斯科瑞文将应用于正式教育领域的“参考目标法”引入博

---

① B. I. Gilman, “Museum fatigue”, *The Scientific Monthly*, vol. 1, no. 2 (1916), pp. 62-74.

物馆中，试图通过观众的学习效果来检验展览的教育效果，并将其作为提升展览教育效果的重要依据。① 来自大英自然博物馆的米尔斯等则是从实践的角度出发，为了全面更新彼时备受批评的展示方式，提出了“新展览计划”，将前置评估、形成性评估和总结性评估全面融入展览的开发过程中，作为提升展览效果的重要途径。② 从这一时期开始，原有的、相对松散的观众研究和观众评估的研究与实践体系第一次得到了系统整合，以实践为导向的观众评估开始成为博物馆观众领域的“显学”。此外，由于这一时期的研究者和实践者追求的是观众评估的“科学化”，因此实验法和准实验法成为这一时期进行观众评估的主流研究方法，这一时期的观众评估也被称为“实验评估”。

20 世纪 80 年代以来，随着社会科学研究领域新思潮的介入，以实验法和准实验法为主体的研究范式开始受到越来越多的质疑和挑战。研究者和实践者开始探索一种在“自然状态”下进行观众评估的方式，“自然评估阶段”由此开始兴起，并构成了 20 世纪八九十年代的主要特征。在这一阶段，以沃夫(R. L. Wolf)和提米兹(B. L. Tymitz)③以及阿尔特(M. B. Alt)④等为代表的研究者开始对实验评估展开系统的批判。他们认为，通过实验法和准实验法实现的观众评估，虽然看似具备了“科学化”的特征，但是实际上忽略了博物馆观众参观的自然特征，观众被视为实验的对象，脱离了真实的参观场景。在这一背景下，沃夫等人提出了“自然评估”的概念，强调应该在观众参观博物馆的真实场景内对观众展开整体评估，进而作为衡量博物馆效果的重要依据。这一观点的兴起与彼时社会科学领域的阐释化、建构化倾向不谋而合，是 20 世纪 70 年代以来社会科学领域新思潮发展波及博物馆观众领域的重要特征之一。这种趋势在 20 世纪 90 年代以后引起了更为广泛的关注，与实验评估一起，成为观众评估的主流范式。

现阶段，观众评估一方面承续了以实验评估和自然评估为主体的两个基本研究范式，另一方面也呈现出具有时代特性的新特征。首先，在评估的技术层面，新技术的介入在一定程度上丰富了观众评估的可能性。虽然以人工的

---

① C. G. Screven, “Exhibit evaluation—A goal-referenced approach”, *Curator: The Museum Journal*, vol. 19, no. 4 (1976), pp. 271-290.

② R. S. Miles, A. F. Tout, “Human biology and the new exhibition scheme in the British museum (natural history)”, *Curator: The Museum Journal*, vol. 21, no. 1 (1978), pp. 36-50.

③ R. L. Wolf, B. L. Tymitz, “Studying visitor perceptions of zoo environments: A naturalistic view”, *International Zoo Yearbook*, vol. 21, no. 1 (1981), pp. 49-53.

④ M. B. Alt, “A cognitive approach to understanding the behaviour of museum visitors”, University of London, 1983.

方式进行观众评估的传统手段仍然是观众评估领域的重要方式，但是随着数据采集技术的不断更新，一些新技术被运用到观众评估领域并产生了新的影响。在这一过程中，“室内定位技术”的发展带来了重要的影响。通常情况下，观察并记录观众在展览中的行为是观众评估的重要目标之一。尽管传统的人工记录方式在成本、记录方式与灵活性上仍然有着非常重要的优势，但是室内定位技术的发展为这一领域带来了新的可能。例如，无线射频识别（RFID）技术目前已经成为一种捕捉观众在展厅内行为分布情况的有效方式。作为自动识别技术的一种，RFID技术强调的是通过无线射频的方式来实现非接触的双向数据通信，从而达到识别目标和数据交换的目的。秦始皇兵马俑博物馆已经连续多年将RFID技术应用于展览场景中，用以检测观众在展厅内的行为分布情况，取得了积极的效果。此外，诸如蓝牙技术、超宽带等技术也是实现室内定位的有效方式。这些新技术的介入无疑在节省人力和提高精度与效率上提供了更多的可能，但是我们也要意识到这些技术的潜在弊端，例如可能给观众带来的干预和较高的学习与建设成本等。但不可否认的是，新技术的出现为观众评估的实践提供了更多新的可能，构成了现阶段观众评估新面貌的重要特征之一。

现阶段，观众评估的另一个主要特征是评估成果与研究成果之间的“差异化”更加明显。20世纪90年代兴起的关于观众研究与观众评估的异同的讨论在21世纪初尘埃落定，研究者与实践者已经基本上达成了共识，即观众评估与观众研究是博物馆观众领域两个重要的、彼此关联但又存在明显差异的研究方向。二者在很大程度上共享一套研究范式和研究方法，最显著的差异则体现在“目标”上：观众研究强调的是建立对观众的一般性理解，观众评估强调的是解决特定博物馆面临的具体问题。从另一个角度来看，观众研究是一种理论导向，观众评估是一种应用导向。进入21世纪以来，这种差异化的趋势愈发显著。以北美地区为例，以美国国家科学基金（NSF）为代表的官方机构对观众评估项目进行了大量的资助，催生了大量的第三方评估机构介入观众评估领域，成为推动观众评估在实践领域发展的重要动力。与科研机构不同的是，以第三方机构为主导的观众评估项目具有更为强烈的实践导向，它们专注于解决某个博物馆所面临的具体问题，并试图基于观众评估的结果提出解决方案。在这一背景下，观众评估的成果普遍以评估报告的形式呈现，尽管一部分成果也会公开发表在相关的学术刊物上，但是这一比例远远低于观众研究成果。这种与观众研究差异化的发展趋势，构成了现阶段观众评估的另一个主要特征。

第六节 山东博物馆观众评估项目

自2010年11月新馆开馆以来，山东博物馆的观众调研工作一直在不断地进行着。山东博物馆还曾把观众调研工作列为某年度的重点工作任务，并且把它纳入博物馆工作的中期规划。但目前还存在着没有把观众研究和博物馆的展览、教育项目的策划有机地融合在一起的问题。好的展览和教育项目策划应该是以观众调研为基础的，并通过前置评估、形成性评估、总结性评估三阶段的评估来确保展览和教育项目策划的质量。但事实上，在目前国内很多博物馆以藏品研究专家和陈列艺术专家为核心的策展人模式下，观众并未像藏品那样受到重视。①

尽管如此，在山东博物馆十年的观众调研工作中，笔者还是扎扎实实地开展了一些工作，如开展了观众结构的调研、博物馆公共服务满意度调查、不同类型展览的观众评估、教育项目的评估。这些工作的意义和价值有三点：第一，在国家文物局对博物馆的定级评估和运行评估文件中，观众结构、观众评价和观众需求调研，成为分值占比较大的项目。在全国博物馆十大精品陈列展览评选和各级各类展览的评选中，也把展览的观众反馈作为必不可少的评价指标。以博物馆定级评估文件和全国博物馆十大精品陈列展览申报文件的要求为导向，笔者开展了观众调研工作，所积累的这些资料，满足了一级馆运行评估和精品陈列展览评选对观众调研资料的要求。第二，为博物馆增加更加精准、高质的公共文化产品提供了观众研究资料。博物馆公共文化产品的供应对象是观众，要想更好地满足公众需求，需要了解观众、研究观众，而这些观众学习研究资料的积累恰恰为更好地设计公共文化产品提供了理论基础。第三，为未来进一步提升博物馆服务社会的能力奠定了良好的基础。物的研究和人的研究是博物馆最基础的研究工作，尽管受各类主客观因素的影响，已有的观众调研工作在服务博物馆核心业务方面的作用有限，但是随着博物馆管理理念的不断更新，观众研究逐渐融入博物馆的核心业务终究是未来的一个发展方向。

在介绍具体工作之前，首先要对本研究涉及的几个基本概念作一下区分。

---

① 参见席丽：《展览阐释不足问题及对策研究——以“山东历史文化展（史前展厅）”为例》，《文博学刊》2021年第3期。

“观众研究”“观众评估”和“观众调查”是博物馆观众研究领域的几个基本概念，赵星宇博士和史吉祥教授曾对这三个概念进行过辨析，他们认为基于“目的”的差异，可以对三者作出区分：“观众研究”的目的指向观众自身，“观众评估”的目的指向机构本体，“观众调查”的目的指向数据采集。[①] 山东博物馆十年来开展的观众调查研究工作，从主观目的来讲主要致力于提升公共文化服务能力和公共文化产品的质量，提升服务社会的能力，满足人民群众对美好文化生活的向往和高层次的精神需求。调研紧紧围绕本馆工作开展，致力于本馆业务工作的提升，同时，通过评估发现问题，针对评估中出现的未能满足观众学习体验需求的问题深入开展研究，通过研究可以为问题的改进提出解决方案。本书展示了山东博物馆的观众评估实践，同时笔者在调研的基础上，也针对评估中的问题开展了系列研究，并发表了相关的研究成果，如《博物馆学习视角下的展览环境效果评估——以展线与照明设计对观众注意力的影响研究为例》[②]、《展览阐释不足问题及对策研究——以“山东历史文化展（史前展厅）”为例》[③]、《展览教育效果评估的理论、方法与实践——以山东博物馆2018—2019年展览观众评估项目为例》[④]等论文集中反映了山东博物馆在观众评估工作中所开展的一系列研究。

本书的撰写建立在山东博物馆观众评估实践的基础之上，但是同时也离不开观众研究工作，由实践到理论，再用理论指导新的实践，评估与研究工作相互促进，共同推动了博物馆公共文化服务能力的提升。接下来，笔者将详细介绍山东博物馆的观众评估工作，大致分为三个部分，包含评估工作的进展情况、评估的项目以及评估过程中存在的困难。

一、山东博物馆观众评估的两个阶段

山东博物馆开展了十年的观众评估工作大致可以分为两个阶段。2010—2017年，这一阶段没有专项资金的扶持，缺乏专业的调研团队，调研方法相对较为简单。调研主要为博物馆运行评估服务，如提供年度的观众调查报告，也

---

① 参见赵星宇、史吉祥：《研究、评估与调查的关系——对博物馆观众研究几个关键概念的辨析》，《东南文化》2021年第1期。

② 参见赵星宇等：《博物馆学习视角下的展览环境效果评估——以展线与照明设计对观众注意力的影响研究为例》，《自然科学博物馆研究》2020年第1期。

③ 参见席丽：《展览阐释不足问题及对策研究——以“山东历史文化展（史前展厅）”为例》，《文博学刊》2021年第3期。

④ 参见赵星宇、姜惠梅、席丽：《展览教育效果评估的理论、方法与实践——以山东博物馆2018—2019年展览观众评估项目为例》，《东南文化》2021年第1期。

会为精品陈列展览的评选和常设展览的改造提升提供一些观众意见。这一时期的工作主要通过观众意见本搜集观众意见，通过问卷调查的方法开展观众满意度调查和展览的调查，偶尔也采用跟踪观察的方法搜集观众行为数据，但是由于缺乏专业的指导，并未对搜集的观众行为数据进行深入的分析。在这期间，尽管调研人员也曾参加中国博物馆协会区域博物馆专业委员会组织的观众研究方面的培训，但是这项培训始终没有成为一种常规化的培训。与观众研究相关的专业委员会没有成立，也没有专业的学术刊物，而这使得观众调研专业人才成长缺乏必需的学术交流平台，这种学术支持的缺乏使得观众调研工作难以深入推进。

自2018年开始，山东博物馆制定了观众评价规范体系建设五年规划，馆方为该项目提供了一定的资金支持。第三方机构和专业公司的加入对项目起到了推动作用。开展博物馆观众评估要对不同类型的观众需求进行深入的研究，因此这是一项高度专业化的工作。目前专门从事博物馆观众调研的公司非常少，大多数公司都是普通的市场调研公司，它们的专业水准难以满足博物馆展览评估和教育评估的要求。在这种情况下，寻求和高校的合作显得十分重要。山东博物馆与山东大学历史文化学院观众学习项目组合作，开展了展览评估；与北京师范大学教育学部中国儿童博物馆教育研究中心合作，针对儿童观众开展了讲解教育项目的评估。这些合作提升了山东博物馆观众评估项目的设计能力，无论是理论基础还是研究方法，都有了较大的提升。这也使得博物馆的观众评估不再局限于《博物馆定级评估办法》所要求的观众结构、观众评价、观众意见、观众需求等评估内容，观众调研逐渐上升到研究层次，通过评估来发现问题，通过研究来梳理、解决问题，最终落实到提升博物馆的核心业务水平上来。

尽管目前还不确定未来国内的观众评估会不会成为展览设计的一部分，是否有专门的经费和专业的团队来实施，但是毋庸置疑，观众研究和博物馆的核心业务工作结合得越来越紧密，将有助于推动博物馆实施精准化的公众服务。

二、山东博物馆观众评估项目进展情况

本书将重点介绍山东博物馆2018年以来开展的一些观众评估项目。这一阶段的项目，无论是在评估方法、评估内容还是在评估对象上，笔者都做了一些开创性的探索工作。在评估内容上，开展了公众服务满意度评估、展览观众学习体验效果评估和教育项目评估，这些内容涵盖了博物馆公共服务的方

方面面，构成了博物馆观众评估的基本框架；在评估方法上，突破了以往使用观众意见本收集观众意见、通过问卷进行调查等单一的评估方法，采用跟踪观察、深度访谈、准实验设计等研究方法，对观众的学习体验开展深入的评估，获取的观众数据更为科学、真实和深入；在评估对象上，涵盖了成年人、青少年，也包括低龄儿童，即博物馆观众评估服务于全年龄段的观众。下文介绍山东博物馆已经开展的各类评估项目。

（一）公众服务满意度评估

满意度调查作为市场调研最常用的方法，广泛应用于服务行业，在博物馆的公众服务调查中也在普遍使用，它是评估博物馆各项业务工作最直接的手段。通过分析观众对博物馆的硬件设施和软件设施的满意度，以及哪里满意，哪里不满意，谁满意，谁不满意，便可以了解博物馆工作的好坏，博物馆可根据实际情况进行有针对性的调整。山东博物馆连续三年开展了公众服务满意度调查。通过分析调查结果，可以了解三年来观众结构的变化，比如观众的性别比例、年龄结构、地域来源、参观时长、参观目的；也可以简单快速地了解博物馆受观众欢迎的展览、教育活动、文创产品、导览服务水平、志愿者服务状况、硬件设施、展厅环境、文物保护等。可以在不同的服务项目之间进行横向对比；还可以通过不同年份的纵向对比，反映出博物馆不同年份的公共服务供给状况，从而为博物馆中长期规划的制定提供参考。

在博物馆的观众评估实践中，也常常对展览开展满意度评估，它是了解观众对展览评价最快速的手段，可以在一定程度上判断展览设计中存在的问题以及后续应该如何对展览作一定的补充和延伸，比如可以通过选择适当的教育项目来补充和延伸展览，提升展览服务公众的能力。满意度评估一般采用量化研究的方法开展，因为量化数据便于进行更加深入的分析，如通过满意度项目和人口学变量的交叉分析，我们可以了解到不同年龄段的观众对展览特定方面的满意度情况。因此，这一评估可以作为进一步研究的基础，可以针对评估中存在的问题进行进一步的研究。

虽然满意度评估有很多优点，但是它不能解决观众评估中存在的所有问题，尤其是对于展览评估，它难以记录参观过程中观众的行为信息，如观众的参观路线、参观时间、注意力水平等信息，而这些信息可以更为详细地反映观众的学习体验情况和展览设计中存在的问题。因此，仅仅采用满意度评估来评价展览的设计是不够的，还必须采用更多样的方法进行观众学习体验效果也就是展览传播效果的评估。

（二）展览评估

尽管展览评估项目不是博物馆定级评估和运行评估必要的打分项，亦非精品陈列展览评选的必要条件，但是它对展览质量的提升有着重要的作用，尤其是当它和展览的设计融合在一起时，构建以前置评估、形成性评估和总结性评估为核心内容的展览质量观众评价体系，可以较好地保障展览质量。因此，若能在展览评估的基础上，发现展览设计中存在的不符合观众认知学习体验规律的问题，并通过研究加以解决，将会更好地提升观众的学习体验。

国外一些博物馆把展览项目评估作为展览设计的一部分，在展览设计的经费中，专门拨出一部分费用用于展览的评估工作。而在国内的博物馆实践中，尚没有这样的规定，观众评估是一项可做可不做的工作。尽管山东博物馆没有把观众评估作为一项常规的工作，但是馆方为这项工作也付出了很多努力。在“六合同风——秦文化大展”中，山东博物馆专门从策展经费中拿出了2万元用于开展该展览的观众满意度评估。同时，馆方每年拿出几万元的资金专门开展观众调查研究工作，尤其是在博物馆运行经费紧张的情况下，馆方依然没有放弃对这个项目的资助，这体现出馆方对这项工作的重视，同时也坚定了调研人员在这个领域不懈探索的信心。不可否认的是，调研人员还需要在观众研究方面多下功夫，依据观众评估和研究的成果，为展览策划提出更有价值的方案，只有让策展人看到观众研究所能发挥的价值，他们才会认可这项工作，并将其自觉地纳入策展实践。

山东博物馆这几年开展的展览评估项目，以总结性评估为主，同时也包含少部分的前置评估和形成性评估。总结性评估是在展览开展后进行的评估，它的主要作用在于评估展览中观众的注意力状况和观众的学习体验，以此来了解展览设计中存在的问题，并通过教育项日的设计来补充展览设计的不足。本书选择的有代表性的展览，既有常设展览、临时展览（包括历史文化类展览、艺术类展览），也有引进的展览。尽管总结性评估通过在不同的展览中进行对比，可以了解展览设计的优劣，但是如果开展前便可以预防这些问题的出现，岂不是可以为观众创造更好的体验吗？也就是说，展览的前置评估和形成性评估在策展的过程中能更好地提升展陈质量。但在目前的策展模式下，观众研究和策展实践的结合还有很长的路要走，尤其是要突破一些体制障碍。路虽难，但我们还是在2020年度的重磅原创展览“衣冠大成——明代服饰文化展”中进行了尝试，开展了展前的需求评估，在“山东历史文化展（夏商周时期）”的改造提升项目中进行了探索。尽管这种尝试存在着这样那样的问题，但毕竟已经迈出了第一步。

（三）教育项目评估

博物馆开展了很多的教育活动，这些教育活动的效果如何，是需要进行评估的。教育活动应该遵循“活动—评估—研究—活动提升”这样一个理论和实践相互促进的过程。教育项目评估工作很多博物馆都非常关注，它是一项相对比较专业的工作，涉及博物馆教育的对象、目的、方法、效果等诸多方面的问题。只有对博物馆成人学习、儿童学习、早期学习进行系统、深入的研究，才能在教育项目评估中游刃有余。因此，教育项目评估是博物馆教育工作中的一个难点问题。

按照是否以实物的直接体验进行学习，博物馆观众的学习大体可以分为线下学习和线上学习两类。[①] 线下学习和线上学习往往有着不可分割的关系，探索二者之间的关系，有助于促进博物馆观众学习体验的提升。这两类学习的效果均需要开展观众评估。关于线下学习部分，山东博物馆开展了针对6～8岁儿童的讲解教育项目评估；关于线上学习部分，山东博物馆开展了针对年轻观众的讲解短视频的问卷调查项目。线下教育项目的评估既是一个展览评估项目，又是一个儿童观众研究项目，这一项目是与北京师范大学博物馆研究网络合作开展的儿童观众研究联合课题项目。通过评估，一方面，可以发现展览和讲解中的问题；另一方面，可以通过讲解这种教育手段对展览中的问题进行干预，以提升儿童的观展学习效果。由于线下教育项目还在进行中，因此本书并未对这个项目进行介绍，而是主要介绍已开展的线上教育项目。

博物馆线上教育包含非常丰富的内容，如线上展览、线上讲解、博物馆微学习资源等。本书中介绍的讲解短视频属于微学习资源的一种，将采用问卷调查的方式进行初步的评估，后续可以针对评估中存在的问题进一步开展研究。

三、观众评估目前存在的困难

以上介绍了山东博物馆近几年开展的观众评估工作，虽然这项工作取得了一定的成绩，但也存在着不少困难。笔者认为，该项工作目前主要存在以下几方面的困难，未来只有突破这些障碍，这项工作才能取得突破性进展。

（一）观众调研缺乏和博物馆实践工作的深度结合

展览、教育活动、文创产品是博物馆提供给公众的几种重要的文化产品。博物馆事业单位的性质使得创作团队普遍缺乏面向市场的意识，但这几年这一点也在慢慢改观，观众调研越来越受到重视便反映了这种变化。但是，观众调研还远远没有达到与博物馆主要业务融合在一起的程度，比如参与展览、教育项目的策划等，这一点会随着观众评估价值的凸显而慢慢改变。比如，在

① 参见席丽、赵星宇、涂强：《博物馆微学习资源设计思路初探》，《中国博物馆》2020年第4期。

"鲁王之宝——明朱檀墓出土文物精品展"这个展览讲解项目的教育评估中，由于意识到该展览中存在一些不适合儿童学习的地方，于是我们提出了通过增加儿童展线来提升这个展览对儿童的教育效果。此外，在展览改造提升相对困难的情况下，设计更好的教育项目来提升观展效果，无疑是一个很好的选择。

（二）缺乏专业的观众调研团队和专业的第三方公司

观众评估人才的缺乏是观众评估工作持续推进的最大障碍。目前，我们国家尚未有博物馆成立专门的观众研究部门，很多从事该项工作的博物馆人员缺乏博物馆学理论基础，也缺乏相关的方法学训练，行业内也缺乏系统、专业的培训。社会上也缺乏这种专业的第三方公司，一些市场调研公司难以胜任博物馆观众评估如此专业的工作。与高校开展长期合作无疑是一个很好的途径，但是由于目前招标政策的限制，通过竞争性磋商有时难以选到合适的供应商来承担这一工作。但这几年也有一些这样的公司成立，它们依托大学中优质的人才资源，在实践中不断地成长，相信这类专业的公司会在博物馆事业的大发展中不断成长壮大。当然，也期待相关政府部门能够提供相关的系统培训或者行业协会成立相关的专委会来推动培训工作的开展，从而培养观众调查研究人才，这对观众评估工作无疑是一个利好。

（三）缺乏管理层的推动和资金支持

关于观众评估工作的重要性，不同博物馆管理层的认识不同，各级各类博物馆的馆情不同，支持力度也不尽相同。国内某些博物馆起步较早，已着手开展了相关的博物馆学培训，在一定程度上推动了博物馆观众评估工作。比如，浙江省博物馆充分发挥浙江大学博物馆学的优势资源，每年开展"文澜博物馆学论坛"品牌培训活动，刷新了整个浙江省各级各类博物馆对此项工作的认识。有了博物馆管理层的支持，这项工作才能够获得必要的经费。经费充足的博物馆可以系统地开展此项工作；而缺乏资金和专业人员的中小型博物馆，可尝试通过创新的路径来解决问题。但是，我们坚信，随着博物馆精细化服务时代的到来，这项工作的起步对于每个博物馆来讲，都是迟早的事情。观众研究将直接影响对博物馆主要业务的决策，也可能成为资助方或合作方进行价值判断的依据，其重要性不言而喻。①

① 参见周婧景、林咏能：《国际比较视野下中国博物馆观众研究的若干问题——基于文献分析与实证调研的三角互证》，《东南文化》2020 年第 1 期。

第二章　公众服务满意度调查分析报告

年度观众调查报告或观众满意度报告是博物馆定级评估和运行评估的基本要求，这一点从国家文物局公布的《全国博物馆评估办法》《博物馆定级评估标准》《评分细则计分表》等文件中可以看出。上述文件中的观众调查部分，给出了观众调查方式、观众调查人数、年度观众调查报告公开发布以及观众满意度应达到何种水平等要求。我们以这些文件为依据，对山东博物馆所提供的各类公共文化服务开展了观众满意度调查，并对照文件要求，按照国家一级博物馆的要求，对博物馆的公共文化服务工作提出了提升建议。下文将围绕《山东博物馆 2018 年度观众满意度调查报告》予以详述。

第一节　调查情况概述

一、调查目的

观众调查有助于博物馆了解其软硬件设施及服务情况，主要可针对博物馆在展品陈列、环境卫生、展示形式、对外宣传、安保措施、志愿者服务、灯光效果、讲解服务、网络服务、文创纪念品商店、触摸屏和说明牌等方面开展问卷调查，从而对博物馆观众群体的自然特征、参观特性、观展体验、满意度评价等情况进行了解和评估。

年度观众满意度调查旨在了解观众对山东博物馆 2018 年公共文化服务状况的满意度水平，为山东博物馆管理层全盘统筹业务工作提供决策参考，为改善山东博物馆公共文化服务水平提供方向，为博物馆的观众研究提供一手调研资料。

二、调查对象及主要内容

调查对象为 2018 年前来山东博物馆参观的观众。

调查问卷主要分为三大部分:第一部分是被调查观众的观展行为特性,包含出行方式、信息获取渠道、参观次数、停留时长、参观目的等方面;第二部分为满意度评价,包含观众对博物馆的总体满意度以及对场馆环境和配套设施、展览整体效果、场馆服务项目等各项服务要素的实际满意度评价,其中观众建议部分采用开放式作答形式,其他采用封闭式作答形式;第三部分为被调查观众个人背景,包含性别、年龄、受教育程度、职业、收入及居住地等信息。

三、问卷发放及回收情况

根据山东博物馆具体的开放时间,本次博物馆年度观众满意度调查分时段进行,具体分为两个调查时段:工作日参观时段调查和周末、节假日参观时段调查。

(一)总体调查安排

自 2018 年 9 月 10 日起,调查持续时间为两个多月(63 天),约 8 周(具体安排计划见表 2-1);正式调查实施采取分时段发放与回收问卷的方式,每周集中发放与回收有效问卷约 70 份(实际问卷发放时间及样本量略有变动)。

(二)工作日时段调查安排

8 周的工作日参观时段,即周二至周五 4 天,任选 2 天,根据具体情况,随机抽取有效样本约 30 个,即每天约完成 15 个有效样本。

(三)周末、节假日时段调查安排

8 周的周末参观时段,即每周的周六、周日 2 天,任选 1 天(含节假日),根据具体情况,随机抽取有效样本约 40 个。其中,考虑到"十一"黄金周观众来源地更为广泛的特殊情况,选择 3 天,共计随机抽取有效样本 100 个。

表 2-1　2018 年度观众满意度调查日期安排

2018 年 9 月							2018 年 10 月						
日	一	二	三	四	五	六	日	一	二	三	四	五	六
						1		1	2	3	4	5	6
2	3	4	5	6	7	8	7	8	9	10	11	12	13
9	10	11	12	13	14	15	14	15	16	17	18	19	20
16	17	18	19	20	21	22	21	22	23	24	25	26	27

续表

2018年9月							2018年10月						
23	24	25	26	27	28	29	28	29	30	31			
30													
2018年11月							2018年12月						
日	一	二	三	四	五	六	日	一	二	三	四	五	六
				1	2	3							1
4	5	6	7	8	9	10	2	3	4	5	6	7	8
11	12	13	14	15	16	17	9	10	11	12	13	14	15
18	19	20	21	22	23	24	16	17	18	19	20	21	22
25	26	27	28	29	30		23	24	25	26	27	28	29
							30	31					
（浅色）	博物馆2018年度观众满意度工作日调查												
（深色）	博物馆2018年度观众满意度周末、节假日调查												

实际调查发放与回收有效问卷总计610份，其中工作日时段发放与回收有效问卷257份，占比为42.1%；周末、节假日发放与回收有效问卷353份，占比为57.9%。问卷发放与回收的具体情况如表2-2所示。

表2-2　2018年度观众满意度调查问卷发放与回收的具体情况

总体问卷发放与回收情况		
调查安排类型	有效样本量/份	占比/%
工作日时段调查	257	42.1
周末、节假日时段调查	353	57.9
合计	610	100

工作日及周末、节假日问卷发放与回收情况			
周	类型	样本量/份	合计/份
第1周（9月10—16日）	工作日	20	51
	周末、节假日	31	
第2周（9月17—24日）	工作日	25	60
	周末、节假日	35	

续表

工作日及周末、节假日问卷发放与回收情况			
周	类型	样本量/份	合计/份
第 3 周(含“十一”黄金周)(9 月 25 日—10 月 7 日)	工作日	40	140
	周末、节假日	100	
第 4 周(10 月 8—14 日)	工作日	30	65
	周末、节假日	35	
第 5 周(10 月 15—21 日)	工作日	37	72
	周末、节假日	35	
第 6 周(10 月 22—28 日)	工作日	35	75
	周末、节假日	40	
第 7 周(10 月 29 日—11 月 4 日)	工作日	35	74
	周末、节假日	39	
第 8 周(11 月 5—11 日)	工作日	35	73
	周末、节假日	38	
合计		610	610

四、报告数据分析说明

在分析数据时，单选题目回答选项占比按四舍五入取小数点后两位，所以，有时总和未必是 100%；多选题目的回答选项占比总和也并非 100%。

满意度测量采用李克特五点量表，其中“1”表示“非常不满意”，“2”表示“不满意”，“3”表示“一般”，“4”表示“满意”，“5”表示“非常满意”。考虑到观众对博物馆中的某种服务要素可能缺乏认识和体验，因此在报告中增加了“不清楚”选项。报告中各项服务要素的实际满意度数据将“不清楚”选项数据作去除处理。其中，满意度＝(非常满意量＋满意量)/有效回答样本量。

五、问卷信度和效度分析

本次调查的数据分析，采用 Excel 与 SPSS 24.0 作为数据分析工具。

为了验证本次调查问卷的可靠性和有效性，我们对问卷的信度与效度进行了测量。信度即可靠性，它是指采用同样的方法对同一对象重复测量时所得结果的一致性程度。效度即有效性，通常是指问卷的有效性和正确性，亦即问卷能够测量出其所欲测量特性的程度。问卷信度分析采用克隆巴赫系数(Cronbach's α)进行反映，经测算，本调查问卷的Cronbach's α为0.972>0.9；问卷效度分析采用KMO(Kaiser-Meyer-Olkin)值法进行，经测算，本调查问卷的KMO值为0.948>0.9。可见，本调查所采用的问卷具有较高的信度和效度。

第二节　观众属性分析

一、客源构成

(一)性别构成

本次调查的有效样本数据显示，男性观众占比为48.85%，女性观众占比为51.15%(见图2-1)。总体而言，受调查的观众男、女比例基本均衡，女性观众略多于男性观众。

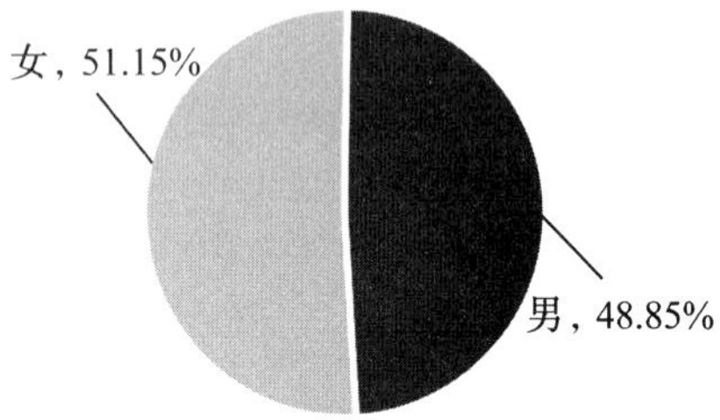

图2-1　观众性别构成统计分析

(二)年龄构成

从年龄结构上看，受访观众年龄结构大体呈现出“阶梯状”的特点，如图2-2所示。其中，年龄在19～25岁及26～35岁的人群最多，占比分别为35.57%、31.48%；其次为36～45岁的观众，占比为17.87%；12～18岁的观众占比为7.05%；46～55岁的观众占比为5.74%；56～65岁的观众占比为1.8%；最少的为66岁以上的观众，占比为0.49%。这总体上反映出前来山东博物馆参观的被调查观众主要以青年群体为主。

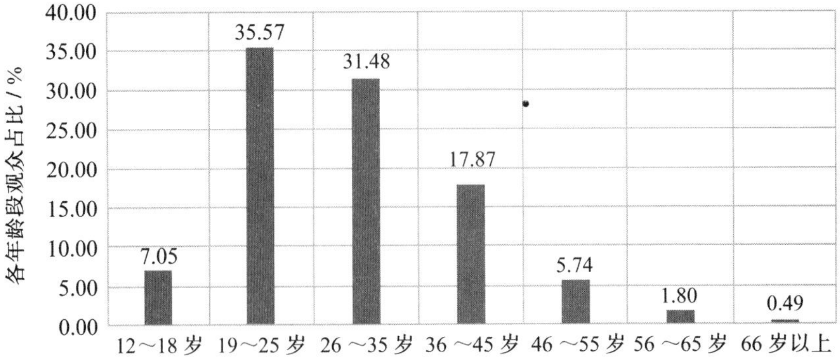

图2-2　观众年龄结构统计分析

(三)观众来源地构成

调查数据显示,省内观众占比较多,高达80.33%;省外观众占比为19.67%(见图2-3)。这总体上反映出山东博物馆的观众来源以山东省内为主,博物馆对省外观众的影响力仍有较大提升空间。其中,受样本量所限,未涉及港澳台地区及海外观众。

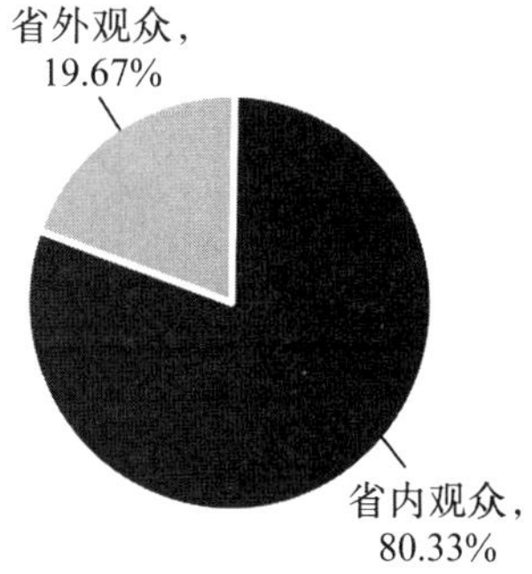

图 2-3　观众来源地构成统计分析

对于省内客源,调查数据中 17 地市均有样本量体现,并大致呈现出以济南市为中心向外辐射的结构特点,如图 2-4 所示。其中,济南市观众占省内客源的 55.51%,占比过半;德州市、泰安市、潍坊市三地观众占比相对较高,分别为 5.71%、5.10%、4.29%;威海市、日照市和莱芜市观众占比较小,分别为 0.82%、0.61%、0.41%。这说明山东博物馆的观众来源趋于本地化。

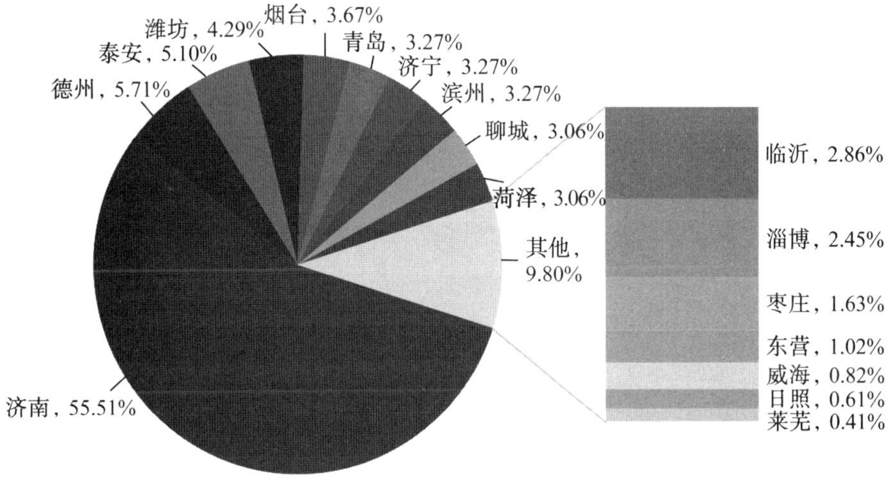

图 2-4　省内观众来源地构成统计分析

对于省外客源,调查数据显示,山东周边省市的占比相对较高(见图 2-5)。其中,山西省、北京市、河北省为三大主要来源地,占省外客源的比例分别为9.17%、8.33%、8.33%;安徽省、江苏省、黑龙江省和辽宁省也占有一定的比例,分别为 6.67%、5.83%、5.00%、5.00%;其他省份的占比相对较低。

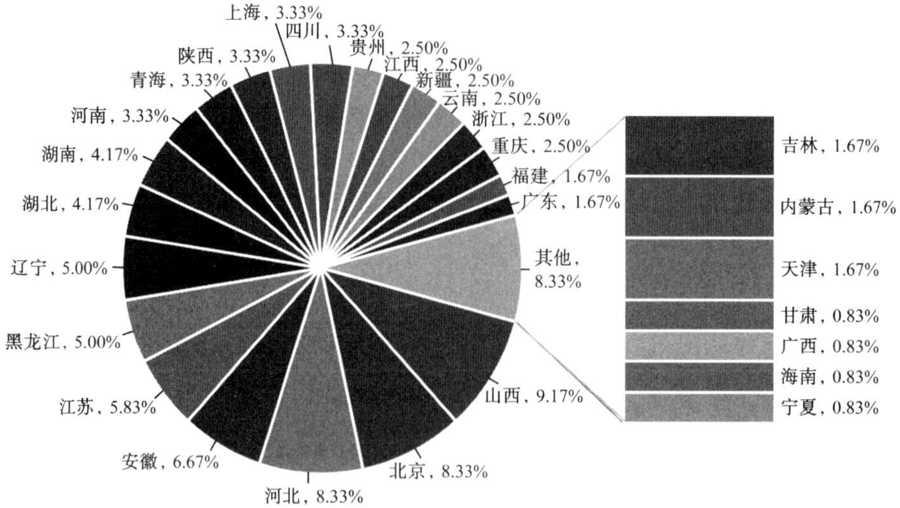

图2-5　省外观众来源地构成统计分析

（四）观众受教育程度及职业构成

从被调查观众的受教育程度数据来看，具有本科学历的观众最多，占比为60.16%；其次为具有大专和硕士研究生及以上学历的观众，占比分别为18.52%、10.66%；具有高中（中职）和初中及以下学历的观众占比较少，分别为8.69%和1.97%（见图2-6）。从整体上看，被调查观众中受教育程度较高的人群（大专、本科以及硕士研究生及以上）占据较高的比例。

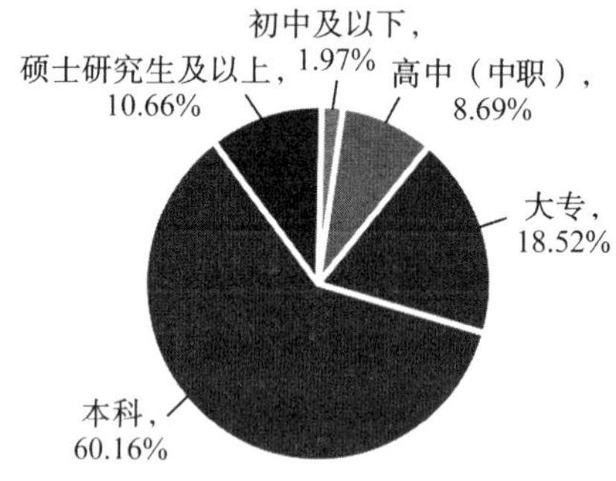

图2-6　观众受教育程度构成统计分析

如图2-7所示，在观众的职业类型中，占比较大的为学生和企事业单位员工，分别为31.48%、28.52%；其次为自由职业者、教师和企事业单位管理人员，占比分别为11.31%、9.34%、6.89%；其他均低于5%，相对较少。总的来说，参观人群的职业较为多元化，其中学生群体占比较大。

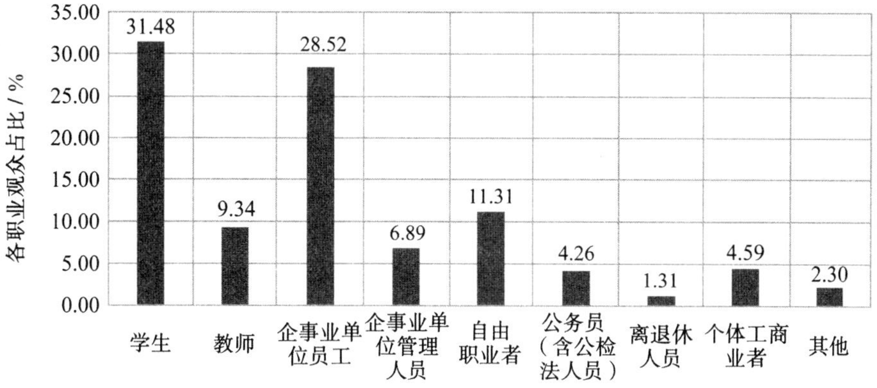

图 2-7　观众职业构成统计分析

（五）月收入状况构成

如图 2-8 所示，观众的月收入主要分布在 2000 元以下、4001～6000 元以及 6001～10000 元三个区间，分别占 28.36%、22.46%、19.67%；收入在 2001～4000 元区间的观众合计占比为 21.63%；收入在 10000 元以上的观众占比为 7.87%。由于观众中很大一部分是学生，这会影响该项调查的准确性，因此我们对不同月收入的群体结合职业进行了交叉分析，如图 2-9 所示。由图 2-9 可以看出，收入在 2000 元以下的群体包含了 80.73%的学生及 25.00%的离退休人员。

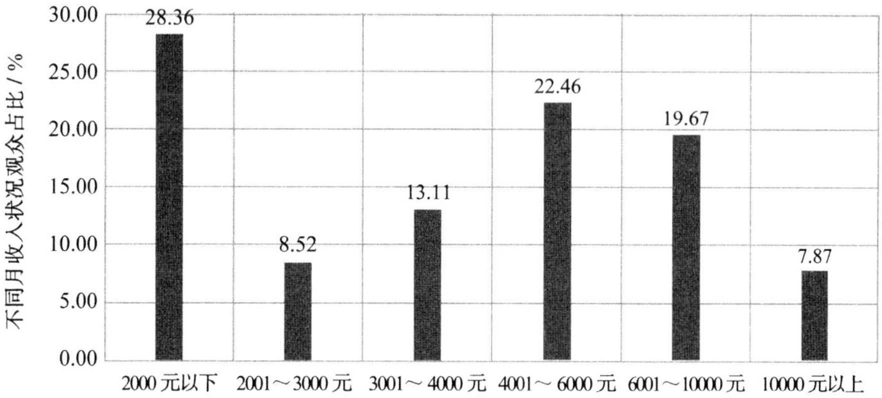

图 2-8　观众月收入状况构成统计分析

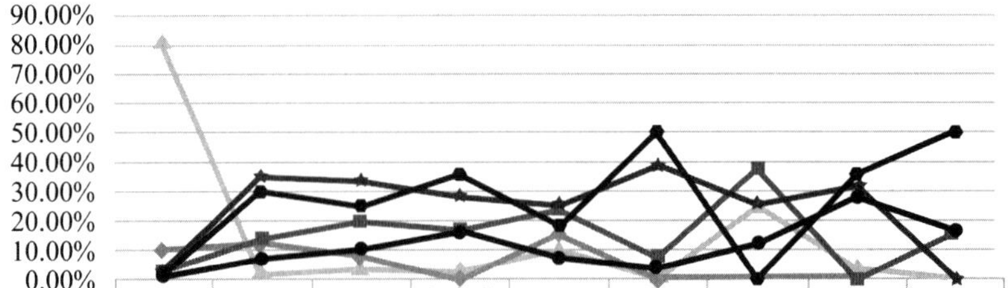

	学生	教师	企事业单位员工	企事业单位管理人员	自由职业者	公务员（含公检法人员）	离退休人员	个体工商业者	其他
2000元以下	80.73%	1.75%	3.33%	2.38%	9.86%	0	25.00%	3.57%	0
2001～3000元	9.90%	12.28%	7.78%	0	15.49%	0	0	0	16.67%
3001～4000元	3.13%	14.04%	20.00%	16.67%	23.94%	7.69%	37.50%	0	16.67%
4001～6000元	2.60%	35.09%	33.89%	28.57%	25.35%	38.46%	25.00%	32.14%	0
6001～10000元	2.08%	29.82%	25.00%	35.71%	18.31%	50.00%	0	35.71%	50.00%
10000元以上	1.56%	7.02%	10.00%	16.67%	7.04%	3.85%	12.50%	28.57%	16.67%

图2-9　观众职业与收入的关系

二、观众观展行为偏好分析

（一）观众出行方式

观众的出行方式如图2-10所示。其中，与家人或亲戚一起来参观的观众占比最高，为35.08%；其次为和朋友一起来参观的观众，占比为32.46%；独自一人和团体（学校、旅游团）的观众占比分别为21.48%、10.16%；其他占比最低，为0.82%。这反映出观众以家庭观众和与朋友一起参观者为主，而团体游的观众只占一成。博物馆可以针对不同类型的观众有所侧重地开发文化产品。

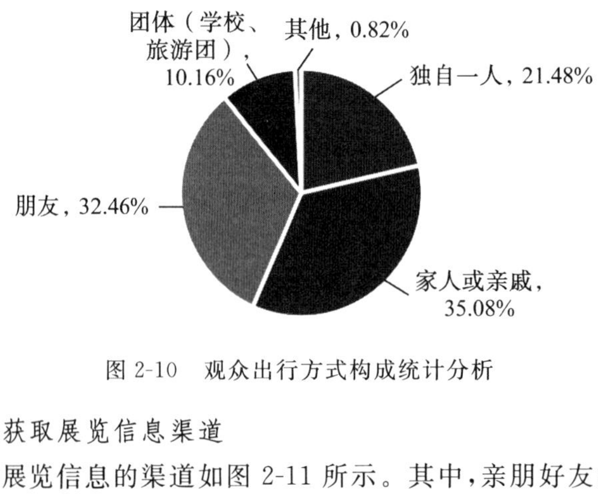

图2-10　观众出行方式构成统计分析

（二）观众获取展览信息渠道

观众获取展览信息的渠道如图2-11所示。其中，亲朋好友推荐和网络的占比最大，分别为48.03%、31.80%；其他方式占9.51%；电视、广播和旅行社推介的渠道占比相对较小，分别为4.26%、4.1%；报纸、杂志的占比最小，为2.30%。这反映出当前展览相关信息在观众中的传播还是以口口相传及网络平台信息为主。

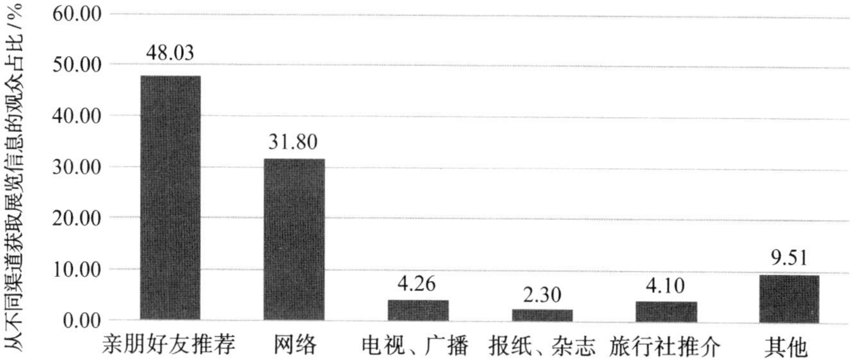

图2-11　观众获取展览信息渠道构成统计分析

（三）观众到访情况

观众到访博物馆情况如图2-12所示。由图可以看出，受调查观众中，47.38%的观众为第一次前来参观，52.62%的观众之前参观过山东博物馆。其中，半年内参观过的观众占比为25.08%；半年到一年内参观过的观众占比为15.90%；1～3年内参观过的观众占比为9.34%；3年以上参观过的观众占比最小，为2.30%。为了了解观众参观频率和来源地的关系，我们进行了交叉分析，如图2-13所示。其中，半年内参观过博物馆的观众中以济南本地观众占比最高，为16.07%。复访观众和初访观众的文化需求可能会存在差异，这是目前的研究热点之一。如何更好地为复访观众服务，试图为博物馆培养忠实的观众并建立会员制，是博物馆实践领域的热点问题。

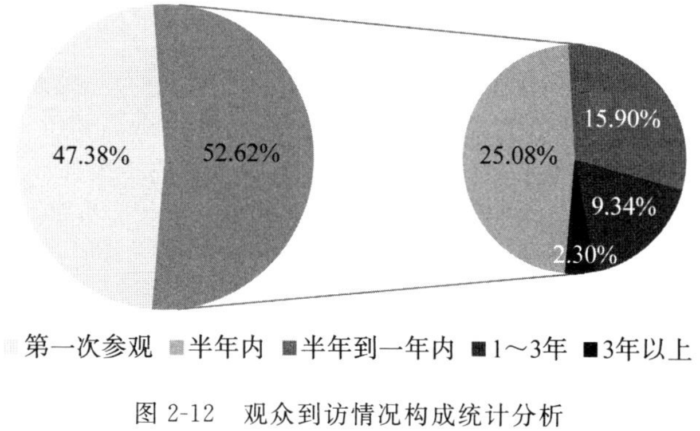

图2-12　观众到访情况构成统计分析

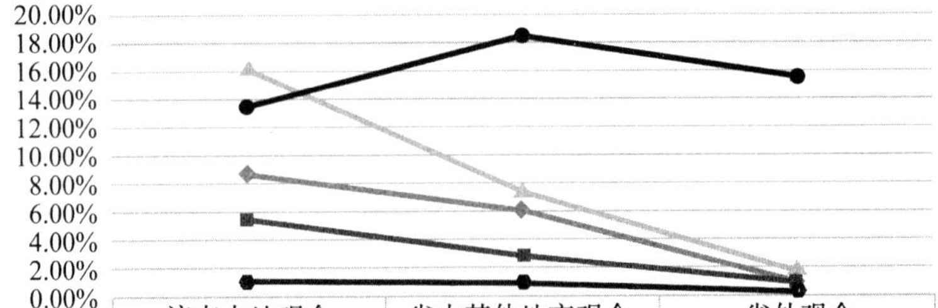

	济南本地观众	省内其他地市观众	省外观众
半年内	16.07%	7.38%	1.64%
半年到一年内	8.69%	6.07%	1.00%
1～3 年	5.41%	2.95%	0.98%
3 年以上	0.98%	0.98%	0.33%
第一次参观	13.44%	18.36%	15.57%

图 2-13　观众到访情况与来源地的关系

（四）观众来馆交通方式

观众来馆的交通方式与博物馆停车场等硬件设施及服务有很大关系，统计数据如图 2-14 所示。由图可以看出，被调查观众中，选择乘坐公交车的占比最大，为 49.67％；其次为自驾车，占比为 21.97％；选择旅游大巴、骑车、步行及出租车的占比分别为 8.36％、8.03％、7.54％、1.31％；乘坐其他交通工具的占 3.11％。

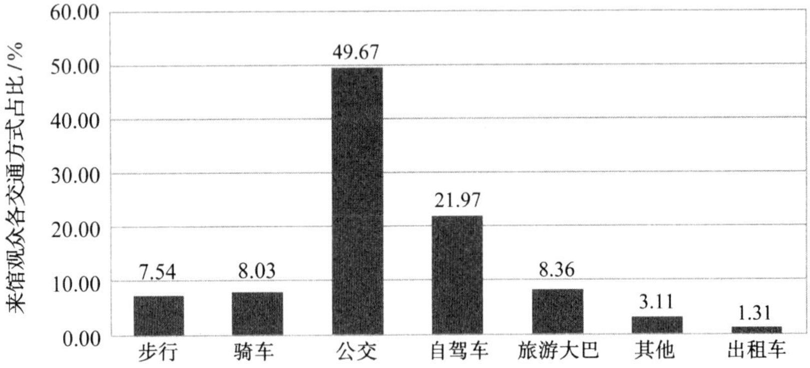

图 2-14　观众来馆交通方式构成统计分析

（五）观众在馆停留时长

观众在博物馆的停留时长在一定程度上显示了博物馆对观众的吸引力。如图 2-15 所示，被调查观众在博物馆内停留时长以 1～2 小时和 3～4 小时为主，占比分别为49.51%、41.64%；有5.74%的观众在博物馆内的停留时长在5小时以上；在博物馆内的停留时长在1小时以内的观众占比最小，为3.11%。将观众的受教育程度和观众的参观时长之间进行交叉分析，结果如图2-16所示。由图可以看出，停留时长为1～2小时，具有高中(中职)及以上学历的群体占比依次递减；停留时长为3～4小时，具有初中及以上学历的群体占比依次递增。这一结果也显示了观众的参观时长和受教育程度有一定的关系，受教育程度越高，越倾向于参观更长的时间。

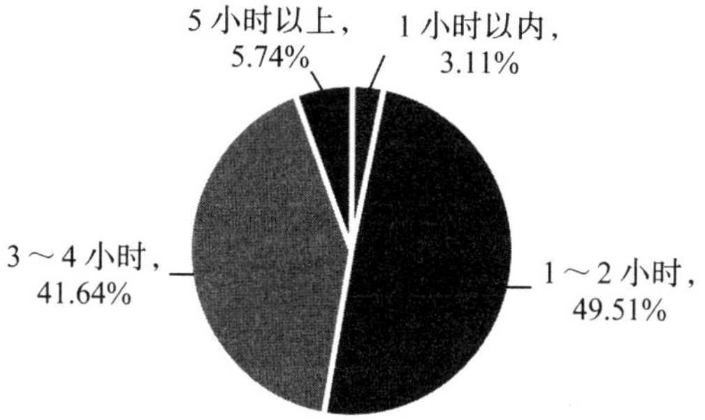

图2-15　观众在馆停留时长构成统计分析

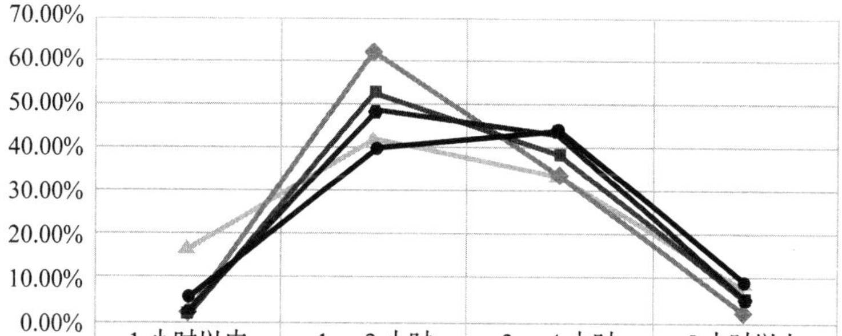

	1小时以内	1～2小时	3～4小时	5小时以上
初中及以下	16.67%	41.67%	33.33%	8.33%
高中（中职）	1.89%	62.26%	33.96%	1.89%
大专	1.77%	53.10%	38.94%	6.19%
本科	2.72%	48.50%	43.32%	5.45%
硕士研究生及以上	6.15%	40.00%	44.62%	9.23%

图2-16　观众受教育程度与停留时长关系

(六)观众参观目的

动机是行为的原因，观众的参观目的决定了他(她)们为何要来博物馆以及博物馆满足其需求的程度。由图2-17可知，42.30%的观众为学习知识而来，占比最高；37.87%的观众以旅游休闲为目的；以文物鉴赏和教育子女为目的的观众占比分别为28.52%、23.61%，也占据较高的比例；9.02%的观众出于好奇；7.54%的观众为学术研究；陪同他人或被动组织而来的观众占比为5.57%；其他占1.31%。从总体上看，观众参观博物馆的目的并不单一，而是呈现出多样化，其中又以学习和旅游休闲两方面为主。

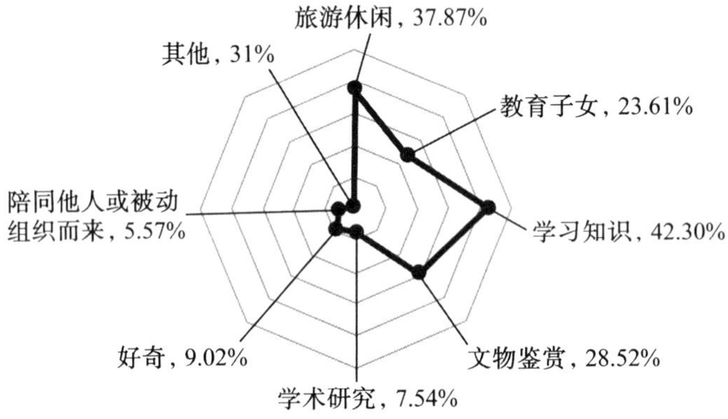

图2-17　观众参观目的构成统计分析

（七）观展兴趣偏向

据统计，观众对于2018年度博物馆所提供的各类文化产品的兴趣偏向如图2-18所示。由图可以看出，大部分被调查观众来参观博物馆并非为某一特定展览或活动，占比为72.46%；有27.54%的观众是为某一特定展览或活动前来博物馆。

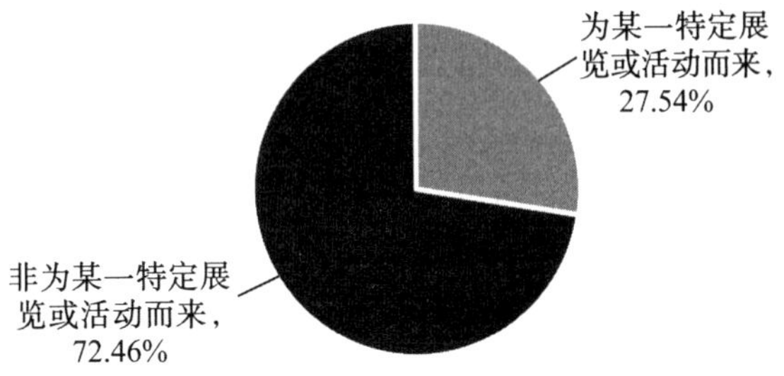

图2-18　观展兴趣偏向构成统计分析

其中，在调查期间的展览或活动中，“中正仁和——走进养心殿”为热度最高的展览，观众的占比为40.48%，反映了2018年引入的该展览对观众具有较大的吸引力，并引起了强烈的反响；常设展览“非洲野生动物大迁徙展”和“鲁王之宝——明朱檀墓出土文物精品展”，热度也相对较高，观众的占比分别为27.98%、22.02%；参与孔子学堂、自然教室、历史教室等教育活动及专题讲座的观众合计占比为20.24%。

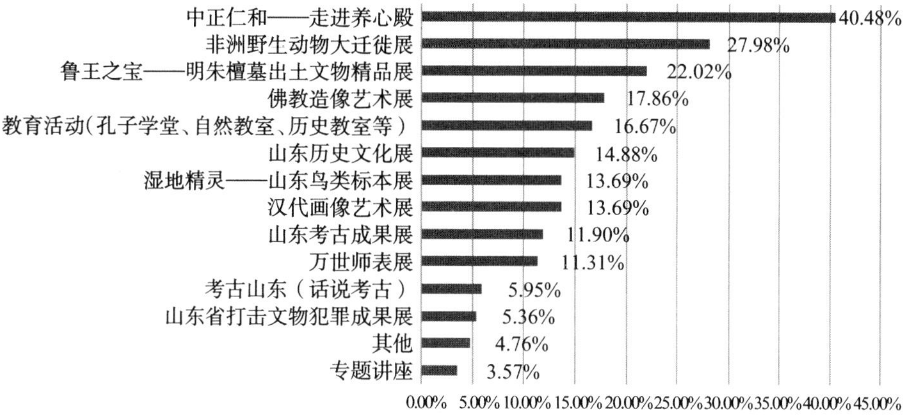

图 2-19 观展兴趣偏向构成统计分析

第三节 满意度指标分析

本次调查主要从场馆环境及氛围营造、场馆配套设施、观展体验效果、临时展览、讲解服务、场馆工作服务人员、信息服务、生活类服务以及整体感受等 9 个方面来分析观众满意度。此外,为了确保本次满意度调查结果的科学性和合理性,我们在样本满意度的基础上,测算了置信水平为 95%时,总体满意度的置信区间。其计算公式如下:

$$\left[p + Z_{\frac{\alpha}{2}} \cdot \sqrt{\frac{p(1-p)}{n}}, p - Z_{\frac{\alpha}{2}} \cdot \sqrt{\frac{p(1-p)}{n}}\right]$$

式中,p 表示根据样本数据所计算出来的百分比数据;Z 是标准分数,是以标准差为单位表示一个原始分数在团体中所处位置的相对位置量数;α 表示显著性水平,是估计总体参数落在某一区间时,可能犯错误的概率,$1-\alpha$ 为置信水平;n 表示样本容量。

本次调查及区间估计的结果如表 2-3 所示。

表 2-3　2018 年观众满意度测算

维度	因子	指标状况/%					满意度评价		满意度估计的置信区间（置信水平为95%）	
		非常满意	满意	一般	不满意	非常不满意	比例/%	方差	上限	下限
场馆环境及氛围营造	交通便利性	62.31	30.82	6.53	0.34	0	93.13	0.064	95.14	91.12
	停车便利程度	61.11	31.03	7.47	0.19	0.19	92.14	0.072	94.28	90.01
	展厅参观秩序	63.74	31.13	4.47	0.66	0	94.87	0.049	96.62	93.12
	场馆温度(舒适度)	66.12	29.26	4.46	0.17	0	95.38	0.044	97.04	93.70
	环境卫生状况	70.13	28.22	1.16	0.33	0.17	98.35	0.016	99.36	97.34
	场馆风格设计	66.61	29.59	3.80	0	0	96.20	0.037	97.72	94.68
场馆配套设施	公共卫生间	68.14	29.30	2.21	0.34	0	97.44	0.025	98.70	96.19
	公共休息设施	65.51	30.53	3.96	0	0	96.04	0.038	97.59	94.49
	电梯设施	65.78	30.90	3.16	0.17	0	96.68	0.032	98.10	95.26
	免费寄存处	64.96	31.06	3.98	0	0	96.02	0.038	97.57	94.47
	自助取票处	69.87	26.77	3.03	0.34	0	96.64	0.032	98.06	95.20
	无线网络覆盖	59.40	30.45	8.83	1.13	0.19	89.85	0.091	92.25	87.45

续表

维度	因子	指标状况/%					满意度评价		满意度估计的置信区间（置信水平为95%）	
		非常满意	满意	一般	不满意	非常不满意	比例/%	方差	上限	下限
观展体验效果	指引标识导向清晰程度	59.44	33.44	6.95	0.17	0	92.88	0.066	94.92	90.84
	展览参观线路设置	56.48	36.38	6.98	0.17	0	92.86	0.066	94.90	90.81
	展品陈列方式	59.70	34.99	5.31	0	0	94.69	0.050	96.47	92.91
	展厅灯光效果	54.26	33.93	10.66	1.15	0	88.19	0.104	90.76	85.64
	文物展品的丰富程度	53.88	36.03	9.42	0.66	0	89.91	0.090	92.31	87.53
	展览内容的知识性	57.10	34.65	7.76	0.50	0	91.75	0.075	93.93	89.57
	展品的趣味性（观赏性）	53.06	35.54	10.91	0.50	0	88.60	0.101	91.12	86.07
	展品说明的通俗易懂程度	54.97	37.09	7.62	0.33	0	92.06	0.073	94.20	89.91
	互动体验设施效果	53.48	33.45	12.56	0.34	0.17	86.93	0.113	89.60	84.25
临时展览	展览数量	51.30	39.22	9.11	0.37	0	90.52	0.086	92.85	88.20
	展览主题吸引力	53.47	36.31	9.67	0.55	0	89.78	0.092	92.18	87.38
	展览水平和质量	56.02	37.04	6.57	0.36	0	93.06	0.065	95.08	91.05
讲解服务	讲解员服务	56.22	36.57	6.72	0.25	0.25	92.79	0.067	94.84	90.73
	志愿者服务	58.52	36.54	4.94	0	0	95.06	0.047	96.78	93.34
	多媒体语音导览服务	50.74	39.85	9.16	0.25	0	90.59	0.085	92.91	88.28

续表

		指标状况/%					满意度评价		满意度估计的置信区间（置信水平为95%）	
维度	因子	非常满意	满意	一般	不满意	非常不满意	比例/%	方差	上限	下限
场馆工作人员服务	仪容仪表	58.46	38.53	3.02	0	0	96.99	0.029	98.34	95.63
	服务态度	59.56	35.03	5.25	0.17	0	94.59	0.051	96.38	92.79
	专业水平	57.14	37.50	5.18	0.18	0	94.64	0.051	96.43	92.86
信息服务	官网（PC端）信息服务	53.81	41.31	4.66	0.21	0	95.12	0.046	96.84	93.42
	移动端（公众号等）信息服务	53.57	39.92	6.51	0	0	93.49	0.061	95.45	91.53
	宣传材料	50.32	40.84	8.84	0	0	91.16	0.081	93.41	88.90
生活类服务	纪念品商店出售的纪念品	43.36	36.17	18.95	1.31	0.22	79.53	0.163	82.72	76.32
	三楼南侧环廊自然礼品店	42.92	37.75	18.20	1.12	0	80.67	0.156	83.81	77.54
	便民服务设备（婴儿车、轮椅等）	50.36	41.61	7.79	0.24	0	91.97	0.074	94.13	89.81
整体满感受	整体满意情况	47.05	50.82	1.97	0.16	0	97.87	0.021	99.01	96.72

注：1.满意度评价比例为每项因子指标的观众满意度，即每项因子指标有效作答样本中选择“非常满意”和“满意”两项的比例之和。

2.满意度估计的置信区间（置信水平为95%）是指在置信度为95%的情况下，由调查样本的观众满意度估计测算的2018年度总体观众对每项因子指标的满意度比例区间。

由表 2-3 可以看出，2018 年观众对场馆环境及氛围营造、场馆配套设施、观展体验效果、临时展览、讲解服务、场馆工作服务人员、信息服务、生活类服务以及整体感受的满意度比例分布为 79.53%～98.35%，观众对各类服务的满意度存在一定差距。从调查样本的数据来看，观众对环境卫生状况、公共卫生间、仪容仪表、电梯设施、自助取票处、场馆风格设计、公共休息设施、免费寄存处、场馆温度（舒适度）、官网（PC 端）信息服务、志愿者服务等 11 个方面的满意度较高，均超过了 95%。这说明，观众对博物馆的场馆环境及氛围营造、场馆配套设施、观展体验效果、临时展览、讲解服务、场馆工作服务人员、信息服务等的整体满意度较高。

在国家文物局发布的《关于公布施行〈博物馆定级评估标准〉等文件的决定》（文物博发〔2016〕15 号）中的《评分细则计分表》中，将博物馆声誉分为四个等级，即近期博物馆观众满意度调查报告或观众调查报告中的观众评价部分，受到 95%以上游客和绝大多数专业人员的普遍赞誉为有极好的声誉，受到 85%以上游客和大多数专业人员的普遍赞誉为有很好的声誉，受到 75%以上游客和多数专业人员的赞誉为有较好的声誉，受到 65%以上游客和部分专业人员的赞誉为有一定的声誉。其中作为一级博物馆，需要在国内外有很高的知名度和很好的声誉。在对山东博物馆各项因子指标的观众满意度进行分析时，我们以上述文件所规定的博物馆声誉的四个等级划分比例作为主要参考依据。

一、场馆环境及配套设施满意度分析

（一）联外交通状况

在众多的文化休闲机构中，交通的便利性会在一定程度上影响观众的选择。在对联外交通的满意度调查中，观众对交通便利性满意程度有效回答的比例为 97.87%，对停车便利程度有效回答的比例为 85.57%，如图 2-20 所示。其中，对停车便利程度有效回答的比例略低，主要原因是观众到馆的交通方式多样化，部分乘坐公交车和步行出行的观众没有停车需求。调查数据显示，在有效回答中，对交通便利性的满意度为 93.13%（非常满意和满意的占比之和），对停车便利程度的满意度为 92.14%（见图 2-21）。由调查样本数据估计测算的观众对交通便利性、停车便利程度的满意度区间下限也均超过 90%。根据博物馆声誉的四个等级划分标准，博物馆的交通便利性、停车便利程度达到了“有很好的声誉”。具体到停车便利程度因子指标，考虑到周末、节假日与工作日停车便利程度存在差异性，因此我们分别进行了统计，具体如图2-22所示。由图可以看出，观众对工作日停车便利程度的满意度为 96.31%；周末、节假日略低，为89.18%，但仍高于一级博物馆的标准比例85%。这反映出在周末、节假日期间，随着观众人流量的剧增，停车位的供需矛盾开始凸显。这需要博物馆适当加强对高峰期车辆的疏导工作，比如在节假日时，可以适时开放员工停车场，以满足公众的停车需求。

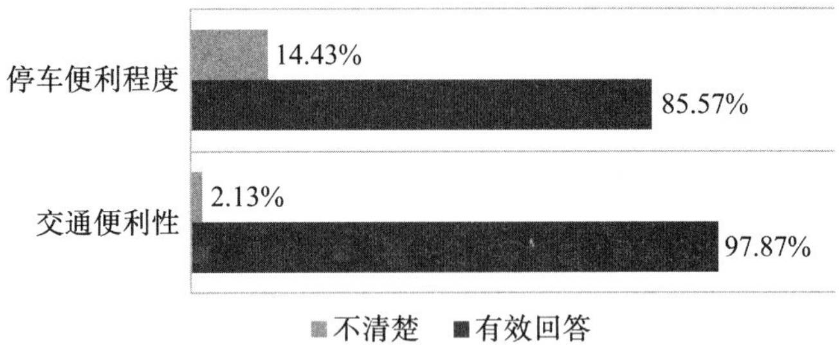

图2-20 观众对交通状况满意度有效回答占比

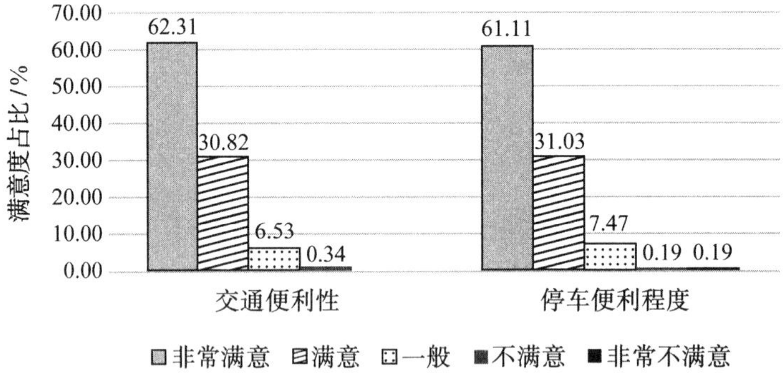

图2-21 观众对交通状况满意度统计分析

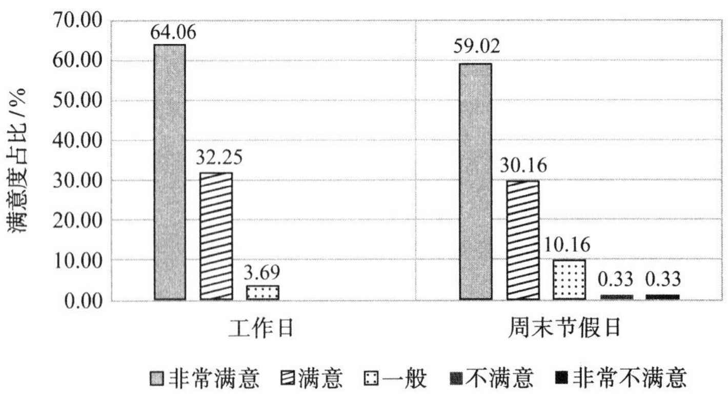

图2-22 观众对工作日与周末、节假日交通状况满意度统计分析

（二）场馆环境

场馆的温湿度、参观秩序、空气质量、卫生等展厅环境会影响观众生理上的舒适感，从而影响观众的观展体验，即场馆环境会间接影响观众观展。据调查，观众对场馆环境的满意度状况如图 2-23 所示。其中，对展厅参观秩序的满意度为 94.87%，对场馆温度（舒适度）的满意度为 95.38%，对环境卫生状况的满意度为 98.35%，对场馆风格设计的满意度为 96.20%。由此可以看出，被调查观众对博物馆的场馆环境给予了很高的评价，这也反映出山东博物馆在场馆环境营造方面的工作扎实有效。另外，由调查样本数据估计测算的观众对展厅参观秩序、场馆温度（舒适度）、场馆风格设计满意度的区间下限均超过 85%，根据博物馆声誉的四个等级划分标准，三项指标均达到了“有很好的声誉”的水平；而据样本数据估计测算的环境卫生状况的满意度区间下限则超过 95%，达到了“有极好的声誉”的水平。

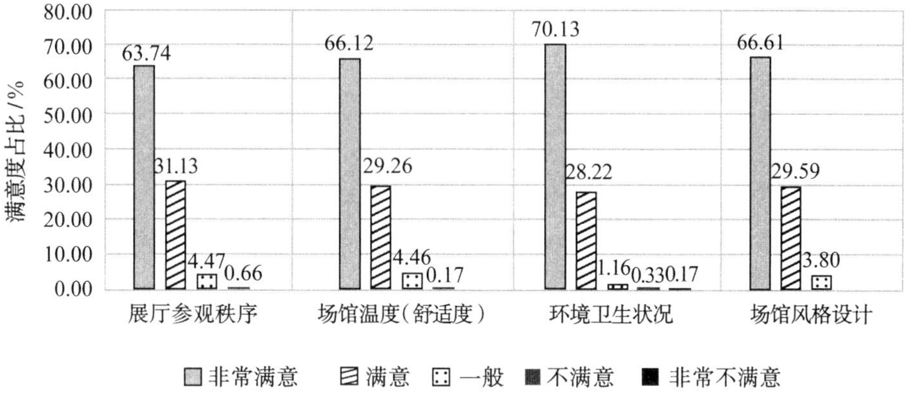

图 2-23　观众对场馆环境的满意度统计分析

（三）场馆配套设施

在对场馆配套设施满意度方面，有效调查样本数据显示，观众对公共卫生间的满意度为 97.44%，对公共休息设施的满意度为 96.04%，对电梯设施的满意度为 96.68%，对免费寄存处的满意度为 96.02%，对自助取票处的满意度为 96.64%，对无线网络覆盖的满意度为 89.85%（见图 2-24）。调查数据反映出被调查观众对山东博物馆的配套设施给予了很高的评价。另外，由调查样本数据估计测算的观众对公共卫生间、电梯设施、自助取票处三项指标满意度的下限均超过 95%，根据博物馆声誉的四个等级划分标准，三项指标均达到了“有极好的声誉”的水平；对公共休息设施、免费寄存处、无线网络覆盖三项指标测算的满意度区间下限均超过85%,达到了“有很好的声誉”的水平。由此可以看出,六项指标均已满足一级博物馆“有很好的声誉”的要求,其中对于无线网络覆盖方面的满意度仍有一定的提升空间。

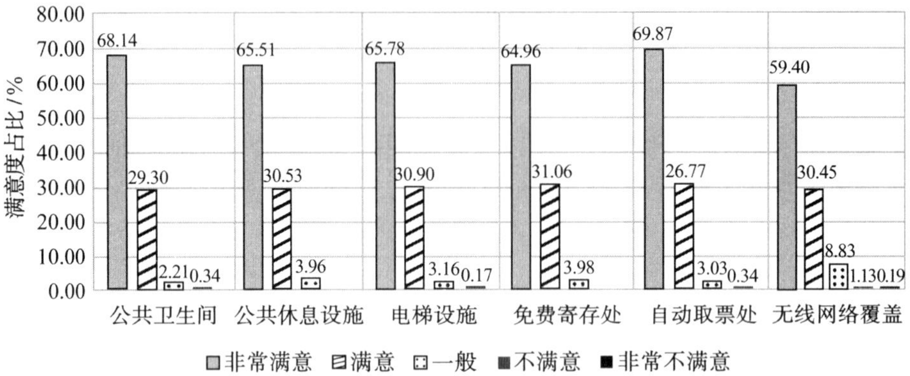

图2-24　观众对场馆配套设施的满意度统计分析

二、展览整体效果质量满意度分析

(一)展厅观展体验效果

在对展厅观展体验效果满意度方面,调查数据显示,观众对指引标识导向清晰程度的满意度为92.88%,对展览参观线路设置的满意度为92.86%,对展品陈列方式的满意度为94.69%,对展厅灯光效果的满意度为88.19%,均已超过85%(见图2-25)。这说明,观众对在博物馆展厅中的观展体验效果给予了很高的评价,同时也反映出山东博物馆展厅在营造良好观展体验效果方面的工作富有成效。另外,根据调查样本数据估计测算的观众对指引标识导向清晰程度、展览参观线路设置、展品陈列方式、展厅灯光效果四项指标满意度的区间下限均超过85%,依照博物馆声誉的四个等级划分标准,四项指标均达到了“有很好的声誉”的水平。其中,可进一步完善提升展厅灯光体验效果。

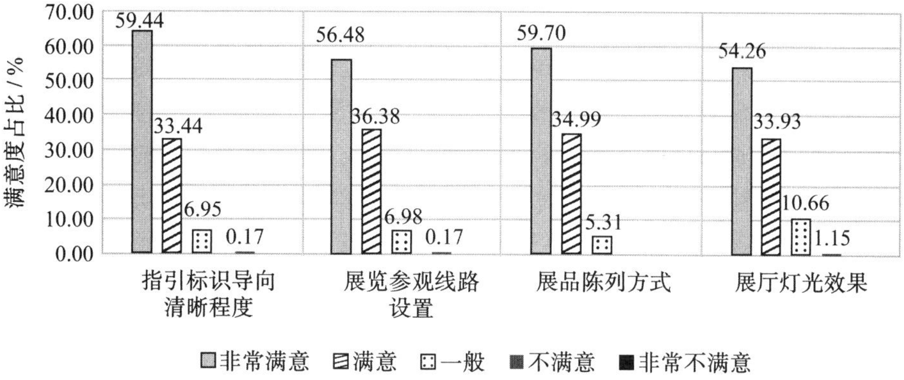

图 2-25　观众对展厅观展体验效果的满意度统计分析

（二）展览展品及内容

在对展览展品及内容满意度方面，调查数据显示，观众对文物展品的丰富程度的满意度为 89.91％，对展览内容的知识性的满意度为 91.75％，对展品的趣味性（观赏性）的满意度为 88.64％，对展品说明的通俗易懂程度的满意度为 92.06％，对互动体验设施效果的满意度为 86.93％（见图 2-26）。由此可以看出，观众对各项指标的满意度都达到了很高的水平，这说明被调查观众对展览展品及内容广泛认可。另外，根据调查样本数据所估计测算的观众对文物展品的丰富程度、展览内容的知识性、展品的趣味性（观赏性）、展品说明的通俗易懂程度等指标满意度的估计下限均超过 85％，并且展览内容的知识性、展品说明的通俗易懂程度指标满意度的估计区间下限超过了 90％。从总体上看，观众对各项指标的满意度均达到了一级博物馆“有很好的声誉”的标准要求，在此基础上可进一步提升，以达到“有极好的声誉”的水平。

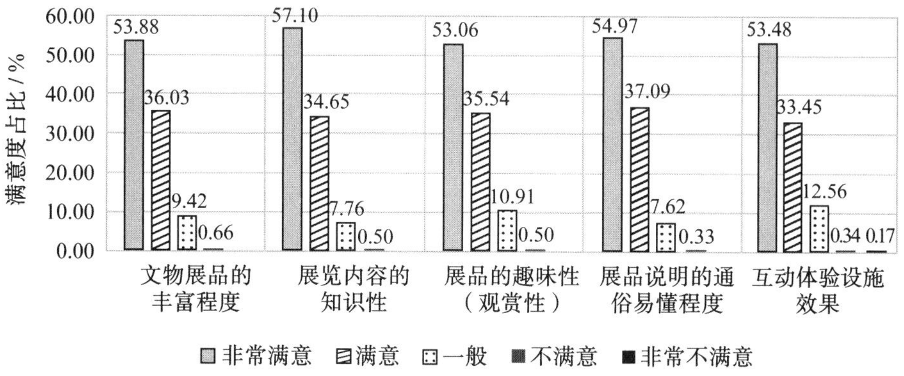

图 2-26　观众对展览展品及内容的满意度统计分析

（三）临时展览

通过对山东博物馆2018年举办的临时展览的情况开展观众满意度调查发现，观众对展览数量的满意度为90.52％，对展览主题吸引力的满意度为89.78％，对展览水平和质量的满意度为93.06％（见图2-27）。由调查数据可以看出，观众对各项指标的满意度均超过了一级博物馆“有很好的声誉”的标准要求，即85％以上。这说明，被调查观众对山东博物馆2018年举办的临时展览活动情况给予了充分肯定。另外，根据调查样本数据所估计测算的观众对临时展览数量、展览主题吸引力、展览水平和质量三项指标满意度的区间下限分别为88.20％、87.38％、91.05％，也均高于85％。这总体上反映出山东博物馆在2018年策划及引入的临时展览在被调查观众中产生了良好的效果，在此基础上可进一步提升，以达到“有极好的声誉”的水平。

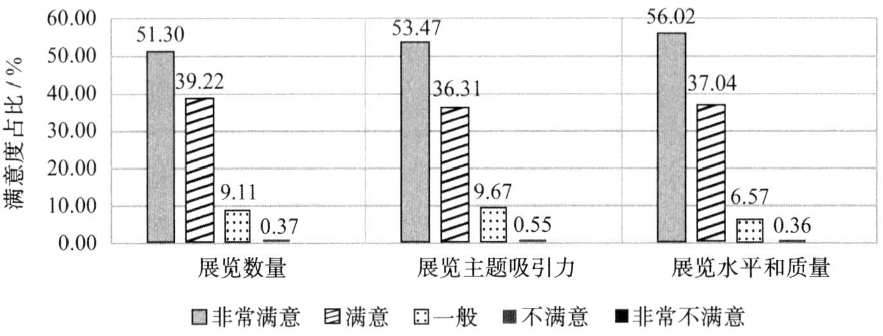

图2-27　观众对临时展览的满意度统计分析

三、场馆服务项目质量满意度分析

（一）讲解服务

在对讲解服务的满意度调查中，观众有效回答的比例相对较高，其中多媒体语音导览服务、志愿者服务及讲解员服务分别达到66.23％、66.39％、65.9％（见图2-28）。这说明，超过六成的被调查观众了解包括多媒体语音导览服务、志愿者服务、讲解员服务等在内的博物馆讲解服务，而且对讲解服务的知晓率达到了较高的水平。

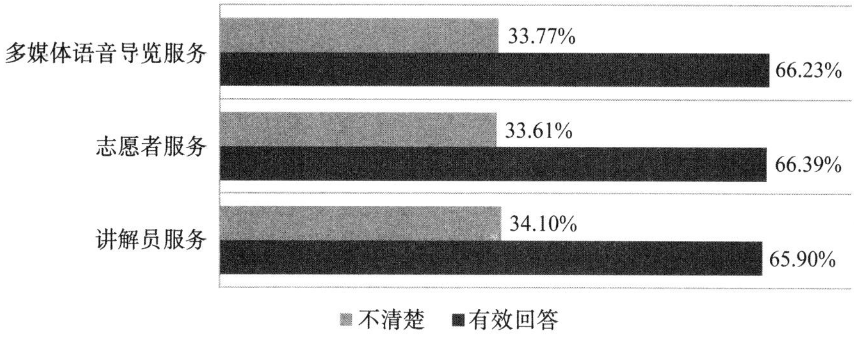

图 2-28　观众对博物馆讲解服务满意度的有效回答占比

在对博物馆讲解服务满意度的有效回答中，被调查观众对讲解员服务的满意度为 92.79％，对志愿者服务的满意度为 95.06％，对多媒体语音导览服务的满意度为 90.59％（见图 2-29）。依据博物馆声誉的四个等级划分标准，观众对讲解员服务的满意度和对多媒体语音导览服务的满意度均高于 85％，达到了“有很好的声誉”的水平；而对志愿者服务的满意度高于 95％，达到了“有极好的声誉”的水平。由此可以看出，被调查观众对博物馆的讲解服务给出了很高的评价。另外，根据调查样本数据所估计测算的观众对这三项讲解服务指标满意度的区间下限分布为 88.28％～93.34％，也均高于 85％，达到了“有很好的声誉”的水平。

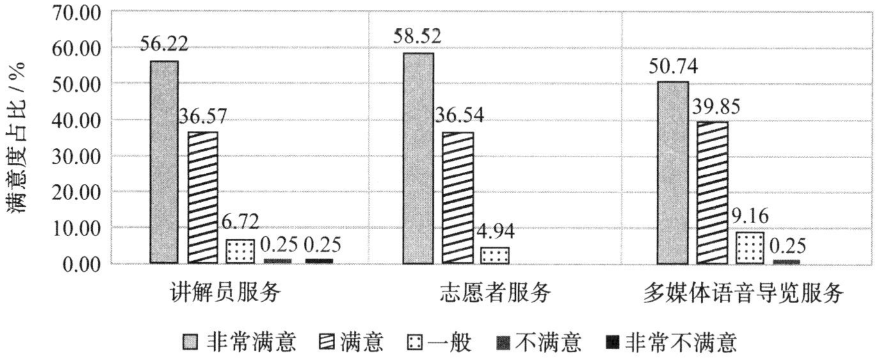

图 2-29　观众对讲解服务的满意度统计分析

（二）场馆工作人员服务

在对场馆工作人员服务的满意度调查中，观众对工作人员仪容仪表的满意度为96.99%，对服务态度的满意度为94.59%，对专业水平的满意度为94.64%（见图2-30）。依据博物馆声誉的四个等级划分标准，观众对工作人员服务态度、专业水平的满意度均接近95%，达到了“有很好的声誉”的水平；而对仪容仪表的满意度则超过95%，达到了“有极好的声誉”的水平。由此可以看出，被调查观众对山东博物馆场馆服务工作人员的表现给出了高度的好评。另外，根据调查样本数据所估计测算的观众对工作人员仪容仪表、服务态度、专业水平满意度的区间下限分别为95.63%、92.79%、92.86%，分别达到了“有极好的声誉”“有很好的声誉”“有很好的声誉”的水平。这从总体上说明博物馆工作人员的服务工作得到了被调查观众的高度认可。

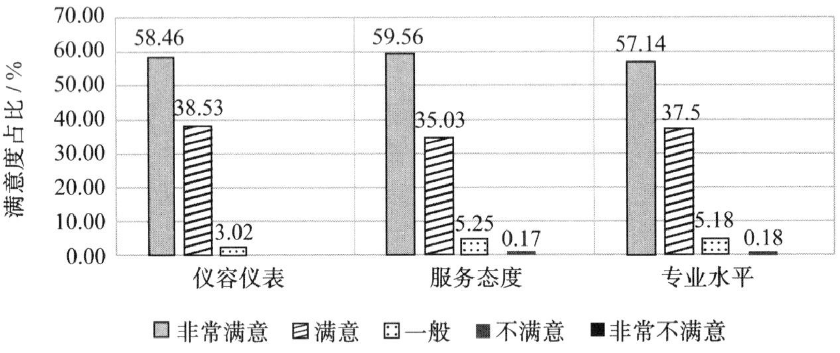

图2-30　观众对场馆服务工作人员的满意度统计分析

（三）信息服务

在对信息服务的满意度调查中，观众有效回答的比例如图2-31所示。其中，官网（PC端）信息服务为77.38%，移动端（公众号等）信息服务为78.03%，宣传材料为77.87%。可以看出，超过七成的观众对山东博物馆提供的信息服务给予了明确的满意度评价。这一指标反映了观众对博物馆所提供的信息服务的知晓程度，调查数据显示出博物馆在宣传推广、信息传播方面的工作成效显著，且覆盖人群范围较为广泛。

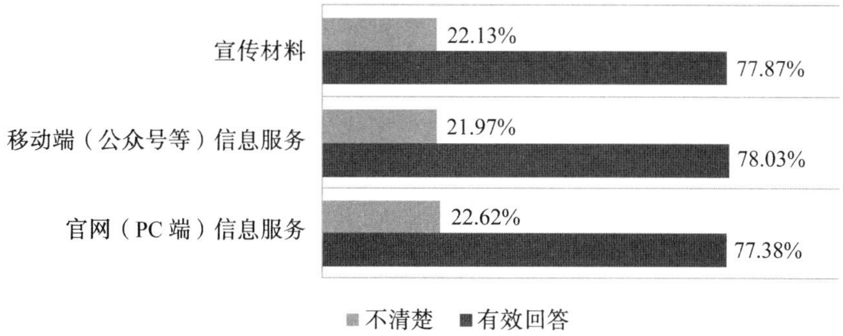

图 2-31　观众对信息服务满意度的有效回答占比

在对博物馆信息服务满意度的有效回答中，被调查观众对博物馆提供的官网(PC 端)信息服务的满意度为 95.12%，对移动端(公众号等)信息服务的满意度为 93.49%，对宣传材料的满意度为 91.16%(见图 2-32)。其中，对官网(PC 端)信息服务的满意度超过 95%，依据博物馆声誉的四个等级划分标准，达到了"有极好的声誉"的水平；对移动端(公众号等)信息服务、宣传材料的满意度均超过 85%，达到了"有很好的声誉"的水平。另外，根据调查样本数据所估计测算的观众对官网(PC 端)信息服务、移动端(公众号等)信息服务和宣传材料满意度的区间下限分别为 93.42%、91.53%、88.90%，也均达到了"有很好的声誉"的水平。这从总体上反映出被调查观众对山东博物馆提供的信息服务持认可态度。

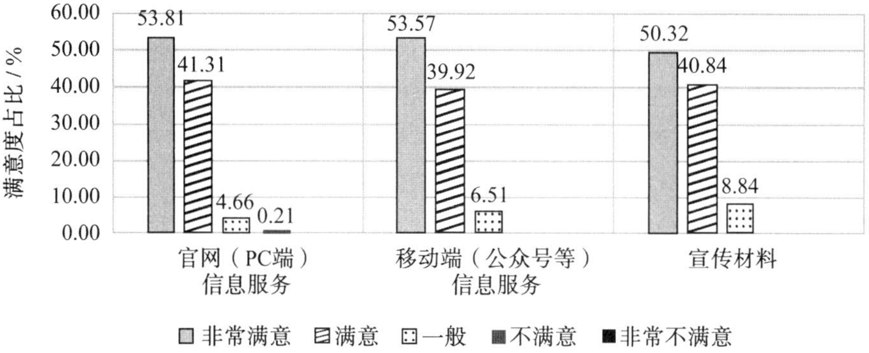

图 2-32　观众对信息服务的满意度统计分析

(四)生活类服务

在对生活类服务的满意度调查中,观众有效回答的比例如图2-33所示。其中,纪念品商店出售的纪念品为75.25%,三楼南侧环廊自然礼品店为73.00%,便民服务设备(婴儿车、轮椅等)为67.38%。可以看出,七成左右的被调查观众知晓纪念品商店出售的纪念品、三楼南侧环廊自然礼品店、便民服务设备(婴儿车、轮椅等)。这说明山东博物馆在博物馆文创纪念品及便民服务方面工作扎实,且在被调查观众中有较高的知晓率。

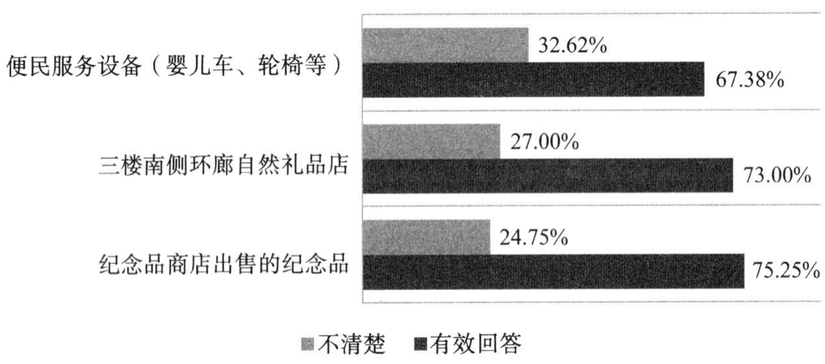

图2-33 观众对生活类服务满意度的有效回答占比

在对博物馆生活类服务满意度的有效回答中,被调查观众对博物馆内纪念品商店出售的纪念品的满意度为79.53%,对三楼南侧环廊自然礼品店的满意度为80.67%,对便民服务设备(婴儿车、轮椅等)的满意度为91.97%(见图2-34)。依据博物馆声誉的四个等级划分标准,对便民服务设备(婴儿车、轮椅等)的满意度超过85%,达到了"有很好的声誉"的水平;对博物馆内纪念品商店出售的纪念品、三楼南侧环廊自然礼品店的满意度均高于75%,达到了"有较好的声誉"的水平。另外,根据调查样本数据估计测算的观众对便民服务设备(婴儿车、轮椅等)、纪念品商店出售的纪念品、三楼南侧环廊自然礼品店满意度的区间下限分别为89.81%、76.32%、77.54%。其中,对便民服务设备(婴儿车、轮椅等)的满意度达到了"有很好的声誉"的水平;对纪念品商店出售的纪念品、三楼南侧环廊自然礼品店的满意度均超过75%,达到了"有较好的声誉"的水平,但仍有较大的提升空间。

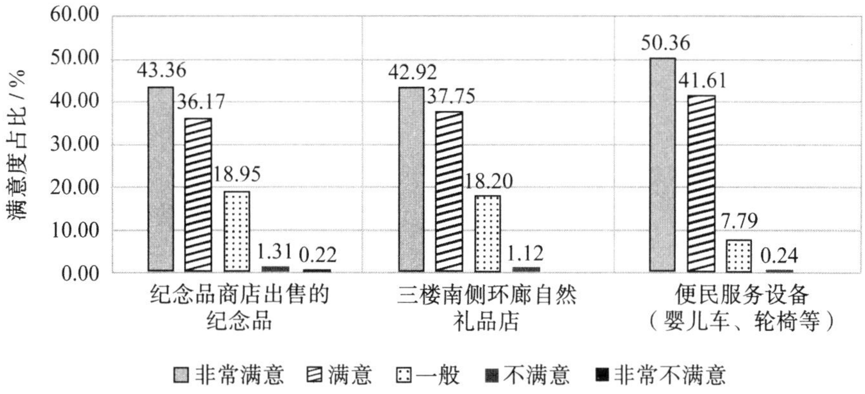

图 2-34　观众对生活类服务的满意度统计分析

四、观众整体满意度分析

（一）整体满意度

被调查观众对参观山东博物馆的整体满意度为 97.87%，其中选择“满意”的观众占 50.82%，选择“非常满意”的观众占 47.05%；选择“一般”和“不满意”的观众较少，分别仅占 1.97%、0.16%；没有选择“非常不满意”的观众（见图 2-35）。依据博物馆声誉的四个等级划分标准，参观博物馆的观众整体满意度超过 95%，达到了“有极好的声誉”的水平。另外，根据调查样本数据估计测算的观众参观博物馆的整体满意度为 96.72%～99.01%，下限值也超过了 95%，达到了“有极好的声誉”的水平。

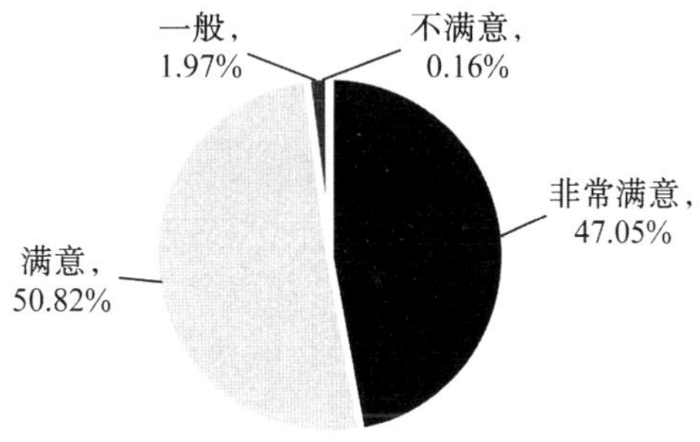

图 2-35　整体满意程度

（二）观众参观过程中留下深刻印象的项目

通过对山东博物馆给观众留下深刻印象的项目开展问卷调查发现，博物馆的展品及布局、博物馆的建筑物给被调查观众留下的印象最为深刻，占比分别为 38.94%、27.36%；博物馆文物的展示方式的占比为 18.27%；博物馆的服务（讲解介绍等）和博物馆的特色纪念品的占比相对较低，分别为 7.72%、7.29%（见图 2-36）。这反映出被调查观众在参观过程中更多地将关注点放在了博物馆的建筑外观及展览内容上。

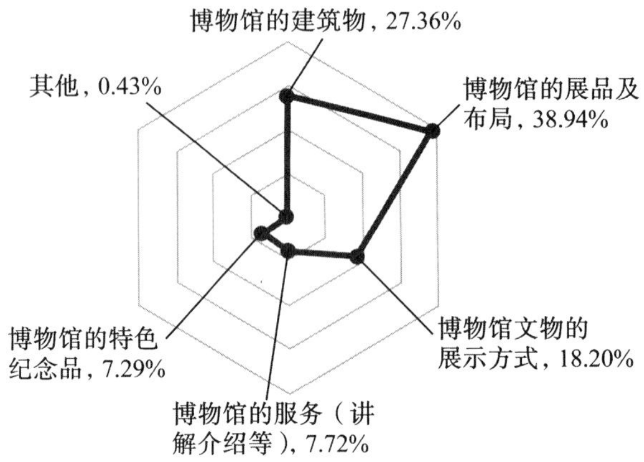

图 2-36　观众参观过程中感觉印象深刻的项目统计(多选题)

(三)观众参观后的收获

观众参观完博物馆后的收获如图 2-37 所示。其中，33.26％的观众表示“学习了优秀的传统文化，让我更加热爱传统文化”；32.07％的观众表示“增长了知识”；14.46％的观众表示参观过自然类展览后“增强了环境保护和动物保护意识”；选择“娱乐身心”和“满足了好奇心”的观众占比分别为 10.95％、9.05％。这说明观众在参观过后均有不同内容、不同程度的收获，其中以“学习了文化，增长了知识”较为突出，反映了山东博物馆的宣传教育工作取得了良好的成效，显示了博物馆教育是博物馆发挥社会效益的最重要方面。

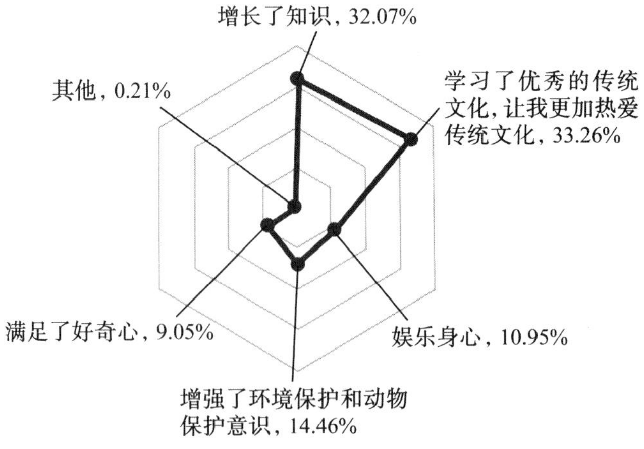

图 2-37　观众参观后的收获统计(多选题)

（四）观众的重游及推荐意愿

观众的重游及推荐意愿反映了观众对博物馆的忠诚度。就再次参观意愿而言，97.05%的被调查观众愿意再次参观山东博物馆，这说明观众对山东博物馆有着极高的重游意愿。其中，选择“愿意”的观众占 50.00%，选择“非常愿意”的观众占 47.05%。选择“不一定”和“不愿意”的观众分别占 2.62%、0.33%（见图 2-38）。

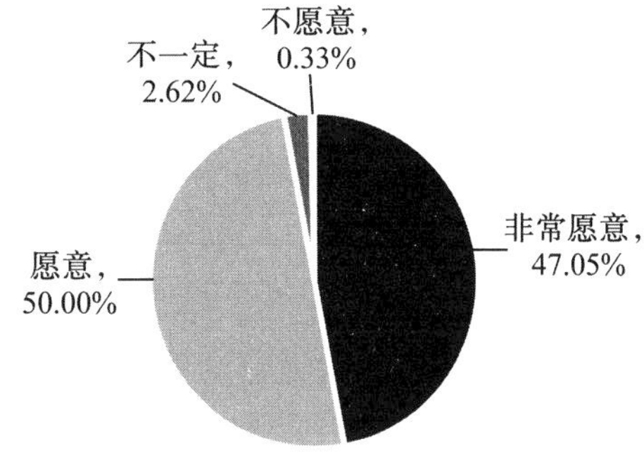

图 2-38　观众再次参观意愿统计

就推荐意愿来说，96.72%的被调查观众表示愿意向亲朋好友推荐山东博物馆，这说明观众对山东博物馆表现出了很高的推荐意愿。其中，选择“愿意”的观众占 47.21%，选择“非常愿意”的观众占 49.51%。选择“不一定”和“非常不愿意”的观众分别占 2.95%、0.33%（见图 2-39）。极强的重游意愿和推荐意愿数据再次说明，山东博物馆 2018 年在场馆环境营造、配套设施建设、展览举办引进、观展体验打造等方面的工作获得了观众的认可。

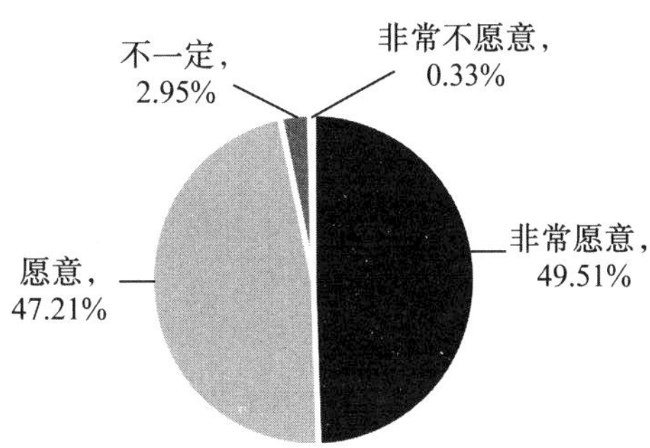

图 2-39　观众向亲朋好友推荐意愿统计

第四节　观众诉求与提升方向

一、观众诉求

从 2018 年度观众满意度调查数据来看，被调查观众总体上对 2018 年山东博物馆的相关工作给予了很高的评价，参观的整体满意度达到 97.87%，重游意愿和推荐意愿也分别达到 97.05%、96.72%。在调查的博物馆各服务要素中，观众的满意度大都高于 85%，达到了“有很好的声誉”的水平；部分服务要素更是达到了“有极好的声誉”的水平。各服务要素满意度的声誉等级如表2-4所示。

表2-4　各服务要素满意度的声誉等级

<table>
<tr><th>各服务要素</th><th>声誉等级</th><th>各服务要素</th><th>声誉等级</th></tr>
<tr><td>1 场馆温度(舒适度)</td><td rowspan="11">有极好的声誉</td><td>3 展厅灯光效果</td><td rowspan="11">有很好的声誉</td></tr>
<tr><td>1 环境卫生状况</td><td>3 文物展品的丰富程度</td></tr>
<tr><td>1 场馆风格设计</td><td>3 展览内容的知识性</td></tr>
<tr><td>2 公共卫生间</td><td>3 展品的趣味性(观赏性)</td></tr>
<tr><td>2 公共休息设施</td><td>3 展品说明的通俗易懂程度</td></tr>
<tr><td>2 电梯设施</td><td>3 互动体验设施效果</td></tr>
<tr><td>2 免费寄存处</td><td>4 展览数量</td></tr>
<tr><td>2 自助取票处</td><td>4 展览主题吸引力</td></tr>
<tr><td>5 志愿者服务</td><td>4 展览水平和质量</td></tr>
<tr><td>6 仪容仪表</td><td>5 讲解员服务</td></tr>
<tr><td>7 官网(PC端)信息服务</td><td>5 多媒体语音导览服务</td></tr>
<tr><td>1 交通便利性</td><td rowspan="7">有很好的声誉</td><td>6 服务态度</td><td rowspan="5">有很好的声誉</td></tr>
<tr><td>1 停车便利程度</td><td>6 专业水平</td></tr>
<tr><td>1 展厅参观秩序</td><td>7 移动端(公众号等)信息服务</td></tr>
<tr><td>2 无线网络覆盖</td><td>7 宣传材料</td></tr>
<tr><td>3 指引标识导向清晰程度</td><td>8 便民服务设备(婴儿车、轮椅等)</td></tr>
<tr><td>3 展览参观线路设置</td><td>8 三楼南侧环廊自然礼品店</td><td rowspan="2">有较好的声誉</td></tr>
<tr><td>3 展品陈列方式</td><td>8 纪念品商店出售的纪念品</td></tr>
</table>

注:各服务要素前用不同的序号代表不同的维度。其中,1表示场馆环境及氛围营造,2表示场馆配套设施,3表示观展体验效果,4表示临时展览,5表示讲解服务,6表示场馆工作人员服务,7表示信息服务,8表示生活类服务。

在博物馆未来服务需提升的问题上,本次调查主要从三个方面获取观众的诉求,分别是:(1)各项指标中,观众选择“不满意”或“非常不满意”选项后所填写的原因及改进建议(分析见表2-5);(2)观众认为博物馆应加强方面的重要性排序(分析见表2-6和图2-40);(3)观众对博物馆改进方面的具体建议(分析见表2-5)。

表 2-5　被调查观众对博物馆改进的建议统计

反映问题类型	改进建议关键词	出现频率	占比/%	占比总和/%
满意	满意，挺好	6	1.80	1.80
联外交通	交通不方便	3	0.90	3.30
	停车困难，不应收费	8	2.40	
场馆环境	参观秩序问题，儿童过于吵闹	9	2.70	6.61
	展厅氛围压抑，应加强通风	5	1.50	
	场馆外部及大厅卫生	3	0.90	
	大厅空间太大，装修材料味道太重	5	1.50	
场馆配套设施	厕所小，没有挂钩，卫生差	6	1.80	11.71
	休息设施偏少	9	2.70	
	寄存处少	2	0.60	
	取票时间长，自助取票口少	6	1.80	
	无线网络速度慢，连不上无线网络	16	4.80	
展览体验效果	应提供导览手册（最佳观展路线图）、展馆介绍标识，导向牌要醒目，场馆维修标识牌应在一楼提醒，提示讲解服务	19	5.71	48.35
	参观路径较复杂，展品脉络可更清晰，文字说明离文物略远	13	3.90	
	展厅灯光暗（佛教造像展、万世师表展、史前文明展被具体提及）	31	9.31	
	展品偏少，感觉无镇馆之宝，建议不定期更新	37	11.11	
	展品相关知识介绍得不全面	11	3.30	
	增强展品的趣味性和山东特色	9	2.70	
	生僻字应注音，介绍应通俗易懂	6	1.80	
	应增加互动体验装置、3D 互动	9	2.70	
	应增加有水平、吸引力高的展览和活动，无瓷器展，应增加适合儿童的恐龙展等自然类展览	26	7.81	

续表

反映问题类型	改进建议关键词	出现频率	占比/%	占比总和/%
讲解服务	讲解人员少,讲解应更全面,应增设免费讲解服务并公示时间表	23	6.91	9.01
	没有看到、接触到讲解服务,讲解器押金只能用现金且偏贵,有偿配备助听讲解器	7	2.10	
工作人员服务	应增强服务意识,态度应热情,英语表达能力、工作人员文博历史专业能力待提升	4	1.20	1.20
信息服务	应加大宣传和推广力度,宣传材料内容不够全面	11	3.30	3.30
生活类服务	文创产品偏贵且种类少,缺乏趣味性和特色,商店位置要明显	17	5.11	9.91
	应增加餐饮店、饮水点	16	4.80	
其他	应增加儿童项目、儿童活动场所	2	0.60	4.80
	电子展览	7	2.10	
	电子化身份认证入馆,取消纸质票	3	0.90	
	文物安保,增设儿童安全设施及标语	4	1.20	

注:对于问卷设置的“您认为山东博物馆未来还需要在哪些方面改进?”一题,有61.31%的被调查者未填写,在对已填写的全部建议及看法进行分类编码处理后,共筛选出333条有效关键信息。

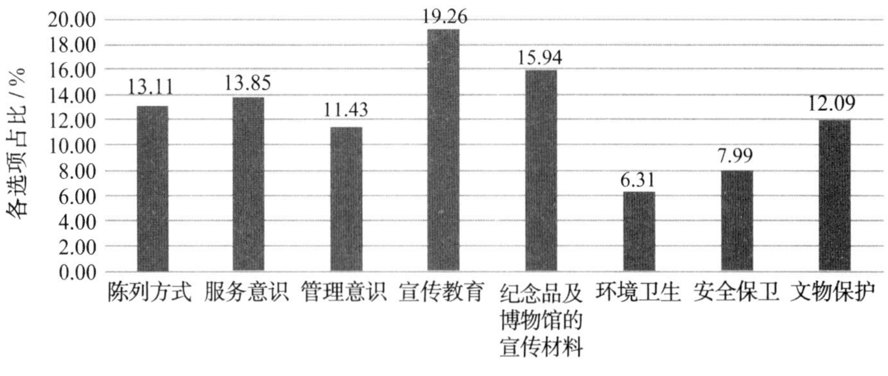

图2-40　博物馆需加强方面统计

表 2-6　博物馆需加强方面被选选项权重占比

	陈列方式	服务意识	管理意识	宣传教育	纪念品及博物馆的宣传材料	环境卫生	安全保卫	文物保护
被选频率占比/%	13.11	13.85	11.43	19.26	15.94	6.31	7.99	12.09
被选频率占比排名	4	3	6	1	2	8	7	5
选项平均综合得分/分	2.71	2.80	2.49	2.83	2.44	2.16	1.93	2.04
平均综合得分排名	3	2	4	1	5	6	8	7

注：1.被调查观众按重要性选出前四项，各选项依次被赋予 1 分到 4 分不等的权值。

2.选项平均综合得分＝（∑频数×权值）/总被调查人数。

(一)宣传推广有待持续加强

表 2-5 中的调查数据显示，对于“您觉得博物馆应从哪些方面加强，请按重要性依次排列(选择四项)”一题中(题目见附录一)，选择“宣传教育”的选项平均综合得分和频率分别为 2.83 分、19.26%，在各选项中均列第一。这说明，博物馆需要强化的内容中，观众对加强宣传教育的诉求最大。另外，在具体的改进建议中，有 3.3%的观众提到了宣传推广，主要涉及需加大宣传推广力度、宣传材料不够全面等内容。这反映了观众对山东博物馆在宣传推广力度、馆内展览活动相关信息提供等方面的需求较为强烈。

(二)讲解服务能力仍需提高

图 2-29 中的调查数据显示，观众对博物馆讲解服务中各服务要素的满意度均超过 85%，达到了“有很好的声誉”的水平。其中，观众对多媒体语音导览服务的改进需求反应比较强烈，说明博物馆在该方面仍有较大的提升空间。另外，在博物馆改进建议表中(见表 2-5)，有 9.01%的观众提到了讲解服务，且对博物馆讲解员的数量和展览讲解的专业性均有较高的需求。这反映出山东博物馆在接待能力和服务水平等方面仍需进一步提升，以满足观众的高要求。

(三)场馆设施还需细化完善

图 2-22 和图 2-24 中的调查数据显示，在博物馆各服务要素中的场馆配套设施部分，观众对周末、节假日停车便利程度以及无线网络覆盖提出了更高的诉求。在表 2-5 中，观众在博物馆改进建议中有关场馆配套设施的反馈占比达 11.71%，主要涉及公共卫生间挂包、公共休息设施设置、入馆取票及无线网络覆盖、网速等方面。由观众对博物馆基础设施的满意度情况，可看出山东博物馆总体上能够得到观众的肯定，但在细节问题上仍然需要进一步细化完善。

(四)文创产品需要有所突破

图 2-34 中的调查数据显示，观众对博物馆纪念品商店出售的纪念品、三

楼南侧环廊自然礼品店两项指标的满意度按照博物馆声誉的四个等级划分标准，属于“有较好的声誉”的水平，距离“有很好的声誉”的水平仍有较大的提升、完善空间。图2-40和表2-5中的数据显示，在“您觉得博物馆应从哪些方面加强，请按重要性依次排列(选择四项)”一题的选项中，“纪念品及博物馆的宣传材料”的被选频率占比达15.94%，位列第二；另外，在具体的改进建议中，有5.11%的观众提到了文创纪念品，主要涉及产品价格偏高、种类偏少以及商店位置不明显等方面。这说明山东博物馆在进一步满足观众对博物馆文创纪念品需求方面仍存在较大提升空间。

作为一类事业单位的山东博物馆在发展文化产业方面，还面临诸多制度方面的障碍，同时在对接市场方面，也存在着诸多不足之处。但是我们也应看到，国内一些博物馆也在积极探索多样化的文创开发新模式，如以IP授权模式寻求与企业合作，以博物馆联盟方式探索大馆与小馆的合作，以寻求发展之路。博物馆的文创产品要想像其他行业推出的商品一样受消费者青睐，就需要在调研、研发、营销等方面均有所创新和突破。

(五)展览内容和形式还需创新

观展体验效果是观众对博物馆满意度最为重要的组成部分。在“您觉得博物馆应从哪些方面加强，请按重要性依次排列(选择四项)”一题中，观众选择“陈列方式”的选项平均综合得分为2.71分，在各选项中位列第三(见表2-6)。这说明，观众对博物馆加强展览陈列方式的呼声较高。另外，在表2-5列出的观众提出的具体改进建议中，有48.35%的观众提到了展览体验效果，占比近半，且涉及面较广，主要包括展品种类、展厅灯光效果(佛教造像展、万世师表展、史前文明展被具体提及偏暗)、展品介绍形式及内容、观展导览示意、互动体验装置等多个方面。这从总体上反映了观众在山东博物馆观展过程中还有一定的诉求未被满足，展览内容及形式细节方面还有提升与改进的空间。

二、提升方向

通过观众调查数据发现，博物馆观众的构成具有年龄结构青年化、参观目的休闲化、资讯获取多元化、观众来源本地化等特点。基于观众调查研究分析，建议博物馆应从以下方面进一步完善提升：

(一)拓展宣传推广渠道，建立精准宣传机制

随着新媒体技术日益成熟，移动端公共平台成为时下最热门的资讯获取方式，因其较强的针对性和互动性日益成为博物馆主要的宣传渠道。但移动端公共平台也有其局限性，如受众群体主要以青少年为主。图2-11中的调查

数据显示，有 48.03%的观众主要通过亲朋好友推荐等来获取博物馆资讯，从网络获取资讯的观众的占比为 31.80%，通过其他渠道获取资讯的观众也有不同程度的分布；图 2-39 中的调查数据显示，有 96.72%的被调查观众愿意向亲朋好友推荐山东博物馆。这说明，观众在获取博物馆资讯方面的渠道相对多元化。

建议博物馆在宣传渠道拓展、展览活动信息传播方面，从以下几个方面提升和完善：(1)进一步深入调查研究博物馆观众获取展览信息的途径，建立完整的观众获取展览信息渠道体系；(2)根据近半数的被调查观众主要通过亲朋好友推荐获取博物馆资讯以及观众对博物馆极高的推荐意愿，应逐步加强博物馆口碑营销，探索建立博物馆口碑营销机制；(3)进一步优化博物馆官网(PC端)，以提升观众浏览网站的体验，增强微博、微信等移动端(公众号等)平台内容的可传播性和趣味性，以提高用户黏性，同时通过抖音、快手等新型营销手段适时引发爆点，扩大山东博物馆相关短视频的传播覆盖面；(4)合理增加其他传统途径的宣传频率，如经常开展博物馆进社区、博物馆进校园等活动，在济南公交车移动电视上适当推送展览快讯，更好、更全面地宣传山东博物馆，让每个年龄段的观众都能及时、准确地了解博物馆日常活动、展览的相关信息。

(二)巩固提升办展水平，优化观众观展体验

图 2-12 中的调查数据显示，有 52.62%的观众之前参观过山东博物馆，其中一年内参观过的观众占比为 40.98%。这说明，山东博物馆的固定观众群即重复参观观众占比较大，观众对博物馆展览内容能够及时推陈出新存在着内在诉求。另外，图 2-17 中的调查数据显示，有 42.30%的观众明确表示为学习知识而来，选择文物鉴赏和教育子女的观众分别占 28.52%、23.61%。这说明，大部分前来博物馆参观的观众对于讲解服务存在一定程度的内在需求。

建议博物馆在提升办展水平、优化观展体验方面，从以下几个方面加强和完善：(1)在展品方面，进一步丰富山东博物馆馆藏展品，对常设展览展品根据观众观展效果调查不定期适时推陈出新，同时进一步加强馆际交流，策划并引入更多主题多样且具吸引力的临时精品展览。(2)在展示形式方面，重视创新且注意细节，优化观众观展过程灯光和互动设施的体验效果，适当增加展品说明的内容和趣味性来降低观众的理解难度；同时，作为对实物展览的补充，加大数字化博物馆建设力度，通过引入虚拟现实(VR)、增强现实(AR)等技术，让观众可以通过虚拟体验方式了解、欣赏更多的精品文物、精品展览，增强展览的趣味性和体验性。(3)在博物馆讲解服务提升方面，逐步增加讲解员和志

愿者讲解的数量，扩大馆内自助导览及讲解设备覆盖面，加强博物馆讲解服务的宣传引导，优化讲解器租用流程，租金收取方面，增加移动支付，以适应观众支付方式多元化的趋势；同时，进一步提高讲解服务水平，增强讲解内容的知识性、趣味性和通俗易懂性。

（三）加强文创产品研发和销售，提升文创产品经营

博物馆文创产品作为博物馆文化软实力的重要载体，日益受到广大文博爱好者的追捧。博物馆开发文创产品是博物馆展览和服务的延伸。作为地域文化资源的重要集中保存地，将齐鲁文化底蕴及符号创意加入文创产品设计中，并使其充分融入人们的生活，既是山东博物馆服务公众的现实需要，也是山东博物馆扩大文化品牌影响力的内在需要。

建议博物馆对文创产品的开发，从以下几个方面逐步探索提升：(1)加强博物馆观众对文创产品的需求调研，深入了解观众对博物馆文创产品的类型、价格等各方面的需求，为后续的产品开发提供市场依据；(2)根据观众对山东博物馆文创产品的具体诉求，研发和生产高、中、低三档，富有特色且多种类的山东博物馆文创产品，以满足不同群体的消费需求；(3)在现有体制机制下，逐步探索创新文创产品开发模式、优化收入分配激励机制等方面的新路径，结合自身特点加强与山东大学、山东艺术学院、山东工艺美术学院等高校以及相关设计行业协会等社会力量的合作，实现设计与开发联动，强化文创产品的设计和研发能力；(4)在产品销售渠道方面，馆内文创产品商店应加强引导工作，增设导引牌，同时在官网（PC端）和移动端（公众号等）增设纪念品售卖板块及入口，建立山东博物馆文创产品电商平台，并与省内大型商场建立合作关系，开设专门的售卖平台，提高文创产品的曝光率及品牌效应。

（四）完善设施建设，提升服务体验效果

针对观众在场馆配套设施及服务方面的反馈情况，建议博物馆在以下几个方面进一步加强和提升：(1)在观众停车方面，节假日期间，应根据具体情况加强到馆车辆的疏导，并适当开放员工停车场，以满足不同时段观众停车的需求。(2)在观众入馆环节，为避免观众长时间排队等候，应在入口处适当增加自助取票机的数量，必要时采用电子身份认证形式，实行电子票，以提升高峰期入馆效率；同时，随着互联网技术的进一步发展，应积极引进人脸识别技术，实现刷脸入馆，提升入馆效率。(3)在馆内配套服务方面，应进一步加强软硬件服务设施，注重细节，提升品质。例如，增强公共卫生间使用的便捷性，优化公共休息设施的空间分布，提升观众的无线上网体验，优化馆内标识牌的设置等。

第三章　博物馆展览的前置评估与形成性评估

作为了解潜在观众需求与认知程度的有效途径，前置评估对展览与教育活动的策划和开发有着显著的积极影响。从20世纪70年代开始，欧美国家的一些博物馆就开始开展展览的观众评估。前置评估被视为提升展览有效性的重要手段，并与形成性评估和总结性评估一起，成为观众评估介入展览与教育活动开发的主要途径之一。在国内，2008年浙江大学的严建强教授提出了展览评估的两类标准：专家判断和观众判断。观众判断作为展览评估的重要依据，不仅要关注开展后的观众评价，而且在展览策划阶段设计展览的传播目标时，就应该召开观众代表座谈会，对观众的需求开展评估。[①] 值得关注的是，这一观点不仅仅限于学术领域的探讨，国家文物局的文件中也提到了相关内容。例如，相较于2016年7月修订的《博物馆定级评估标准》，2019年12月修订的《博物馆定级评估标准》中，在"7.1.3.2 展示、教育和传播"的c)条中，增加了"临时展览主题注重观众调查，筛选过程引入观众需求因素"的内容。这是博物馆观众评估的一个很大进步，我们看到了自上而下的政策支持，即这一理念在实践层面的落地获得了官方的支持。

通常情况下，由于前置评估往往发生在项目的策划阶段，展览与教育活动尚未成型，因此其对象一般以"潜在观众"为主，尤其是展览与教育活动的潜在目标观众。下文将介绍山东博物馆在2020年举办的重磅原创展览"衣冠大成——明代服饰文化展"中，对展览的目标观众群、展览内容、展览形式、教育活动、文创产品等展览的细节开展的展前观众需求评估。

---

① 参见严建强：《从展示评估出发：专家判断与观众判断的双重实现》，《中国博物馆》2008年第2期。

第一节 展览的前置评估——“衣冠大成——明代服饰文化展”展前需求调查

一、调查背景和目的

“衣冠大成——明代服饰文化展”(下文简称“明代服饰文化展”)以明代服饰为线索，结合馆藏明代家具和配饰等文物，向观众全方位地展示明代服饰的穿着场景和穿搭方式，展示了服饰背后蕴含的社会生活与文化内涵。该展览作为山东博物馆对外弘扬和普及传统服饰知识和历史文化的重要窗口，对于山东博物馆发挥和履行职能具有重要意义。为了解展前公众对山东博物馆“明代服饰文化展”的需求情况，提升山东博物馆与观众的供需对接水平，了解山东博物馆公共文化服务供给的优势与不足，山东博物馆开展了本展览的观众调查评估工作，旨在实现以下目的：

(1)了解博物馆观众的潜在服务需求，提升博物馆与观众的供需对接水平，优化博物馆服务供给思路；

(2)了解博物馆观众对博物馆展览展示、教育资源的知晓度，为改进博物馆的宣传方式提供参考；

(3)以需求调查为手段，调查博物馆实际服务效能发挥的情况，了解博物馆服务供给的优势与不足。

二、调查设计

(一)评估研究对象

本次选取的评估研究对象为山东博物馆“明代服饰文化展”。该展览于2020年9月29日起在山东博物馆二楼12号展厅正式开展，展期为3个月。“明代服饰文化展”延续了山东博物馆弘扬和普及中华传统服饰文化的精神，在总结往年服饰文化展经验的基础上与孔子博物馆合作举办。该展览共选取来自山东博物馆和孔子博物馆收藏的30余件明代传世成衣精品，辅以50余件(套)古代书画、青铜器、玉器、金银器、瓷器等。这些藏品体系完整、色彩鲜艳、款式齐全、保存完好、纹饰精美，在国内甚至世界博物馆界都难得一见。展览由“垂衣天下治”“华景庆嘉时”“香霭入长裾”三个单元构成，分别展示了明代官员服饰、嘉礼服饰和日常起居服饰。此外，该展览还设计有中华传统服饰创新延伸环节。整体策划既从礼仪文化、织绣技术和服饰多样化发展等角度展现明代服饰的历史文化内涵，又结合当下流行的设计作品展现传统服饰现代化的一面。

（二）调查对象和调查方法

“明代服饰文化展”展前需求调研采用问卷调查的方式，以展览的潜在观众为对象进行调研，样本涉及不同年龄段和各个省份的潜在观众。调查渠道分为线上、线下两种方式：线上通过山东博物馆的官方微信、官方网站发布调查问卷信息；线下采取在山东博物馆馆内现场采访的方式进行。“明代服饰文化展”展前需求调研共获取有效样本 322 个。

（三）研究指标和调查内容

在文献研究的基础上，我们设计了展前观众需求研究指标，包含认知情况和需求情况两个一级指标。其中，认知情况包括知晓度、知晓渠道和对“明代服饰文化展”各板块的兴趣三个二级指标；需求情况包括内容需求、宣传需求、展览形式需求、展厅需求、时间需求、教育活动需求、文创产品需求和收获期待八个二级指标。根据这一指标体系，我们设计了调查问卷。展前观众需求调研问卷主要包含四部分内容：第一部分主要用于考察受访者对“明代服饰文化展”的认知情况，包括知晓度、知晓渠道和内容偏好三个维度；第二部分主要考察受访者对“明代服饰文化展”的需求，包括内容、展览形式、展厅、宣传和教育活动等多个维度，为更客观和量化地获取受访者对山东博物馆线上展览的满意度情况，该部分问题采用五级量表的形式；第三部分主要考察受访者对文创产品的需求，包括产品类型、消费习惯、图录内容、图录规格、装帧风格五个维度；第四部分用于收集用户的基本信息，包括性别、年龄、受教育程度和居住地。

三、技术说明

（一）数据分析说明

本次研究对所有采集数据进行逻辑查错，并使用 SPSS 22.0 软件对调研数据进行分析。“明代服饰文化展”需求调查问卷的数据有两种类型：一种是比例数据，如性别、年龄、学历、居住地等人口学变量，以百分数表示；某些展览需求调研项目，如对展览的知晓程度和感兴趣程度、获取展览信息渠道、感兴趣的展览内容、对文创产品种类的选择、购买文创产品的渠道、对展览图录内容的偏爱、图录的尺寸规格、观众偏爱的图录装帧风格，结果以百分数表示。

另一种是等距数据，如偏好的展览讲解模式、对不同风格说明文字的偏好、喜欢的展示元素、感兴趣的展览内容、喜欢的教育活动、偏爱的互动方式，观众以五点量表形式打分。对于数据结果，我们采取减1乘25的算法，进行了百分制转换。5分制转百分制的原理：5分制打分，从理论上讲，每位受访者可以在1～5分中给出任意一个评分，即1～5分中的任意一个分数被选的概率是相等的。也就是说，受访者的5分制打分符合统计学上1～5的均匀分布，记作$U[1,5]$。统计学上均匀分布的定义为：设连续型随机变量X的分布函数为$F(x)=(x-a)/(b-a)$，$a\leqslant x\leqslant b$，则称随机变量X服从$[a,b]$上的均匀分布，记为$X\sim U[a,b]$。之所以可以将5分制打分转换成百分制打分，则是因为受访者的打分服从原有分布特征，其选择每个评分的概率不变，原有属性不变。因此，受访者的打分可以由原来的$U[1,5]$分布转换成现在的$U[0,100]$分布（注：百分制的常规定义以0开始），由$U[1,5]$均匀分布函数的表示形式为$F(x)=(x-1)/(5-1)$，则将其转化为百分制后的均匀分布函数表示形式为$F(x')=(x'-0)/(100-0)$。令$F(x)=F(x')$，则$x'=(x-1)(100-0)/(5-1)+0$，即$x'=100(x-1)/4=25(x-1)$。

（二）展前需求调研问卷的信度分析

本次研究采用Cronbach's α检验问卷的内部一致性信度。一般来说，当Cronbach's α大于0.9时，则表示量表的内在信度很高；当Cronbach's α大于0.7小于0.9时，则表示量表的内在信度较高，虽然存在一定问题，但是仍有一定参考价值；当Cronbach's α小于0.7时，则认为量表的设计存在较大问题，应重新设计。表3-1中的数据分析结果显示，本次问卷量表的Cronbach's α为0.872，内在信度较高。

表3-1　可靠性统计

Cronbach's α	项数
0.872	33

（三）展前需求调研问卷的效度分析

本次研究采用探索性因子分析检验问卷量表的有效性。表3-2中的数据分析结果显示，本次问卷量表题的KMO值为0.855，效度高。

表 3-2　KMO 和巴特利特(Bartlett)的球形检验

KMO 取样适切性量数	Bartlett's 球形检验		
	近似卡方	自由度	显著性
0.855	3553.336	528	0.000

四、"明代服饰文化展"观众展前需求调查

(一)观众背景信息

1.观众性别

图 3-1 中的调研结果显示,在对"明代服饰文化展"有潜在参观需求的观众中,女性观众占比达到 77.3%,男性观众占比为 22.7%。这说明,女性观众对服饰主题展览的兴趣远高于男性。

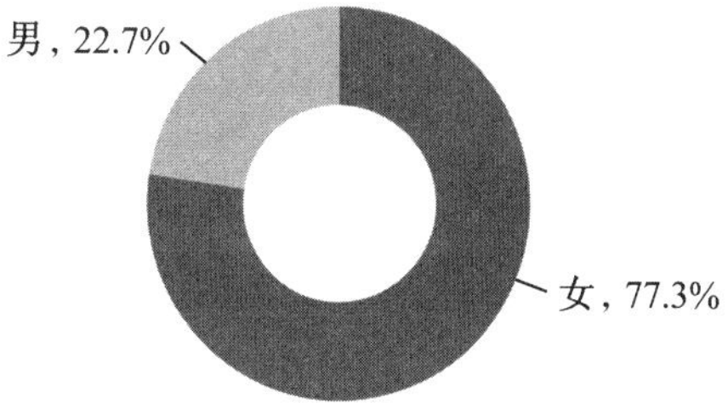

图 3-1　观众性别分布

2.观众年龄

图 3-2 中的调研结果显示,在对"明代服饰文化展"有潜在参观需求的观众中,有 39.6%的观众年龄在 19～25 岁,占比最高;有 29.4%的观众年龄在 26～35 岁;分别有 15.3%和 10.6%的观众年龄在 36～45 岁和 18 岁及以下;有 4.3%的观众年龄在 46～55 岁;有 0.8%的观众年龄在 56～65 岁。这说明 69%的观众年龄在 19～35 岁,为本展览的目标观众群体;另外,有 10.6%的观众为青少年。也就是说,本展览吸引了近 80%的 35 岁以下的年轻人和青少年,19～35 岁的年轻人是该展览的目标观众群,展览的设计应尽力满足这个年龄段观众的需求。

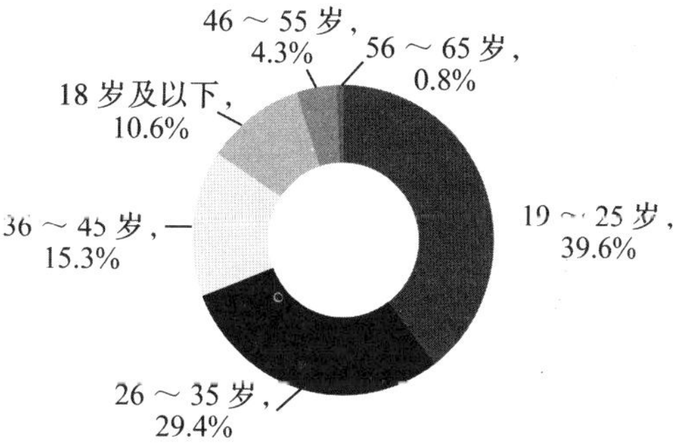

图 3-2　观众年龄分布

3.观众学历

图3-3中的调研结果显示，有68.2%的观众学历为“本科”，占比最高；有13.3%的观众学历为“高中（中职）”；分别有11.0%和7.5%的观众学历为“硕士研究生及以上”和“初中及以下”。由此可见，该展览近八成的潜在观众为具有本科及以上学历者。

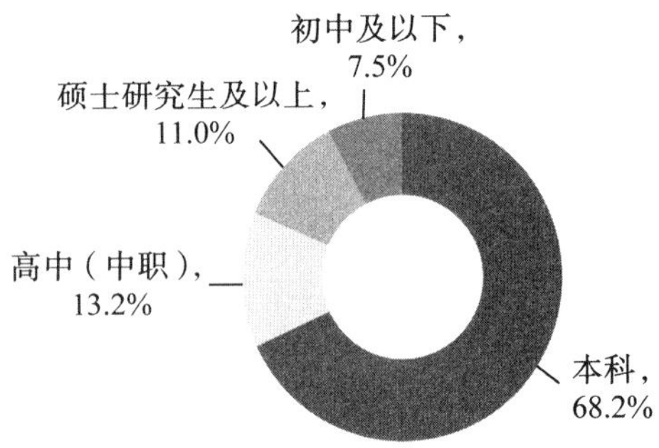

图3-3 观众学历分布

4.观众居住地

图3-4中的调研结果显示，有51.0%的潜在观众居住地在“山东省济南市”，占比最高；有24.7%的潜在观众居住地在“山东省其他城市”；有24.3%的潜在观众居住地在“其他省份、直辖市”，占比最低。本次调研结果与山东博物馆往年观众结构调查的结果有一定程度的相似性，即省内观众占多数。但是，我们也非常明显地看到，在本次需求调研中，展览前期已经有不少外省观众关注到这个展览。这说明，热门展览不仅可以提升博物馆的影响力，还可以提高城市旅游的吸引力。

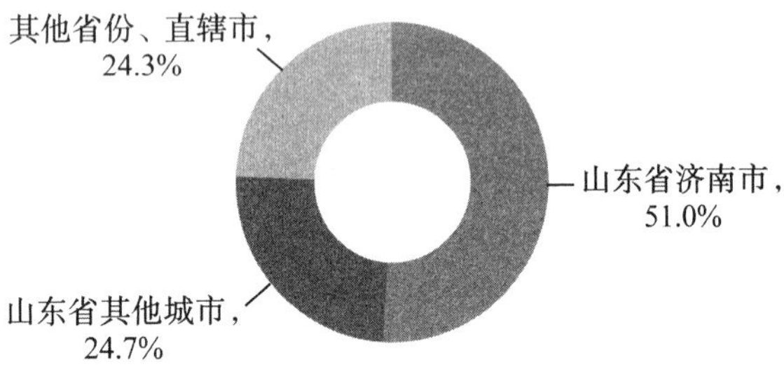

图3-4 观众居住地分布

（二）观众展前需求调查信息

1.观众对古代服饰展的感兴趣程度

图3-5中的调研结果显示，“明代服饰文化展”的潜在观众中，有86.3%的观众知道山东博物馆即将举办“明代服饰文化展”，仅有13.7%的观众不知道即将举办“明代服饰文化展”。

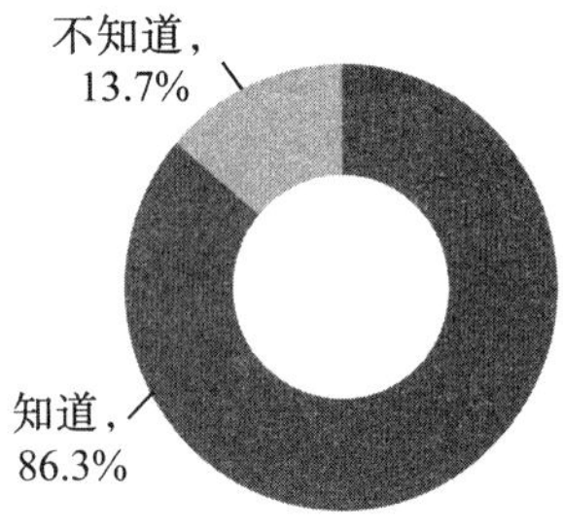

图3-5 观众是否知道即将举办“明代服饰文化展”

“明代服饰文化展”对观众的吸引力较大，所有受访者均对古代服饰表现出不同程度的兴趣。图3-6中的调研结果显示，有68.6%的观众对古代服饰“非常感兴趣”，28.2%的观众对古代服饰“比较感兴趣”，仅有3.1%的观众对古代服饰“有点感兴趣”。

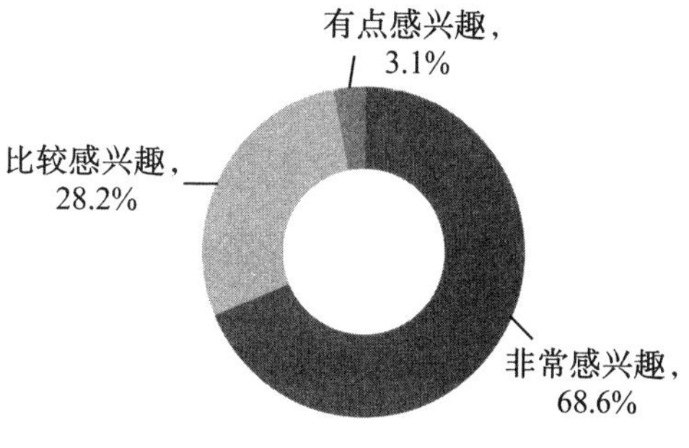

图3-6　观众对古代服饰的感兴趣程度

2.观众获取展览信息渠道和展前宣传方向

对观众获取“明代服饰文化展”信息的主要渠道进行研究，并进行多样化和差异化推送，有助于提升展览的宣传推广效果。整体而言，微信、微博等社交网络平台已经成为观众获取展览信息的最主要渠道。图3-7中的调研结果显示，有90.9%的观众通过“微信、微博等社交网络平台”获取到“明代服饰文化展”的展览信息，占比最高；其余展览信息获取渠道按占比高低依次为“他人推荐”(15.5%)、“参与或路过博物馆现场”(10.9%)、“官方邀请、通知”(7.3%)、“视频、门户、购物网站广告”(6.8%)、“电视、广播”(5.0%)、“报纸、杂志”(2.7%)、“公交、地铁、电梯等公共场所的广告”(1.4%)、“市区LED、户外广告、海报、道旗”(0.5%)。

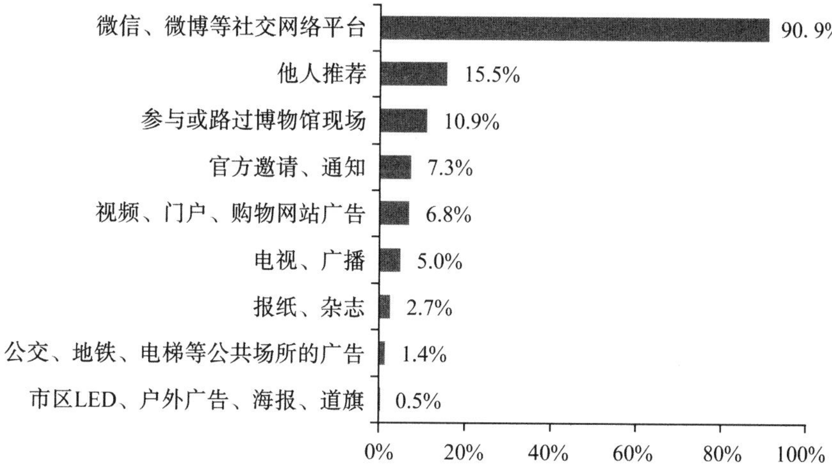

图3-7　观众了解“明代服饰文化展”的信息渠道

观众对新媒体宣传方式的接受程度高。图3-8中的调研结果显示，有96.3%的观众“愿意”扫描二维码或关注微信公众号来获得更多图录和展览相关的解读信息，仅有3.7%的观众“不愿意”扫描二维码或关注微信公众号。这说明山东博物馆可以利用微信公众号来加强知识宣传和普及。

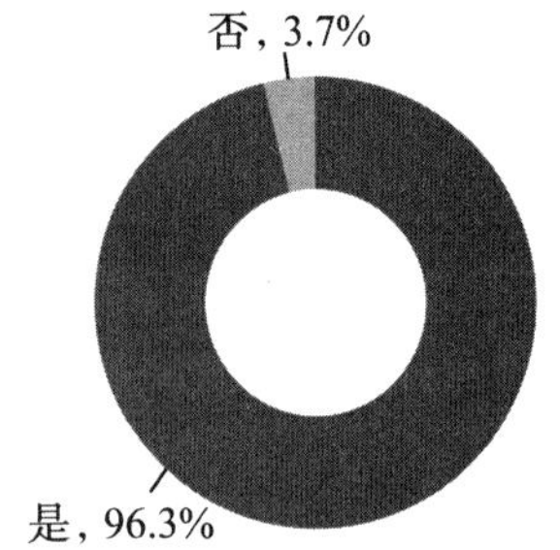

图3-8 观众是否愿意扫描二维码或关注微信公众号

图3-9中的调研结果显示，分别有77.3%和74.5%的观众希望在展前更多地了解“服饰展展品内容”和“明代服饰背景知识”；有51.8%的观众希望在展前更多地了解“服饰展展览时间”；其余各项按占比高低依次为“服饰展购票/取票方式”(32.5%)、“特别活动信息”(15.3%)、“展览场馆位置、交通信息”(14.9%)、“展厅设施设备(无障碍设施、听障视障设备等)”(8.2%)。

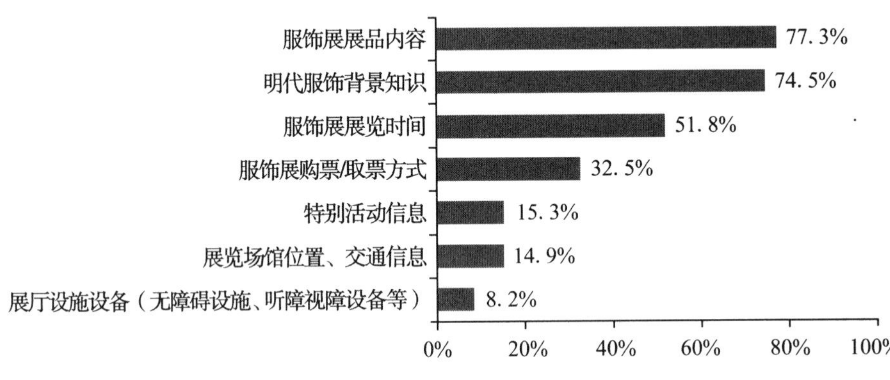

图3-9 观众希望在展前了解的“明代服饰文化展”相关内容

3.讲解方式及展品阐释风格

图3-10中的调研结果显示，观众最为喜爱“人工方式听文物展品介绍”的展览讲解模式，评价得分为86.1分；其次为“扫描文物二维码，收听文物语音介绍”(83.4分)和“租用语音导览器”(77.5分)。

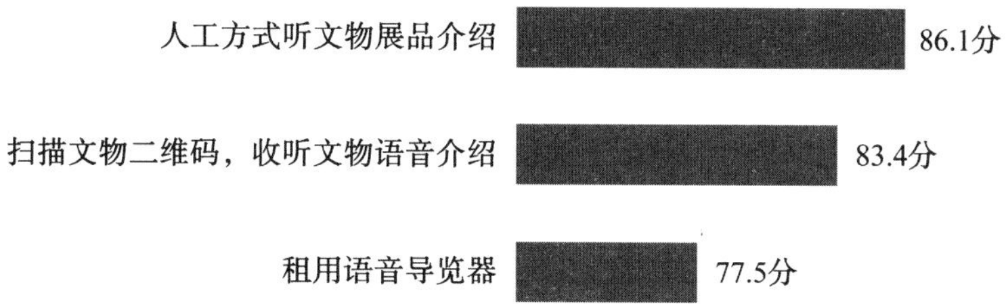

图 3-10　观众偏好的展览讲解模式得分

展品文字信息是观众了解展品及其文化内涵的重要渠道，在无人讲解及缺乏音视频等辅助讲解时甚至是唯一渠道。因此，研究观众对展览文字风格的阅读偏好有助于博物馆撰写更为符合观众阅读习惯的展品介绍，提升博物馆的教育效果。图 3-11 中的调研结果显示，观众对于“活泼风格，讲述背景小知识与历史典故”这一类文字风格最为喜爱，评价得分为 88.1 分，得分最高；其次为“详细的叙述性文字，语言通俗易懂”，评价得分为 86.2 分；其余各项按评分高低依次为“学术风格，语言严谨、精确，较多使用专业术语”（76.5 分）、“现代风格，融合网络时代用语，便于理解”（72.0 分）和“精简风格”（68.2 分）。

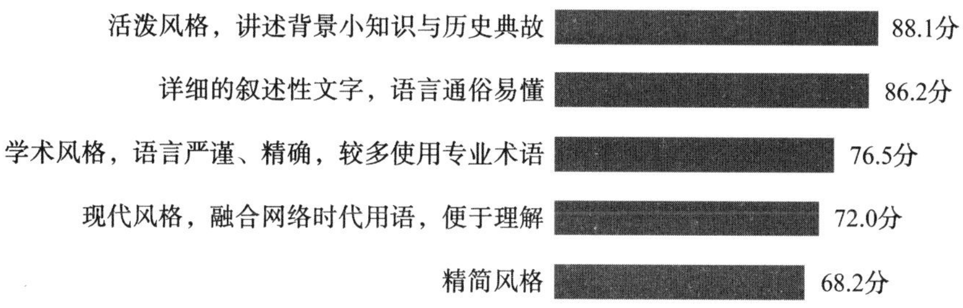

图 3-11　观众对“明代服饰文化展”不同风格文字的阅读偏好得分

4.观众期待的展览内容

图 3-12 中的调研结果显示，观众最希望“明代服饰文化展”可以展示“服饰穿戴传统、习俗”，期待值得分为 95.8 分，得分最高；其次为“服饰文物展品”，期待值得分为 94.6 分；其余各项按得分高低依次为“服饰文化相关历史典故、奇闻轶事”（92.0 分）、“现代服饰对传统文化、生活礼仪的传承”（90.1 分）、“服饰制作工艺”（88.4 分）、“服饰设计风格、思路”（88.1 分）、“古代服饰展中的多样展览形式”（87.7 分）、“古代服饰相关文创产品”（81.1 分）。这表明，观众走进博物馆不仅希望欣赏文物艺术品，还希望通过观展了解展品背后

的历史文化内涵。

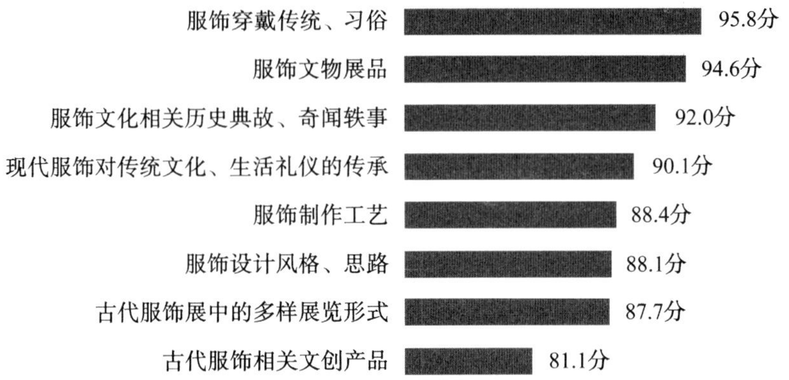

图 3-12　观众对“明代服饰文化展”展示元素的评价得分

从观众对“明代服饰文化展”最感兴趣的内容来看，纹饰和色彩相关的元素最吸引观众。图 3-13 中的调研结果显示，受访观众对“明代服饰的纹饰、吉祥寓意”的兴趣最高，兴趣度得分为 94.4 分；其次为“明代服饰的色彩搭配”，兴趣度得分为 93.2 分；其余各项按评价得分高低依次为“与服饰相关的历史文化知识”(92.0 分)、“明代典型男、女形制服饰”(88.9 分)、“明代服饰配饰(手环、项链等)”(86.6 分)、“明代纺织、服饰制作工艺”(82.8 分)。

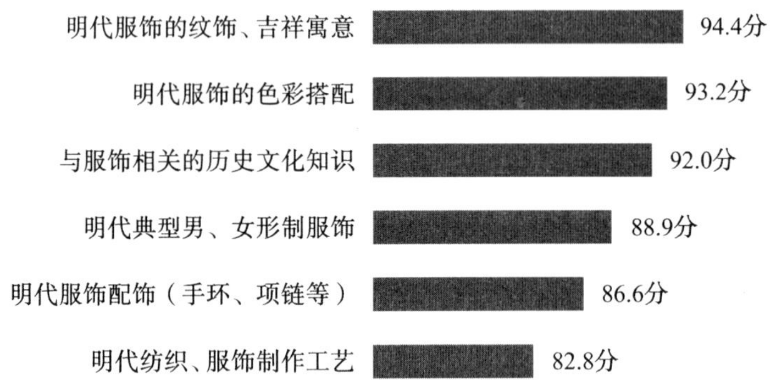

图 3-13　观众对“明代服饰文化展”最感兴趣内容评价得分

5.观众对教育活动的需求

图 3-14 中的调研结果显示，观众最希望“明代服饰文化展”推出“推文、视频等线上学习产品”一类的教育活动，评价得分为 89.7 分，得分最高；观众对“不同年龄段的古代礼仪体验活动”和“‘古代服饰艺术文化’主题讲座”这两类

教育活动的评价得分均为 88.4 分；观众对“成人教育活动”和“儿童教育活动”的评价得分分别为 83.0 分和 76.4 分。

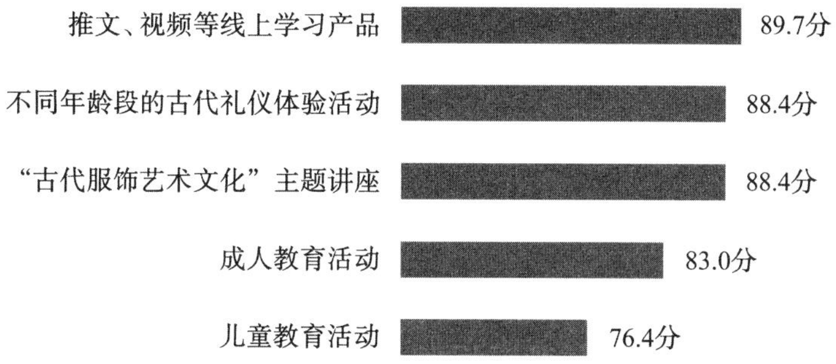

图 3-14　观众对“明代服饰文化展”各类教育活动的评价得分

图 3-15 中的调研结果显示，观众最喜欢的互动方式有“动手触摸不同材质的服饰面料”和“鲁绣体验，动手为衣服绣图案活动”，评价得分分别为 93.7 分和 90.4 分；观众对“展厅内设置一个大的电子屏幕”这一互动方式也较为期待，评价得分为 86.8 分；其余各项按评价得分高低依次为“高仿的明代服饰进行的走秀活动”(83.2 分)、“古装换装电子游戏”(77.3 分)、“明代服饰元素的现代服饰走秀活动”(75.1 分)。这表明，博物馆在举办“明代服饰文化展”时，可以增加实物触摸、电子屏幕、时装走秀类的互动方式。

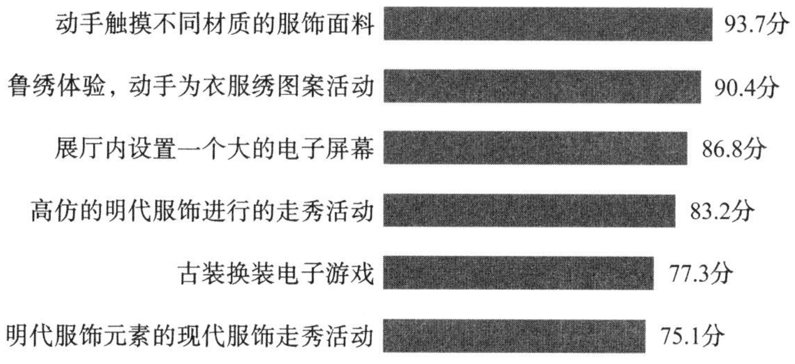

图 3-15　观众对“明代服饰文化展”互动方式的评价得分

6.观众对文创产品的偏好情况

图 3-16 中的调研结果显示，有 77.3%的观众期待“明代服饰文化展”开发“传统配饰(挂饰、项链、耳环等)”这一类的文创产品，占比最高；有 70.5%的观众期待“服饰、图录等书籍”一类的文创产品；其余各项按占比高低依次为“古

代传统风格服饰”(68.9%)、“古代传统风格的日用品(折扇、雨伞等)”(63.4%)、“身着古代传统服饰的手办、模型”(47.5%)、“带有服饰元素的装饰品”(46.9%)、“服饰明信片、张贴画等”(42.5%)。

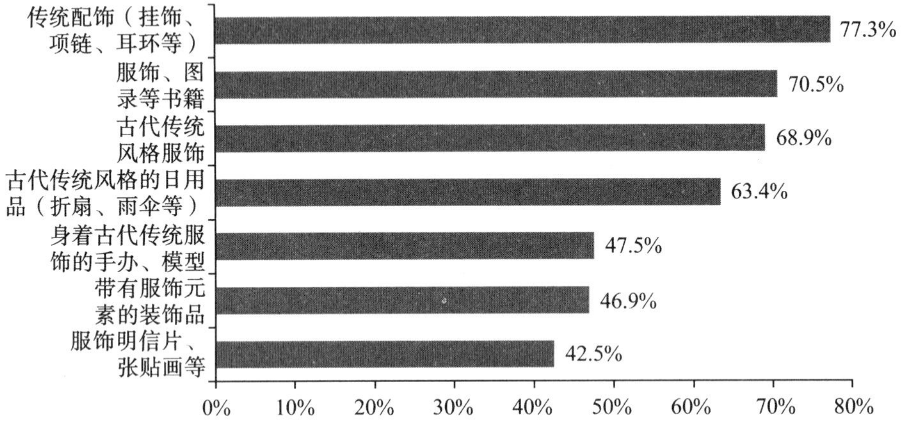

图 3-16　观众期待“明代服饰文化展”开发的文创产品种类占比

了解观众购买文创产品的消费习惯有助于博物馆选择文创产品的销售渠道。图 3-17 中的调研结果显示,有 82.0%的观众倾向于在“线上电商平台(天猫、京东等)购买” 文创产品;有 68.9%的观众经常在“观展时前往馆内纪念品店购买”文创产品;有 31.4%的观众会在“社交网络平台(微信、微博、App 等)内购买”文创产品;相较而言,观众较少倾向于“前往授权专卖店购买”“前往综合类商场、购物街购买”和“联络商家定制、预购商品”三种文创产品消费模式,三者的占比分别为 13.0%、12.4%和 10.6%。

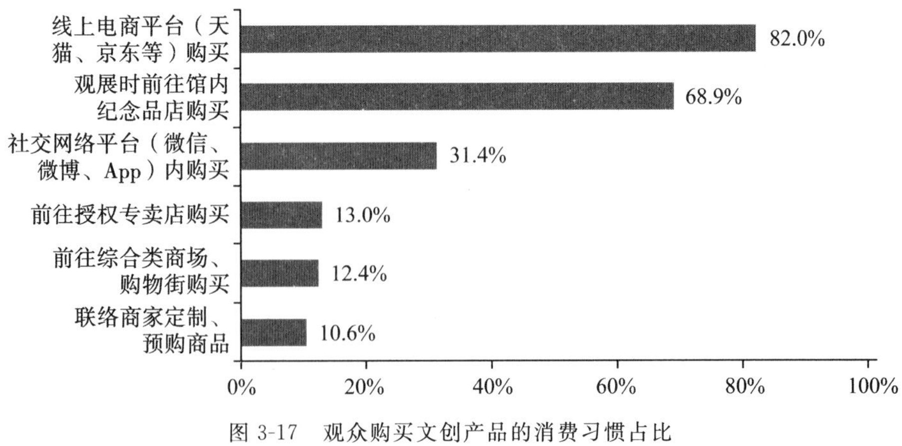

图 3-17　观众购买文创产品的消费习惯占比

对于山东博物馆计划出版的“明代服饰文化展”图录，图 3-18 中的调研结果显示，有 89.4%的观众希望可以在图录中看到“高清服饰图”；有 86.3%的观众希望看到“服饰信息说明，如服饰尺寸、色彩、纹饰解读等”相关内容；分别有 82.3%和 68.6%的观众希望看到“服饰细节图”和“服饰穿戴后的效果图”的相关内容。

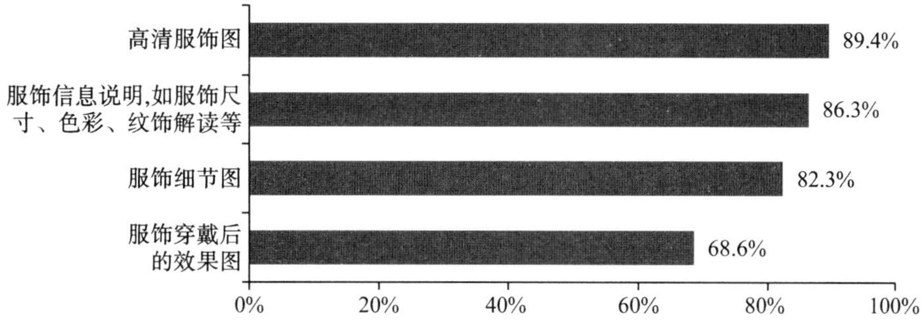

图 3-18　观众希望看到的“明代服饰文化展”图录的内容占比

对于山东博物馆计划出版的“明代服饰文化展”图录，图 3-19 中的调研结果显示，有 54.4%的观众偏爱“大 16 开(285 mm×215 mm，与 A4 纸相当)”的尺寸规格，占比最高；相较而言，“对尺寸规格没有概念”“正 16 开(260 mm×185 mm”和“12 开(285 mm×285 mm)”的选择人数占比较低，分别为 18.6%、18.0%和 9.0%。这说明，山东博物馆应该选择大 16 开的图录尺寸规格，以满足大多数观众的阅读偏好。

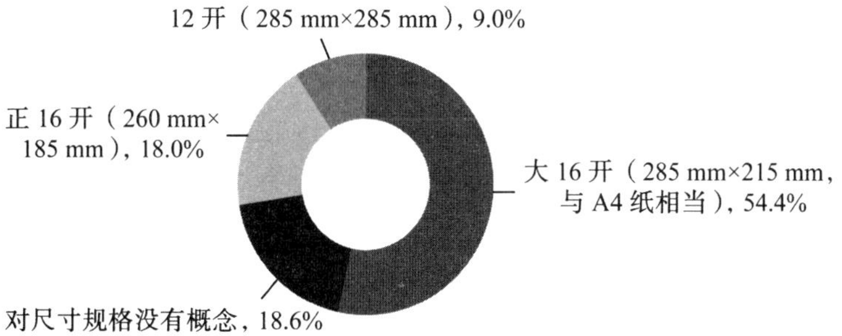

图 3-19　观众偏爱的图录尺寸规格统计分析

对于山东博物馆计划出版的“明代服饰文化展”图录，图 3-20 中的调研结果显示，有 49.4%的观众偏爱“软精装”的装帧风格，占比最高；有 30.4%的观众偏爱“精装”的装帧风格；有 20.2%的观众偏爱“平装”的装帧风格，占比最低。这说明山东博物馆应该选择软精装的图录装帧风格，以符合大多数观众的阅读偏好。

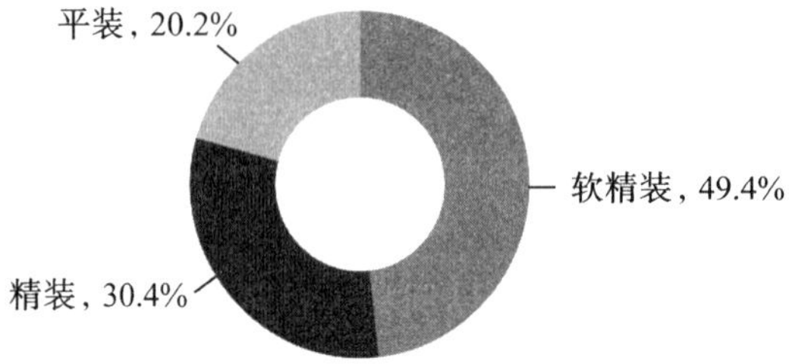

图3-20 观众偏爱的图录装帧风格统计分析

（三）对策建议

针对“明代服饰文化展”展前需求调查的结果，我们提出以下建议：

1.文字描述设计可视化，提升讲解服务水平

展品文字信息是观众了解展品及其文化内涵的重要媒介，在无人讲解及缺乏音视频等辅助讲解时甚至是唯一渠道。因此，文字描述设计也是博物馆展览设计的重要环节，能够显著提升教育效果。观众需求调研结果显示，观众对于“活泼风格，讲述背景小知识与历史典故”这一类文字风格最为喜爱，评价得分为88.1分；其次为“详细的叙述性文字，语言通俗易懂”，评价得分为86.2分。建议山东博物馆撰写更多活泼有趣、通俗易懂的叙述性文字，避免过多地使用抽象的、现代的和学术化的语言；探索应用文字图形化和数据可视化方法，将复杂的文字和数据加工转化为一幅幅生动形象的图画，这比纯文字更加富有趣味性，能够将展览信息高效简明地传达给观众。图形化的文字相较于纯文字更易于识别和理解，可以给予观众视觉的直接感受。以“精准与华美——南京博物院藏钟表精品展”为例，工作人员以“宫廷钟表”汉字为设计元素（见图3-21），结合钟表表盘的图形特征，将文字图形化，既能第一时间在视觉上吸引读者的注意力，又能有效地传达展览的主题，提升观众的观展体验。

调研中还发现，观众对于“人工方式听文物展品介绍”和“扫描文物二维码，收听文物语音介绍”的展览讲解模式需求较高，得分分别为86.1分和83.4分。这说明观众对于山东博物馆的讲解服务有较高的需求。建议山东博物馆做好以下几方面的工作：一是增加人工讲解活动的频次，加大宣传力度；二是加大展品的数字化进程，为每个展品制作线上专属的讲解词，同时加强宣传，引导观众使用微信扫描二维码听讲解；三是根据观众需求持续提升讲解词服务水平。

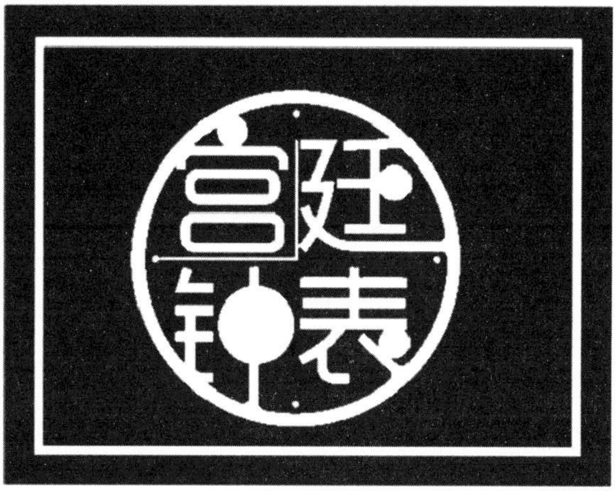

图 3-21　“精准与华美——南京博物院藏钟表精品展”的主题标志

关于讲解词的撰写，尤其是博物馆讲解词的撰写，已经有很多学者从不同角度进行了探析。例如，《博物馆讲解词浅说》一文提出，讲解员要对讲解对象有深刻的了解，讲解时所用的语言应该准确、生动、富有表现力；[①]《历史文物陈列解说词编写浅议》一文强调，解说词应口语化、大众化，并引用典故、传说、引语、数字、比喻，增强其趣味性和知识性。[②] 因此，在撰写讲解文案时，既要在前期对展品进行深入的研究和分析，还要使用通俗易懂、生动有趣的语言进行更好的知识传达。建议在撰写讲解文案前做好如下工作：一是通过二手资料研究对讲解文物、视频主题以及地域文化进行归纳梳理；二是提取有效信息，将文物的来源、材质、造型、用途、制作工艺、铭记题跋、历史价值、艺术价值等，按照递进顺序依次排列；三是整合信息并从中提炼核心内容，厘清思路并构建整体大纲和框架。

2.注重交互式展览设计，全方位显著提升观众的参与感

信息技术的进步使互动项目在博物馆界悄然兴起，观众的观展行为及认知方式也发生了显著变化，单一的实物陈列和图文阐述的传统展示方式已经无法满足观众的需求。观众对展览互动性的评价得分在 75.1～93.7 分，说明观众对互动性的要求较高。山东博物馆可进一步提升展陈方式的探索性和互动性，尝试体验式场景、感知设计、智能交互设计和虚拟线上设计等交互技术。

情景模拟是一种趣味化、游戏化的体验式展示手段，通过观众的参与完成

① 参见李淑萍、孟剑明：《博物馆讲解词浅说》，《文博》1993 年第 2 期。

② 参见包宪红：《历史文物陈列解说词编写浅议》，《中国博物馆》1990 年第 1 期。

文物展览。展览设计人员和观众通过展览装置互动，观众通过触摸、操作、角色扮演等方式参与展览，亲身体验感知展览主题和意图。例如，山东博物馆可以在展厅内打造契合不同主题的明代生活场景，邀请观众体验“明代官员的一天”“上朝受封的一天”“吟诗作乐的一天”。活动完成后，还可进一步邀请观众拍照打卡、一键分享。这既能提升观众的获得感，又能促使观众自发宣传，从而形成良性互动。甚至还可以邀请观众加入山东博物馆线上互动群，从而培育一批忠诚的观众。还可以设置一些休憩交流区域，观众体验完成或者看完展览后，可以在此交流互动、稍作休息，这样既能增强展览效果，又能提升观众的观展体验。

多点触控式人机交互桌面被众多国内外博物馆引进运用，其支持通过触摸屏、触摸桌面或触摸墙面的方式接受多个用户同时操作屏幕输入的信息，并且可载入各种多媒体软件。在这种交互方式中，观众由传统的被动阅读展板内容变为主动探索发现感兴趣的展览内容，相比传统方式更具有趣味性和吸引力。

3.打造“线上＋线下”宣传矩阵，分阶段、分人群开展宣传推广工作

宣传推广能够不断地为博物馆吸引新的观众，对于扩大博物馆的影响力具有重要意义。移动终端的普及使社交媒体成为大众生活中必不可少的一部分。而对于博物馆的宣传，新媒体可以用生动、直观的方式对藏品和展览进行宣传、展示和讲解，有效地扩大受众范围，助推博物馆及其藏品的文化传播。在“请问您是通过什么渠道提前了解到‘明代服饰文化展’相关信息的?”一题中，90.9%的观众选择了“微信、微博等社交网络平台”，在所有选项中占比最高，而且远远超过排名第二的“他人推荐”(15.5%)。这表明，微信、微博、官方网站、移动应用和其他社交媒体账号共同构成新媒体时代下博物馆宣传的主要阵地；同时，还有许多宣传渠道需要山东博物馆进行开发和利用。

建议山东博物馆在巩固已有新媒体宣传渠道优势的基础上，积极探索新型传播手段。继续坚持以“两微一网”(即微博、微信、官方网站)作为主要宣传阵地，同时积极开发利用时下非常热门的新兴短视频媒体，如抖音、快手、微信视频号等，丰富新媒体宣传渠道，充分发挥新兴媒体优势。除新媒体宣传渠道外，建议山东博物馆在特定场景下选择性地利用电视、广播、报纸、杂志等传统宣传渠道。以国家博物馆为例，其曾与传统媒体合作举行了新闻发布会、新闻媒体通气会，并协助拍摄采访以及深度宣传等。例如，在新馆试运行阶段，国家博物馆邀请人民日报社、新华社、中央电视台等15家核心媒体率先参观，并通过媒体第一时间向公众宣传推广。山东博物馆可借鉴国家博物馆，通过和

传统媒体合作宣传重磅展览和事件，提升品牌知名度。除线上宣传渠道外，山东博物馆还可以开发利用线下宣传渠道。例如，在博物馆外广场和入口处通过户外广告、道旗等形式进行宣传推广，或者制作宣传册、宣传单等博物馆文化内容手册，走进社区、校园等目标人群聚集的地点进行宣传。在这方面，故宫博物院可以为山东博物馆提供传统宣传渠道的优化思路。

除不断丰富创新宣传形式和渠道外，建议山东博物馆制定展览宣传方案，在不同工作阶段根据不同的宣传目的，提前规划各阶段宣传内容并实现相应的宣传效果。一般来说，可以将展览宣传推广工作分为四个阶段，即展前预热阶段、展览开幕阶段、深度推广阶段和精彩回顾阶段。

展前预热阶段以吸引受众注意力为主，宣传内容主要包括展品信息和时间地点等内容。分别有77.3%和74.5%的观众希望在展前更多地了解“服饰展展品内容”和“明代服饰背景知识”，占比位于其他内容之前。但是，目前山东博物馆微信公众号的展前宣传主要包括展览规划和看点、时间地点、购票方式等内容，对展品和背景知识的介绍相对较少。建议山东博物馆在策划展前宣传时，借鉴故宫博物院的做法，增加关于展览展品的具体介绍、考古历史回顾和文献梳理相关的内容（见表3-3）。

表3-3　故宫博物院和山东博物馆展览展前宣传内容对比

故宫博物院（“哥窑瓷器展”）	山东博物馆（“明代服饰文化展”）
展览看点和优势	展览看点和优势
展览时间和地点	展览的构成单元
购票方式	展览时间和地点
瓷器相关展览的历史回顾	购票方式
哥窑的价值	志愿者招募
哥窑的具体介绍	布展现场
有关哥窑的文献梳理	—
哥窑的考古历史	—

展览开幕是展览宣传工作中最重要的环节，其目的是对展览进行全方位、立体式的宣传推广，吸引更多观众前来观展。这一阶段是展览的高度曝光阶段，主要发生在开幕前一周左右。该阶段的宣传内容需要十分全面，要对展览主题、展览内容、展览设计、重点展品解读和展览辅助手段等要素进行详尽的介绍，并且动用所有的媒体渠道进行全方位“轰炸式”的宣传推广。

深度推广阶段是展览宣传推广工作的核心阶段，时间覆盖展览开幕后的整个中后期，主要吸引博物馆的忠实粉丝。这一阶段的宣传频率要适当降低，要针对不同类型人群策划设计符合他们喜好的、有深度的传播内容，并通过不同的传播渠道进行宣传推广。以"'又见大唐'书画文物展"为例，其在深度推广阶段策划设计了多个特色鲜明且内容丰富的主题对展览进行深度解读。例如，"国宝传奇"专题通过专家解读的方式讲述38件珍贵展品的故事，"文化解密"专题重点宣传唐朝与当代中国的相似之处。此外，该展览在此阶段采用分众传播的方式，针对专业人士、普通观众和青少年推出了不同的宣传内容和活动，既有高端学术论坛，又有电视访谈节目和网络专栏，还有公益课程和知识普及讲座（见表3-4）。

表3-4 "'又见大唐'书画文物展"深度推广阶段的分众传播策略

目标受众	宣传内容	宣传形式	宣传渠道
专业人士	"又见大唐"之多维透视 "又见大唐"之国宝生辉	学术论坛	网络预约+多平台在线直播
普通观众	"对话大唐"——讲述国宝故事	访谈节目	辽宁电视台新闻频道
	"又见大唐"——由名人王刚、郑毅担任主持人，邀请文化、文博专家进行现场访谈，讲述文物及其背后故事	访谈节目	辽宁卫视
	"又见大唐"——通过文字、图片、视频还原展览原貌	网络专栏	辽宁文化云平台
青少年	"大唐补习班"——围绕"又见大唐"书画文物展打造了包括"大唐风韵入门班"和"霓裳羽衣全能班"的主题活动	公益课程和知识普及讲座	

精彩回顾阶段指展览即将结束的前后阶段，通过总结和回顾的方式尽可能地扩大社会影响力，一般可以通过展览倒计时等方式再次掀起观展高潮。以"'又见大唐'书画文物展"为例，其在这一阶段的宣传主题围绕"感叹+感动"展开，主要宣传内容为专家学者和普通观众的观展体验，以吸引更多观众前往观展。从宣传推广渠道和形式来看，其不仅在自媒体平台上开设了"又见大唐"VR线上展厅，还在抖音、快手平台上推出了直播活动和讲座，对展览进行线上讲解和回顾。其中，"辽博的国宝密码——'又见大唐'展文物精品导读"直播讲座总时长90分钟，快手平台总观看量达421.8万，收获23.3万个

点赞，显著提升了展览的社会影响力。[①]

4.构建多渠道文创产品产销网络

博物馆文创产品的销售渠道可以分为线上和线下两大类。就线下渠道而言，上海博物馆创新性地在浦东机场和虹桥机场开设了博物馆专卖店，扩大了营销范围，取得了良好的社会效益和经济效益；故宫博物院除了在午门外、东华门外、神武门外开设故宫文创店外，还授权各地的故宫文创馆如福建厦门故宫文创馆等销售其文创产品。目前，山东博物馆的线下渠道仅有馆内的文创专柜。建议山东博物馆效仿上海博物馆和故宫博物院在人流量大的地区开设分店，进行文创产品的销售。

在“您目前购买文创产品的消费习惯是什么？请您在以下文创产品消费方式中选择最常使用的模式”一题中，有82.0%的观众倾向于在“线上电商平台（天猫、京东等）购买”文创产品，在各选项中占比最高。这说明在电商平台购买文创产品已经成为消费主流，线上渠道的重要性不言而喻。但目前山东博物馆仅在淘宝开设了一家“山东博物馆文创店”。反观故宫博物院，其既有PC端店铺，又有移动端店铺，仅在淘宝平台上就开设了4家文创产品销售店铺。此外，其在腾讯、京东等平台上也设有店铺。依托互联网电商平台带来的巨大流量，面向不同的消费群体，多方位地展示店铺产品特色，而且店铺实施差异化经营，成功地塑造了故宫文创产品的整体形象。建议山东博物馆在条件允许的情况下，尝试开通更多线上销售渠道，如京东、天猫等电商平台，微信小程序，微信公众号在线商城，抖音等；同时，要注重采用差异化经营策略，不同店铺主打不同风格的文创产品，以满足不同类型消费者的购买需求。

5.加大产品研发创新力度，打造差异化产品体系

目前，山东博物馆的文创产品类型主要包括家居装饰、出行类、服饰、配饰、文具和图书等。“传统配饰（挂饰、项链、耳环等）”和“服饰、图录等书籍”是观众最为期待的两类文创产品类型，人数占比分别为77.3%和70.5%。这表明，观众对于传统配饰类和图录类文创产品的需求较大。建议山东博物馆加大传统配饰类和图录类文创产品开发力度，打造类目明星产品，并不断丰富和创新该类型的文创产品。

在博物馆文创产品市场上，书签、U盘、扇面、水杯、雨伞等产品的同质化程度高，文创产品的设计与研发亟待创新。与故宫博物院相比，山东博物馆的

① 参见孙其媛：《传播学视角下博物馆展览宣传研究——以“又见大唐”书画文物展为例》，《文化产业》2020年第29期。

文创产品类型较少，有待丰富和创新(见表3-5)。故宫博物院尤其重视产品创新，其设计的文创产品不仅以公众需求为导向，更注重以前沿科技为依托、以学术成果为支撑。故宫博物院的35个部(处)绝大多数都在参与研发或者提供市场资金和知识产权保障，使得文创产品的创新性得到了一定的保证。

表3-5 山东博物馆与故宫博物院文创产品的种类对比

故宫博物院	山东博物馆
红包贺卡	家居装饰、日用品
故宫娃娃	出行类
彩妆	服饰
饰品	配饰
文具	书房文具
服饰	图书
陶瓷	—
扇子	—
茶点	—
书画	—
伴手礼	—

在现阶段的博物馆文创产品市场上，高端产品工艺讲究但价格非常昂贵；而低端产品制作粗糙低劣，无法激起观众的购买欲。目前，山东博物馆淘宝文创店共上架53款产品，从价格来看，包括2款288元的丝巾、2款百元出头的产品(雨伞、卫衣)、7款80元左右的产品以及42款低价位产品；从销量来看，仅有少数几款产品的月销量显示为1，绝大多数产品月销量为零。整体而言，处于中高端产品缺乏、低价产品无人问津的状态。建议山东博物馆首先针对不同规格、不同材质的产品，设定不同档位且具有连续性的价格，合理的差异可以满足各类文创产品爱好者的不同消费需求，有效增强博物馆在文创产品市场的竞争力。

本次调研专门针对图录研究了观众的偏好，在“山东博物馆计划出版一本‘明代服饰文化展’图录，您最希望在图录中看到哪些内容?”一题中，选择“高清服饰图”的观众占比高达89.4%；在“山东博物馆计划出版一本‘明代服饰文化展’图录，您更偏爱哪种规格?”一题中，选择“大16开(285 mm×215 mm，与 A4 纸相当)”的观众占比最高,达 54.4%;在“山东博物馆计划出版一本‘明代服饰文化展’图录,您更偏爱哪种装帧风格?”一题中,选择“软精装”的观众占比最高,达 49.4%。建议山东博物馆在优化其特色图录产品时,一可提高图录中关于“高清服饰图”的内容比重,二可选择大 16 开本的图录尺寸规格,三可采用软精装的图录装帧风格。

第二节　展览的形成性评估——“山东历史文化展(夏商周时期)”观众形成性评估

一、展厅基本情况说明

7 号展厅的主题是“山东历史文化展(夏商周时期)”,属于“山东历史文化展”系列的第二部分,按照朝代的先后顺序,分别展示了岳石文化、商周的具体内容。其中,以商周时期的内容为主。

青铜器是这个展厅中比重最大的展品,而且“镇馆之宝”级别的展品分布最为密集,有亚丑钺、甲骨文、颂簋、《孙子兵法》《孙膑兵法》竹简、鲁国大玉璧。展厅内有场景复原两处、视频播放器两处。

7 号展厅于 2010 年同山东博物馆新馆一起对外开放,展览的制作设计由多部门共同完成。该展览的主要目的是让观众了解山东地区夏商周时期的文化与历史以及代表性器物。

根据项目调查的需要,我们人为地对 7 号展厅进行了分区并分为两个层次。

第一个层次:我们将 7 号展厅分为 A~F 六个大的区域,其中 A 区为“入口—岳石—商代”,B 区为“商代”,C~F 区为“周代”。分区的依据是展厅的空间分布和观众运动线路的特点,与展览内容并非一一对应。

第二个层次:我们将整个展厅中出现的内容,包括展品、单元说明、图版信息、视频播放、复原陈列等内容,以“元素”的形式呈现,并根据元素之间的空间距离和性质组合成“展示单元”。展示单元是跟踪观察研究的最小单位,最终对展览环境设计的评估也会落实在展示单元上。之所以采用几个元素组合成展示单元的方式进行研究,主要原因在于现有的跟踪观察技术不足以对每一个单独的要素进行观察和记录,而且展览的信息更多的是通过要素的组合来实现的。在本次研究中,我们将展示单元分为两类:第一类是展品类展示单元，即以“文物实物”的形式进行展示的元素；第二类是非展品类展示单元（在此前的研究中，我们称为“先行组织者”），即以“非文物实物”的形式进行展示的元素，如文字说明、图版信息、场景复原、播放互动设备等。

在本次研究中，我们将 7 号展厅划分为 172 个展示单元，具体如图 3-22 所示。其中，展品类展示单元用“区号＋编号”的形式表现，如 A1、B1；非展品类展示单元用“A＋区号＋编号”的形式表现，如 AA1、AC1。展品类展示单元共 103 个，非展品类展示单元共 69 个。A 区展示单元共 21 个，B 区展示单元共 26 个，C 区展示单元共 41 个，D 区展示单元共 27 个，E 区展示单元共 38 个，F 区展示单元共 19 个。

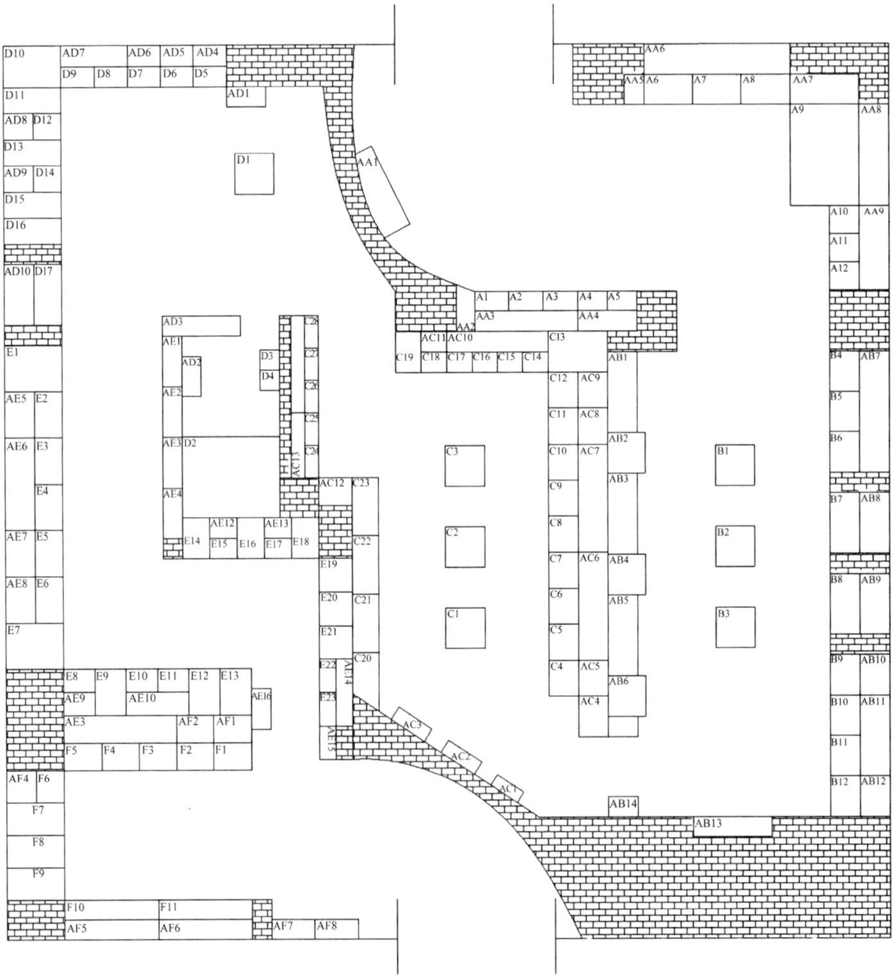

图 3-22　7 号展厅展示单元分布图

二、观众基本信息统计

7 号展厅中共有 67 名观众接受了前置访谈，其中 7 名观众没有接受后置访谈，60 名观众具有“前置—后置—观察”数据。统计以这 60 名观众的信息为主。

在 60 名观众中，从性别分布上看，男性观众 36 人，女性观众 24 人。从团体性质上看，个体观众 23 人，团体观众 37 人。在团体观众中，朋友 15 人，家庭 5 人，亲密 17 人。从年龄分布上看，受访者最小年龄 18 岁，最大年龄 58 岁，平均年龄 27.5 岁，频率分布直方图如图 3-23 所示。

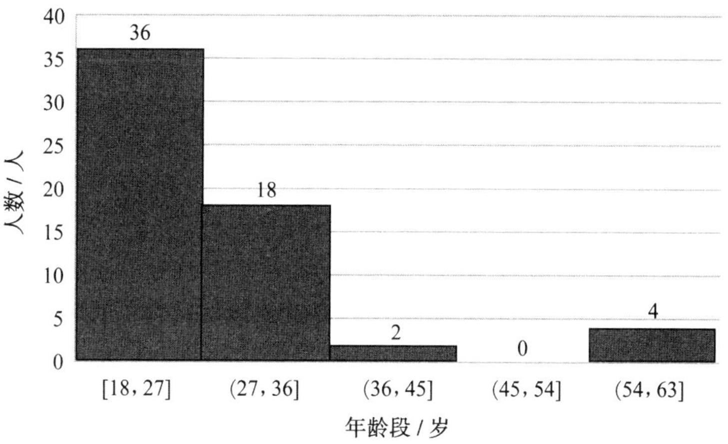

图 3-23　7 号展厅受访者年龄频率分布直方图

在 60 名观众中，提供明确职业或专业的有 57 人，通过对职业进行编码，可归纳为经管相关、文科相关、理科相关、医学相关、工科相关、艺术相关、企事业单位、非企事业单位、教师相关、无业，分布情况如图 3-24 所示。

在 60 名观众中，“本地居民”有 22 人，“外地游客”有 38 人；在 3 年内有山东博物馆参观经验的有 4 人，第一次来山东博物馆参观的有 56 人；有 45 人表示“到每一个地方都会选择去当地的博物馆看看”，剩下的 15 人表示“没有类似想法”；有 16 人表示“在来之前有明确想看的展览或内容”，44 人表示“没有明确想看的展览或内容”。

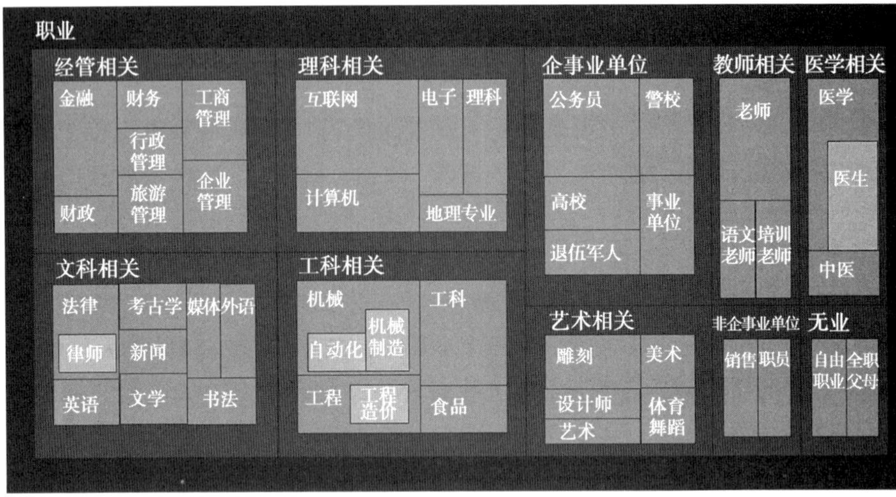

图 3-24　7 号展厅受访者职业分布图

此外,我们还统计了这 60 名观众对历史和 7 号展厅主题的感兴趣程度,结果如图 3-25 所示。其中,1～2 分表示“基本上没兴趣”,3～4 分表示“有一定的兴趣”,5～6 分表示“有很大的兴趣”。

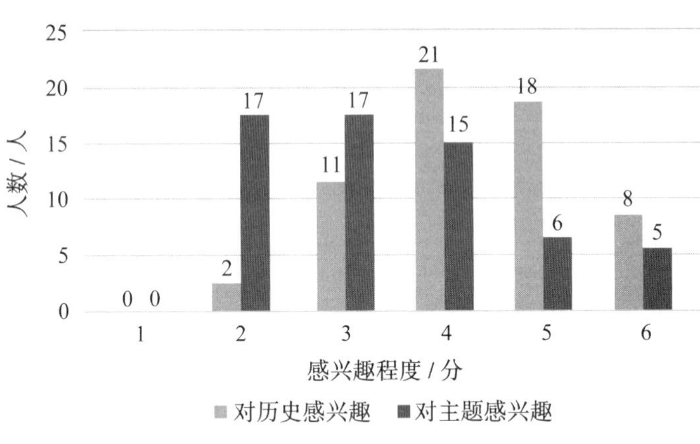

图 3-25　7 号展厅受访者兴趣程度统计

在 60 名受访者中,6 人拒绝前置访谈录音,其余 54 人前置访谈的平均时长为 185.7 秒;5 人拒绝后置访谈录音,其余 55 人后置访谈的平均时长为 166.3 秒。60 名观众在 7 号展厅的平均参观时长为 14.45 分钟,具体分布如图 3-26 所示。

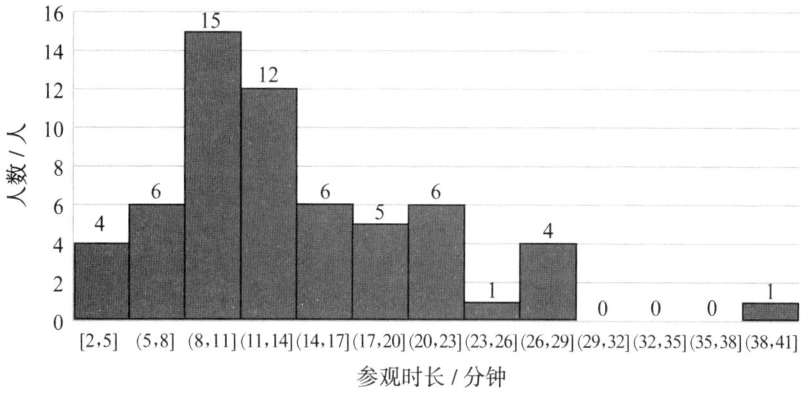

图 3-26 7 号展厅受访者参观时长频率分布直方图

观察员会根据要求，在受访者参观完展厅后对其参观的要素或单元数量在整体中的百分比进行评判。在 7 号展厅中，60 名受访者的参观比例均值为 49%，具体分布情况如图 3-27 所示。

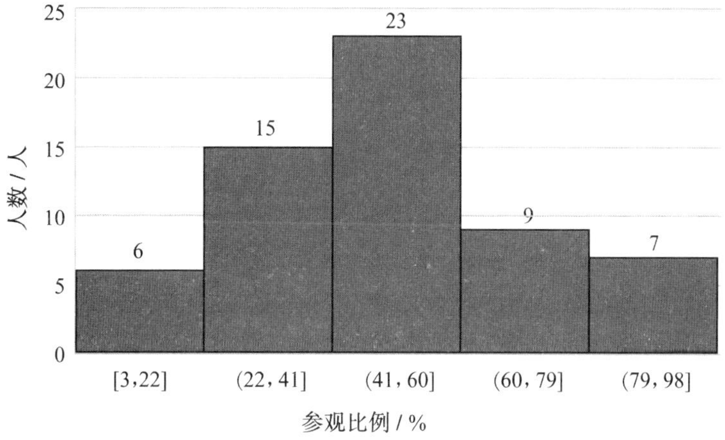

图 3-27 7 号展厅受访者参观比例频率分布直方图

三、观众参观信息统计

观众参观信息指的是观众在各展示单元前的参观状态。“展览信息传播影响因素框架”的相关研究显示，观众在各展示单元前的参观投入程度与知识变化呈显著正相关。因此，在本次评估过程中，我们重点观察观众在各展示单元前的参观投入程度。

参观投入程度由两名观察员对观众在每一个展示单元前的参观状态进行判断:1分代表观众完全没有观看展示单元;2分代表观众观看了展示单元,但是没有在展示单元前停下;3分代表观众在展示单元前停下并观看,但时间较短;4分代表观众在展示单元前停下并观看,投入程度较深;5分代表观众在展示单元前停下并观看,投入程度极深。每组数据均有两名观察员独立观察获得,若结果不一致,则计算时取二者的均值。

对于观察的结果,我们需要将其转换为"每个展示单元前全部观众的参观投入程度"。我们认为:得分在2分以下(不含2分)的,表示观众没有注意该展示单元;得分在2分以上(包含2分)的,表示观众注意过该展示单元。

基于这一判断,我们可以统计出60名观众在172个展示单元前参观投入程度的两种分布情况,并根据这一分布情况,对展示单元的"吸引力"进行说明。统计结果如表3-6所示。

表3-6 7号展厅各展示单元吸引受访者的人数统计

编号	A类	B类	编号	A类	B类	编号	A类	B类
A1	47	13	C12	48	12	E2	52	8
A2	48	12	C13	58	2	E3	52	8
A3	49	11	C14	56	4	E4	48	12
A4	45	15	C15	49	11	E5	50	10
A5	50	10	C16	50	10	E6	49	11
A6	34	26	C17	49	11	E7	53	7
A7	29	31	C18	48	12	E8	51	9
A8	33	27	C19	51	9	E9	53	7
A9	22	38	C20	46	14	E10	48	12
A10	27	33	C21	44	16	E11	51	9
A11	28	32	C22	49	11	E12	53	7
A12	42	18	C23	47	13	E13	40	20
AA1	45	15	C24	48	12	E14	52	8
AA2	52	8	C25	46	14	E15	51	9
AA3	55	5	C26	47	13	E16	56	4
AA4	57	3	C27	34	26	E17	54	6

续表

编号	A类	B类	编号	A类	B类	编号	A类	B类
AA5	47	13	C28	48	12	E18	55	5
AA6	52	8	AC1	53	7	E19	50	10
AA7	51	9	AC2	55	5	E20	51	9
AA8	48	12	AC3	53	7	E21	54	6
AA9	38	22	AC4	53	7	E22	56	4
B1	42	18	AC5	51	9	E23	33	27
B2	37	23	AC6	57	3	AE1	56	4
B3	36	24	AC7	54	6	AE2	55	5
B4	39	21	AC8	59	1	AE3	52	8
B5	37	23	AC9	49	11	AE4	57	3
B6	39	21	AC10	59	1	AE5	59	1
B7	25	35	AC11	55	5	AE6	57	3
B8	37	23	AC12	52	8	AE7	59	1
B9	29	31	AC13	59	1	AE8	57	3
B10	30	30	D1	20	40	AE9	60	0
B11	29	31	D2	45	15	AE10	59	1
B12	30	30	D3	55	5	AE12	57	3
AB1	50	10	D4	53	7	AE13	59	1
AB2	52	8	D5	50	10	AE14	60	0
AB3	44	16	D6	31	29	AE15	53	7
AB4	55	5	D7	29	31	AE16	56	4
AB5	59	1	D8	34	26	F1	50	10
AB6	52	8	D9	42	18	F2	53	7
AB7	54	6	D10	55	5	F3	52	8
AB8	42	18	D11	46	14	F4	43	17
AB9	49	11	D12	41	19	F5	48	12
AB10	59	1	D13	32	28	F6	50	10
AB11	54	6	D14	40	20	F7	53	7
AB12	58	2	D15	47	13	F8	50	10

续表

编号	A类	B类	编号	A类	B类	编号	A类	B类
AB13	41	19	D16	51	9	F9	47	13
AB14	56	4	D17	35	25	F10	47	13
C1	51	9	AD1	56	4	F11	48	12
C2	46	14	AD2	52	8	AF1	58	2
C3	45	15	AD3	58	2	AF2	59	1
C4	42	18	AD4	59	1	AF3	50	10
C5	40	20	AD5	56	4	AF4	58	2
C6	44	16	AD6	58	2	AF5	53	7
C7	48	12	AD7	57	3	AF6	51	9
C8	48	12	AD8	59	1	AF7	53	7
C9	47	13	AD9	59	1	AF8	54	6
C10	44	16	AD10	54	6	平均	48.4	11.6
C11	44	16	E1	40	20	—	—	—

注：表中A类代指没有注意该展示单元的观众数量，B类代指注意过该展示单元的观众数量。下同。

为了直观地表现各展示单元对观众注意力的吸引水平，我们制作了统计图（见图3-28）。

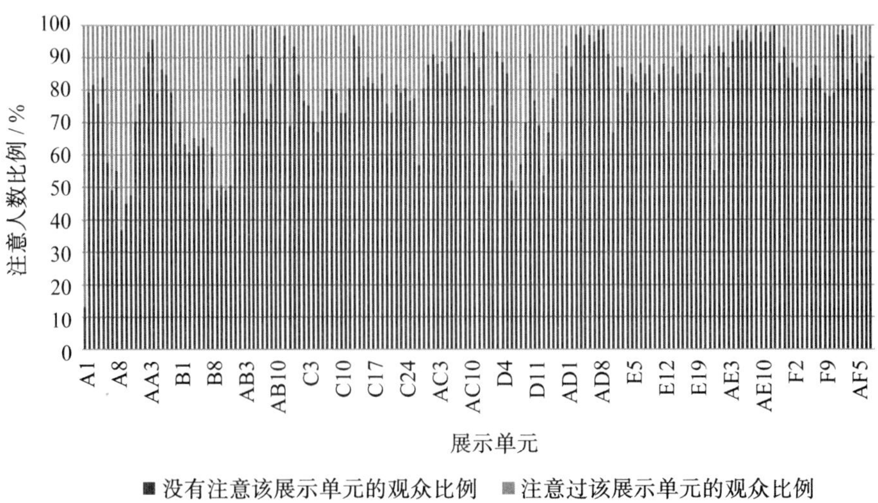

图3-28　7号展厅各展示单元吸引受访者的人数分布

下面我们以“区”为单位，展示各个区域内展示单元的观众注意力分布水平：A 区如图 3-29 所示，B 区如图 3-30 所示，C 区如图 3-31 所示，D 区如图 3-32所示，E 区如图 3-33 所示，F 区如图 3-34 所示。

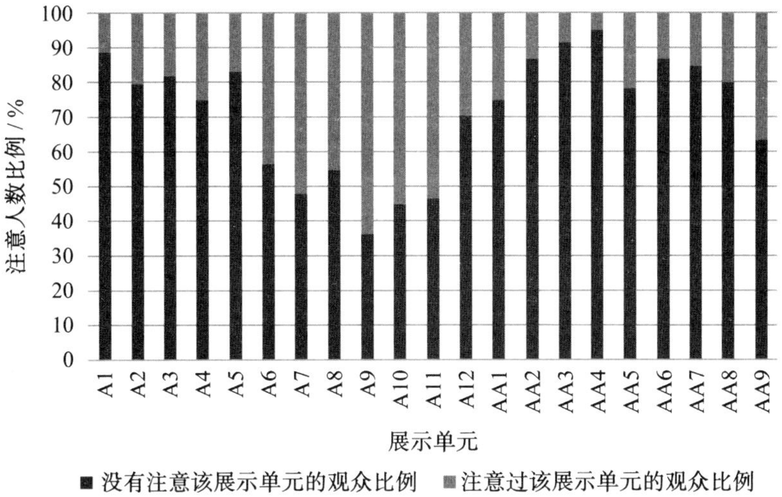

图 3-29　7 号展厅 A 区各展示单元吸引受访者的人数分布

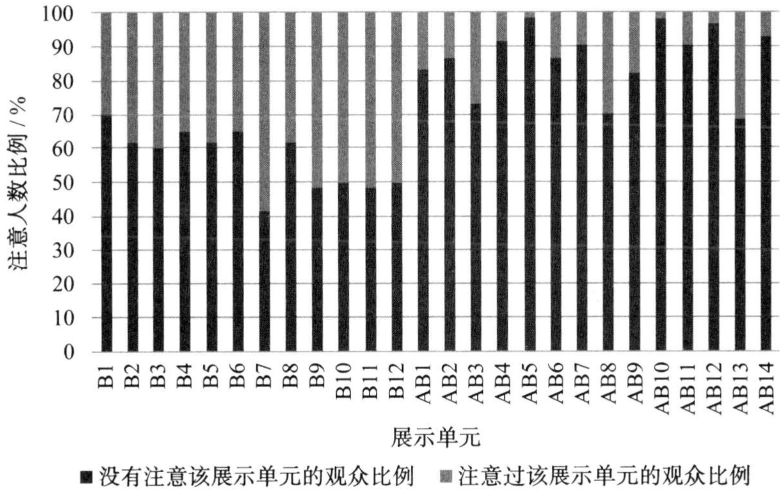

图 3-30　7 号展厅 B 区各展示单元吸引受访者的人数分布

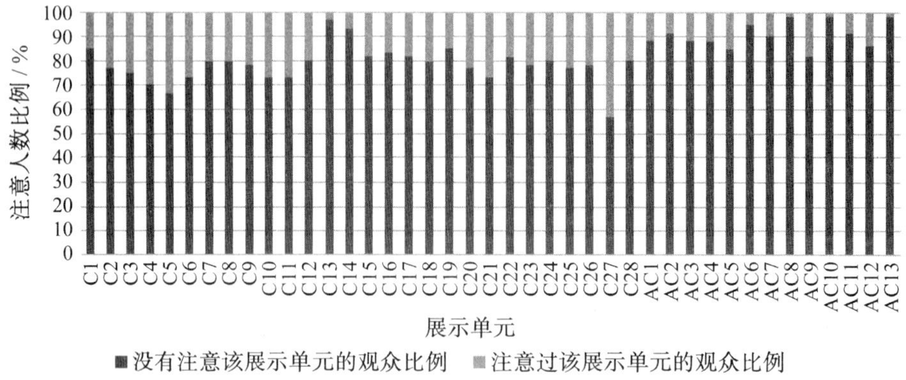

图 3-31　7 号展厅 C 区各展示单元吸引受访者的人数分布

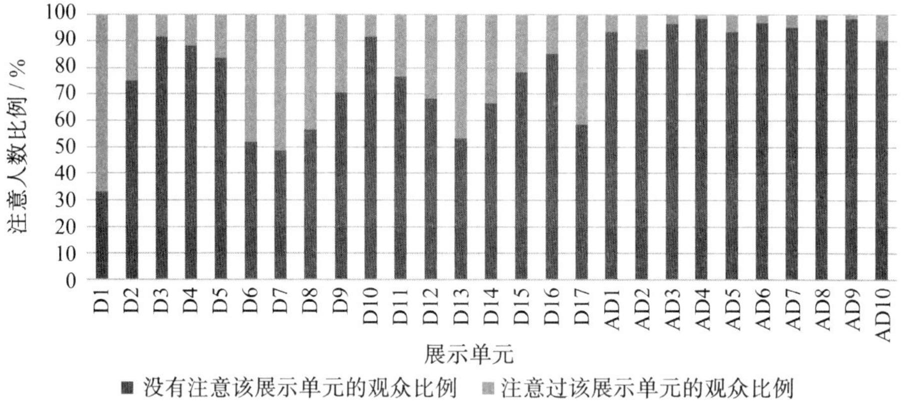

图 3-32　7 号展厅 D 区各展示单元吸引受访者的人数分布

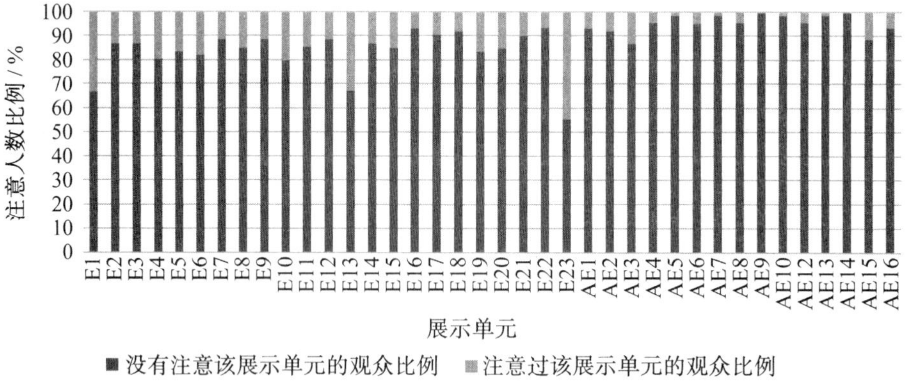

图 3-33　7 号展厅 E 区各展示单元吸引受访者的人数分布

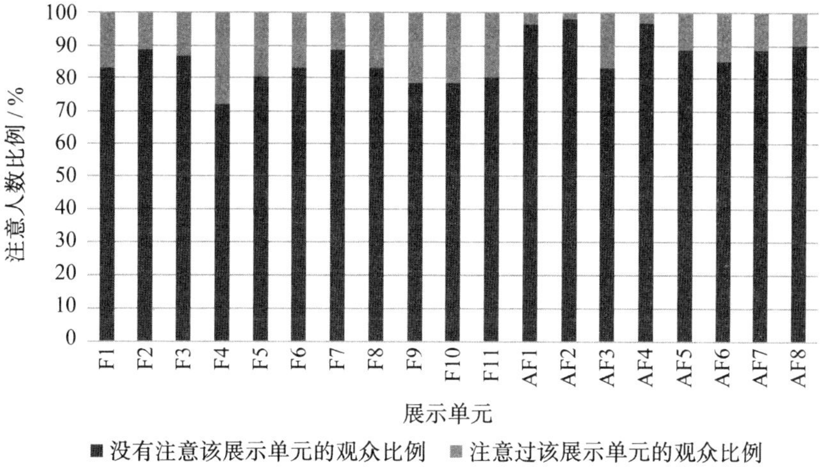

图 3-34 7 号展厅 F 区各展示单元吸引受访者的人数分布

四、观众知识变化统计

在前置访谈环节，我们设置了以“夏商周”和“青铜器”这两个关键词为核心的开放式问题，以获取观众对展览主题信息的认知水平；在后置访谈环节，我们以鼓励观众回忆的方式来获取观众对展览信息的理解程度。通过对比前置和后置两次访谈的内容，我们可以发现观众在参观前后的知识变化，这一变化被视为展览信息传播的结果。

我们将全部数据导入 Nvivo11，并对 60 名观众在访谈过程中出现的关键词进行编码，形成节点。通过 Nvivo11 运行“词频”功能，分别对“前置访谈”节点和“后置访谈”节点所覆盖的内容进行词频统计。在数量设定中，我们选择出现频率在前 100 名的词语。词语最小长度设定为“1”。在词语的分组类别中，我们选择匹配程度最高的“一般化”。运行“查询”功能后，人工对无意义的虚词进行删减，并进行人工比对。前、后置访谈关键词词频统计结果分别如表 3-7 和表 3-8 所示。

表 3-7 7 号展厅前置访谈关键词词频统计

名称	数量/个	百分比/%	名称	数量/个	百分比/%
青铜器	22	11.83	国宝	1	0.54
司母戊鼎	16	8.60	占卜	1	0.54

续表

名称	数量/个	百分比/%	名称	数量/个	百分比/%
鼎	13	6.99	简牍	1	0.54
大禹	6	3.23	工艺	1	0.54
周武王	6	3.23	淬火	1	0.54
纣王	6	3.23	浇铸	1	0.54
四羊方尊	5	2.69	模范	1	0.54
周文王	5	2.69	青铜器的工艺	1	0.54
春秋战国	5	2.69	山东青铜器制造很厉害	1	0.54
时代乱	4	2.15	冶炼	1	0.54
剑	4	2.15	礼仪	1	0.54
王朝的更迭	3	1.61	艺术品	1	0.54
历史课本	3	1.61	青铜器昂贵	1	0.54
甲骨文	3	1.61	青铜器的发展	1	0.54
封神演义	3	1.61	青铜器精美	1	0.54
姜太公	3	1.61	青铜器易损	1	0.54
桀	3	1.61	铭文	1	0.54
商汤	3	1.61	甗	1	0.54
中华文化开端	2	1.08	鬲	1	0.54
远古	2	1.08	壶	1	0.54
三星堆	2	1.08	货币	1	0.54
祭祀	2	1.08	刀币	1	0.54
生活用品	2	1.08	乐器	1	0.54
簋	2	1.08	编钟	1	0.54
武器	2	1.08	毛公鼎	1	0.54
尊	2	1.08	神树	1	0.54
孔子	2	1.08	四大发明	1	0.54
奴隶制	2	1.08	铁器	1	0.54
安阳是夏的第一个都城	1	0.54	玉器	1	0.54
夏代没有公认	1	0.54	传说	1	0.54
夏商周断代工程	1	0.54	牧野	1	0.54

续表

名称	数量/个	百分比/%	名称	数量/个	百分比/%
重要的年代	1	0.54	汉武大帝	1	0.54
落后	1	0.54	神话	1	0.54
神秘	1	0.54	夏商抵夷	1	0.54
二里头	1	0.54	尧舜禹	1	0.54
国博	1	0.54	舜	1	0.54
虢国	1	0.54	齐鲁	1	0.54
朝代歌	1	0.54	先秦	1	0.54
盗墓笔记	1	0.54	殷	1	0.54
孙庆伟	1	0.54	政策	1	0.54
许宏	1	0.54	—	—	—

表 3-8　7 号展厅后置访谈关键词词频统计

名称	数量/个	百分比/%	名称	数量/个	百分比/%
编钟•	17	7.52	临沂	1	0.44
兵器	13	5.75	临淄	1	0.44
齐国	9	3.98	曲阜	1	0.44
甲骨文	8	3.54	苏埠屯	1	0.44
剑	8	3.54	章丘	1	0.44
乐器	7	3.10	国家宝藏	1	0.44
《孙子兵法》《孙膑兵法》竹简	7	3.10	儒家	1	0.44
鼎	6	2.65	造字六义	1	0.44
铜餐具	6	2.65	镇馆之宝	1	0.44
磬	6	2.65	凤纹	1	0.44
亚丑钺	5	2.21	龙纹	1	0.44
鲁国	5	2.21	鸟纹	1	0.44
工艺	4	1.77	兽面纹	1	0.44
吴王夫差剑	4	1.77	兔纹	1	0.44
酒器	4	1.77	鱼纹	1	0.44

续表

名称	数量/个	百分比/%	名称	数量/个	百分比/%
姜太公	4	1.77	越王勾践	1	0.44
齐鲁	4	1.77	罍	1	0.44
功能	3	1.33	皿方罍	1	0.44
纹饰	3	1.33	刀具	1	0.44
矛	3	1.33	剪刀	1	0.44
钺	3	1.33	鬲	1	0.44
钱币	3	1.33	簋	1	0.44
生活器具	3	1.33	火锅	1	0.44
陶器	3	1.33	甗	1	0.44
礼乐制度	3	1.33	蒸煮器	1	0.44
兵力强盛	2	0.88	陶瓷	1	0.44
人类发展进步	2	0.88	陶俑	1	0.44
齐长城	2	0.88	帷帐	1	0.44
祭祀	2	0.88	大玉璧	1	0.44
铭文	2	0.88	曾侯乙	1	0.44
镞	2	0.88	管仲	1	0.44
酒尊	2	0.88	孟姜女	1	0.44
刀币	2	0.88	春秋战国	1	0.44
釜	2	0.88	春秋五霸	1	0.44
颂簋	2	0.88	逄国	1	0.44
铜豆	2	0.88	国都	1	0.44
玉器	2	0.88	伯禽兴鲁	1	0.44
玉璧	2	0.88	鲁传礼乐	1	0.44
墓葬	2	0.88	姜齐	1	0.44
工匠精神	1	0.44	田齐	1	0.44
馆藏丰富	1	0.44	冶金	1	0.44
和当代的联系	1	0.44	商邑	1	0.44
历史很丰富	1	0.44	滕国	1	0.44

续表

名称	数量/个	百分比/%	名称	数量/个	百分比/%
山东人民这个酒量挺好的	1	0.44	薛国	1	0.44
山东文化源远流长	1	0.44	诸侯国	1	0.44
山东在夏商周时期不行	1	0.44	陪葬	1	0.44
生活富足	1	0.44	殉葬	1	0.44
中国传统文化的鼻祖	1	0.44	奴隶制	1	0.44

五、观众展览评价统计

在后置访谈中，我们收集了观众对展览的主观评价。评价由封闭式评价(评分)和开放式评价组成。了解观众对展览的直观评价，不仅有助于我们了解观众对自身参观体验的判断，而且有助于我们进一步了解观众的参观需求。这对于展览信息传播结果的评估有重要的参考价值。

观众对展览的评价总体上可以分为两类，即“没有问题”和“指出问题”。“没有问题”表示，观众认为展览质量很高，或观众没有指出展览存在的具体问题或缺陷。“指出问题”表示，观众能够明确指出展览存在的不足之处。通过Nvivo11，我们对观众的“指出问题”情况进行编码，分成了9个节点，分别是“没有特色”“趣味性不足”“展品平淡”“展示方式不当”“照明不足”“体量不足”“没有重点”“内容单一”“阐释不足”，如图3-35所示。

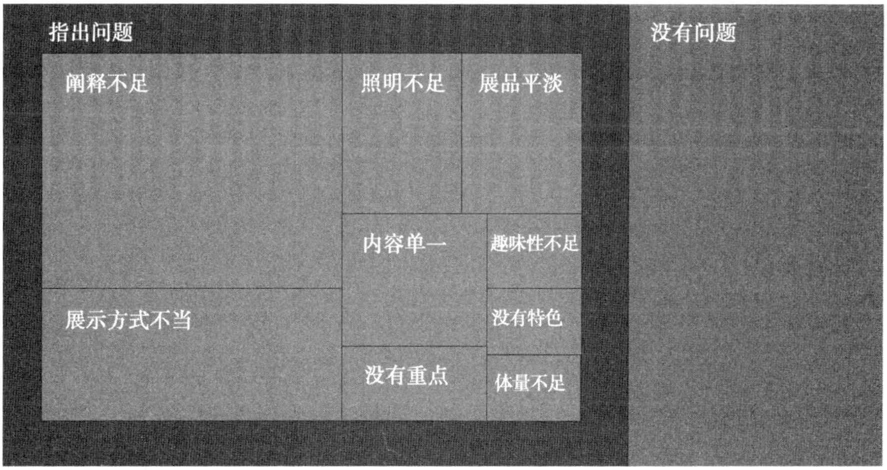

图3-35　7号展厅受访者展览评价统计图

图3-35中，面积越大代表具有相同观点的观众数量越多。左边代表“指出问题”，右边代表“没有问题”。可以看出，约有26.7%的观众表示展览“没有问题”(16人)，有73.3%左右的观众对展览“指出问题”(44人)。在全部的“指出问题”的观众中，认为展览存在“阐释不足”的有17人，占据了总数的38.6%；其余各项从高到低排列依次是“展示方式不当”(6人)、“照明不足”(5人)、“展品平淡”(5人)、“内容单一”(4人)、“没有重点”(3人)、“趣味性不足”(2人)、“没有特色”(1人)、“体量不足”(1人)。

六、展览信息传播评估

(一)观众参观信息的分析与评估

1.展示单元的分类

在本节第三部分，我们得到了观众在172个展示单元前的参观投入程度分布情况以及每个展示单元前，“注意过该展示单元”和“没有注意该展示单元”的观众分布情况。后者会直接向我们展示哪些展示单元最容易被观众忽视。“注意”是一切体验的前提，更是影响展览信息传播结果的先决条件。

由上文可知，172个展示单元中，60名观众里，平均有48.3人“没有注意该展示单元”，占比为80.5%。但由于80%这一比例过高，所以综合考虑7号展厅的参观情况(60%)，我们作出如下判定：

(1)“没有注意该展示单元”的观众比例在60%以上80%以下的展示单元，视为“能够正常吸引观众注意”的展示单元。

(2)“没有注意该展示单元”的观众比例在60%以下的，视为“能够较好地吸引观众注意”的展示单元。

(3)“没有注意该展示单元”的观众比例在80%以上的，视为“不能吸引观众注意”的展示单元。

基于上述判断，我们对172个展示单元的性质进行归类，结果如表3-9所示。

表3-9　7号展厅展示单元分类统计

分区	能够正常吸引观众注意	能够较好地吸引观众注意	不能吸引观众注意
A区	A1、A4、A12、AA1、AA5	A6、A7、A8、A9、A10、A11	A2、A3、A5、AA2、AA3、AA4、AA6、AA7、AA8、AA9

续表

分区	能够正常吸引观众注意	能够较好地吸引观众注意	不能吸引观众注意
B 区	B1、B2、B3、B4、B5、B6、B8、AB3、AB8、AB13	B7、B9、B10、B11、B12	AB1、AB2、AB4、AB5、AB6、AB7、AB9、AB10、AB11、AB12、AB14
C 区	C2、C3、C4、C5、C6、C9、C10、C11、C20、C21、C23、C25、C26	C27	C1、C7、C8、C12、C13、C14、C15、C16、C17、C18、C19、C22、C24、C28、AC1、AC2、AC3、AC4、AC5、AC6、AC7、AC8、AC9、AC10、AC11、AC12、AC13
D 区	D2、D9、D11、D12、D14、D15	D1、D6、D7、D8、D13、D17	D3、D4、D5、D10、D16、AD1、AD2、AD3、AD4、AD5、AD6、AD7、AD8、AD9、AD10
E 区	E1、E13	E23	E2、E3、E4、E5、E6、E7、E8、E9、E10、E11、E12、E14、E15、E16、E17、E18、E19、E20、E21、E22、AE1、AE2、AE3、AE4、AE5、AE6、AE7、AE8、AE9、AE10、AE12、AE13、AE14、AE15、AE16
F 区	F4、F9、F10	—	F1、F2、F3、F5、F6、F7、F8、F11、AF1、AF2、AF3、AF4、AF5、AF6、AF7、AF8

2.参观热区的分布

根据上文对展示单元的分类，我们可以在展厅平面图中将这一结果落实，形成参观热区图，如图 3-36 所示。

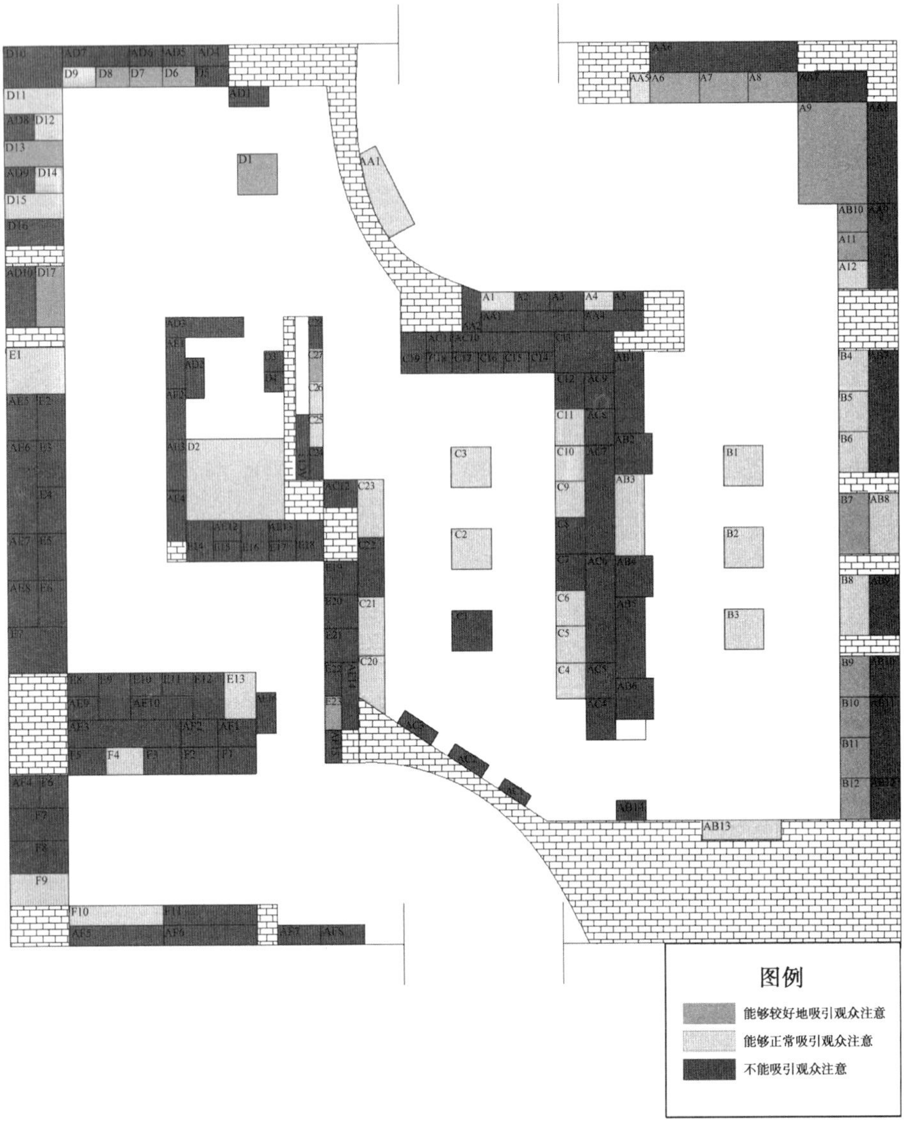

图 3-36　7 号展厅受访者参观热区图

3.展示单元的评估

“不能吸引观众注意”的展示单元，尽管有观众的个体因素，但环境设计因素也有重要影响，这一点在“展览信息传播影响因素框架”中已经有过证明。所以，当一个展示单元被判定为“不能吸引观众注意”时，这就意味着该展示单元没有将信息传播给观众的前提条件。

为了便于进一步说明，我们将原则上包含较多重要信息、重点展示的展示单元称为“重要信息点”，如展厅各个单元的单元说明与介绍、馆藏“重要藏品”等；将原则上包含一定信息的、正常展示的展示单元称为“一般信息点”，如对某个具体展品的解释说明、用于常规展示的展品；将原则上起到辅助说明作用的展示单元称为“辅助信息点”，一般以图片形式为主。

对展厅环境设计进行评估之前，需要先制定一个评估标准。理想状态下，展厅中所有的展示单元都应当处于“能够较好地吸引观众注意”的水平。但是在现实状态下，由于观众的个人因素也起到了重要作用，这一结果并不能实现。因此，本书关于展览环境设计的评估标准，基本遵循以下三个原则：第一，“重要信息点”应当属于“能够较好地吸引观众注意”的展示单元，不能属于“不能吸引观众注意”的展示单元；第二，“一般信息点”不应当低于“能够正常吸引观众注意”的展示单元，不能属于“不能吸引观众注意”的展示单元；第三，“辅助信息点”原则上不应低于“能够正常吸引观众注意”的展示单元，在一定程度上允许属于“不能吸引观众注意”的展示单元。

基于上述标准，我们对7号展厅中存在的不足之处进行判定，结果如下：

第一，7号展厅对观众注意力的吸引水平整体偏低。从参观热区图上看，整个展厅“能够较好地吸引观众注意”的展示单元数量占比较低，仅有19处，占比为11%，且相对集中地分布在A区(31.5%)、B区(26.3%)和D区(31.5%)；C区和E区仅各自有一处(5%)；F区没有。“能够正常吸引观众注意”的展示单元数量虽然比前者多，但是比例也不容乐观，仅有40处，占比为23.3%。目前，虽然没有明确的研究指出，在一个展厅中展示单元对观众注意力的吸引水平需要达到怎样的标准，但是7号展厅的统计结果意味着，整个展厅中有多达113处、65.7%的展示单元“不能吸引观众注意”。考虑到“注意”是发生一切参观体验的基本前提，所以目前的评估结果表明，7号展厅的信息传播能力整体偏低。

第二，部分“重要信息点”对观众注意力的吸引水平有待提升。在山东博物馆自评的“十大镇馆之宝”中，有五件位于7号展厅，分别是位于A9处的亚丑钺、位于B7处的甲骨文、位于C2处的颂簋、位于D17处的《孙子兵法》《孙膑兵法》竹简、位于E1处的鲁国大玉璧。这五件最具标志性的器物，均不处于“不能吸引观众注意”的范围，但是颂簋(76.67%)和鲁国大玉璧(66.67%)均不处于“能够较好地吸引观众注意”的范围。特别是颂簋，已有数据显示，颂簋的“被忽视率”达到76.67%，已经十分接近“不能吸引观众注意”的临界点(80%)。此外，展厅中一共有7处独立展柜，其中前六处(B1、B2、B3、C1、C2、

C3)中没有一处处于“能够较好地吸引观众注意”的范围，未能实现独立展柜更能吸引观众注意的初衷。从C区开始，7号展厅的时间段开始向两周时期转变，主要内容以齐(C/D区)、鲁(E区)及山东地区的古国(E/F区)为主。山东以“齐鲁文化”闻名，因此对齐和鲁的展示理应在“重要信息点”的范围。但是从热区图中可以发现，C区和E区观众的整体注意力水平极低，对齐鲁发展历程和信息对比进行直接说明的文字信息，均处于“不能吸引观众注意”的范围。仅D区相对水平较高。因此，在齐鲁相关内容的表述上，7号展厅没能很好地实现信息传播。

第三，“一般信息点”普遍未能引起观众注意。A区对岳石文化的展示，C区对齐文化的展示，E区、F区对鲁与方国的展示，普遍没有达到“能够正常吸引观众注意”的水平，特别是对鲁与方国进行展示的E区和F区，观众更关注位于E23区域的编磬，其余区域均未能起到正常吸引观众的作用。此外，通览7号展厅可以发现，除展厅的序言(AA1)、对商文化介绍的单元说明(AA3)、对甲骨文起到阐释作用的文字说明(AB3、AB8)以及介绍齐国的创始人姜太公的文字说明(AB13)外，其余64处单元说明、文字介绍、图表视频等内容均被观众忽视。尽管其中部分内容可以归属为“辅助信息点”，如AE16为仙人台遗址远眺图，但绝大多数都是重要的信息载体。例如，介绍齐长城和孟姜女哭长城典故原型的AC1～AC3区域，对齐国历史进行系统介绍的AC4～AC11区域，对青铜器的纹饰进行系统梳理的AC12区域，对青铜器的功能和种类进行系统梳理的AD3区域，对《孙子兵法》《孙膑兵法》进行阐释的AD10区域，对齐、鲁两国进行系统对比的AE1～AE4区域以及对山东地区的典型古国进行介绍的E区后端和F区全部区域，均在信息传播上存在一定不足。

(二)观众知识变化的分析与评估

1.展览信息传播的结果

观众在参观前后发生的知识变化，就是展览信息传播的结果，这一点是本部分甚至本项目的一个基本前提假设。在这个假设成立的基础之上，我们采集了观众在参观前对展览主题的认识水平以及参观后对展览主题的理解程度，结合展览的信息传播目的，来判断展览信息传播是否有效。在本节第四部分，我们对观众在参观前后描述展厅主题的访谈信息进行了词频统计。为了进一步有效、直观地反映前后的变化，我们基于词频统计结果，制作了网状结构图，如图3-37和图3-38所示。

网状结构图是对访谈中最原始的词语进行按频统计，由于Nvivo11本身对中文的优化还存在不足，而且访谈中多涉及专业词语，软件无法生成恰当的结果，因此我们基于编码所覆盖的内容进行了人工校对和整理。

在网状结构图中，色块面积越大，代表词语出现的频率越高，我们可以据此直观地掌握观众在参观前后对展览主题的理解。在前置访谈中，观众对于“夏商周”这一主题的印象，主要集中在“青铜器”上，随后依次是“司母戊鼎”“鼎”“大禹”“周武王”“纣王”“四羊方尊”“周文王”“春秋战国”“时代乱”“剑”“王朝的更迭”“历史课本”“甲骨文”，上述词语在全部的 96 个词语的总频数中占据了一半，因此可以代表观众对于这一主题的普遍印象。

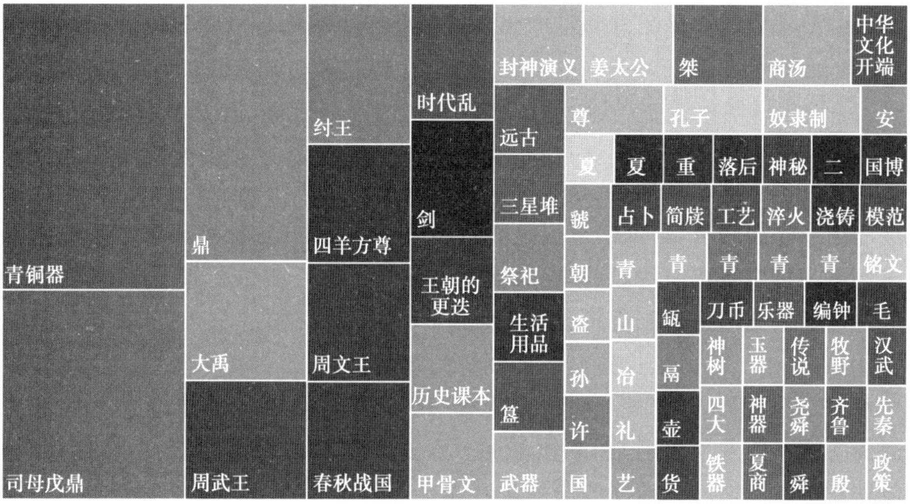

图 3-37　7 号展厅前置访谈结果网状结构图

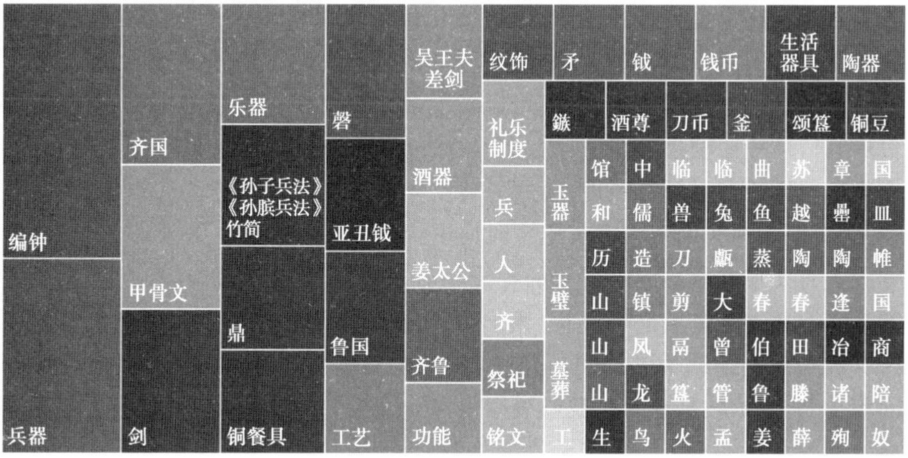

图 3-38　7 号展厅后置访谈结果网状结构图

在后置访谈中，观众对于展览主题的印象主要体现在“编钟”“兵器”“齐国”“甲骨文”“剑”“乐器”“《孙子兵法》《孙膑兵法》竹简”“鼎”“铜餐具”“磬”“亚丑钺”“鲁国”“工艺”“吴王夫差剑”“酒器”“姜太公”“齐鲁”“功能”等词语上，在全部的81个词语中，也占据了一半，因此可以视为观众在参观结束后对于展览主题的普遍理解。

可以发现，通过参观展览，观众对于“夏商周”这一主题的认识由原来的笼统的“青铜器”概念和“鼎”以及和神话传说紧密相关的历史人物，转移到了青铜器的具体类别以及对齐和鲁的印象上。这是7号展厅展览信息传播的直接结果。

2.展览信息传播的评估

与对展示单元的环境设计进行评估一样，对展览信息传播的评估也需要一个“标准”。这个标准，就是策展人对展览预期目标的预设。但是，由于7号展厅形成时间较早，早期的策展工作是多部门联动的结果，因此很难了解到展览原本的特定目标。所以，本次对展览信息传播进行评估之前，需要先对展览的“潜在”信息传播目标进行界定和假设。

第一，由于7号展厅是山东博物馆的基本陈列，也是山东历史文化展的一个组成部分，因此在宏观上必然承担着“阐释山东历史文化、展示山东地区夏商周时期文明发展水平”的基本任务。在这个前提下，希望观众在参观之后，能够对山东地区的夏商周的历史与发展有一个基本的认识。

第二，7号展厅展出的展品以青铜器为主，占比几乎达到80%。此外，7号展厅也是“镇馆之宝”级别的藏品最集中的展厅。在这个前提下，希望观众在参观之后，能够对山东地区的青铜器文化以及可以代表山东地区古代文明高度发展的人工制品有一个全面的认识。

基于这两个基本前提，我们可以对观众的知识变化结果进行对比，以实现对展览信息传播结果的评估。上文中，通过网状结构图，我们可以直观地对观众表达的原始词语进行梳理，通过词频变化来直观反映展览信息传播的实现。但是，对原始词语的观察很难实现对词语背后意义的解读。为了便于分析，首先我们需要根据原始词语所属的类别对其进行编码，以组成具有相似意义的新节点。通过对节点进行分析，我们可以进一步理解观众的知识变化。通过Nvivo11，我们绘制了结果图。其中，右边代表前置访谈，左边代表后置访谈，面积越大，表示数量越多。我们根据现实节点级别的不同，依次生成了四张对比效果图。

第一组对比显示到二级节点，如图3-39所示。根据原始词语的性质，我们将它们归纳为如下几个二级节点："器物""人物神话""时代国别""观点""制度""描述""其他地区""其他内容"。可以直观地看出，无论是前置访谈还是后置访谈，"器物"都占据最大的比重。不同的是，"器物"在后置访谈中的比重更大。"人物神话"在前置访谈中位列第二，但是在后置访谈中严重缩减。"时代国别"由原来的第四位上升至第二位。对夏商周时期的"描述"，如"远古""神秘"之类的词语，在后置访谈中未出现。对于夏商周时期的"观点"性陈述，如"我认为山东地区的青铜器制造水平在当时是全国第一"等内容，在前置、后置访谈中的比例基本持平。对夏商周时期"制度"的认识，如政治制度、礼仪制度等，在后置访谈中也有了一定程度的提升。

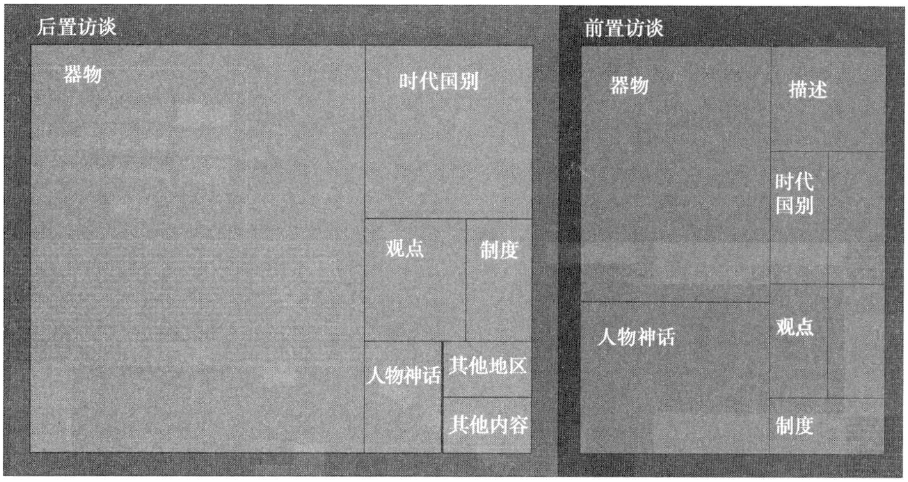

图 3-39　7 号展厅前置、后置访谈结果对比图(二级节点)

第二组对比显示到三级节点，如图 3-40 所示。在这一节点中，我们可以看到二级节点的内部构成情况。无论是前置访谈还是后置访谈，在对器物的理解中，"青铜器"的比重都是最大的。排在第二位的，也同样是"甲骨文"。这两个三级节点都在"器物"中占据了大部分比例。不同的是，在前置访谈中，余下的内容观众以泛泛的认识为主，如"铁器""玉器""简牍"，甚至是"国宝"；而在后置访谈中，余下的内容则非常具体，而且指向了展厅内的展品，例如"《孙子兵法》《孙膑兵法》竹简""磬""陶器""玉器""齐长城"等。

在三级节点中，我们可以发现，前置访谈中的"人物神话"，主要涉及"尧舜禹""纣王""周武王""周文王""传说""桀""姜太公""商汤"等，从内容上看，基本都与家喻户晓的《封神榜》有关，或者与"三代历史"上有名的统治者有关。

在后置访谈中，一方面，“人物神话”的整体比例下降；另一方面，内部的三级节点中，“姜太公”占据了绝大部分。结合参观热区图可以发现，AB13单元介绍了姜太公与齐国的建立，并且处于“正常吸引观众注意”的展示单元，二者之间不无关联。在前置访谈中，对“时代国别”的认识，以“春秋战国”为主，个别观众也提到了“齐鲁”。在后置访谈中，“齐鲁”的比例有了大幅度的提高，多数观众对齐鲁的认识是分开进行的，个别观众也会从齐和鲁的对比中阐释观点。

第三组对比显示到四级节点，如图3-41所示。这里的变化主要体现在对青铜器的认识上。在前置访谈中的“器物”中，观众对青铜器的认识主要集中在“司母戊鼎”“鼎”“武器”“货币”“四羊方尊”几个点上，而且在“武器”一项中以“剑”为主，同时包含小部分对其他工艺、功能的认识。在后置访谈中，具体包括“兵器”“乐器”“食器”“铜磬”“钱币”等内容。此外，观众对青铜器纹饰、功能和工艺的认识，也有了一定程度的提升。可以看出，通过展览，观众对青铜器的认识和理解变得更加系统。

综上所述，可以认为，通过展览，观众对青铜器的认知结构总体上发生了较大变化。原本对于青铜器的认识，更多地集中于学校学习或媒体宣传中最常见的几类器物。而在参观完7号展厅之后，对于青铜器的认识，特别是对于青铜器种类的认识，有了系统的改变。从后置访谈中也可以发现，观众对“齐鲁”的认识，特别是对“齐国”的认识，也有了比较明显的变化。可以推断，展览有助于观众对山东地区“齐鲁文化”印象的具象化。

但是，与展览的预期目标相比，实际中还存在着一定差距。7号展厅是“山东历史文化展(夏商周时期)”，而不是“山东地区青铜器展”。然而，观众对青铜器的印象和关注占据了绝对的优势地位。在“山东历史文化展(史前时期)”展厅，虽然“黑陶”“蛋壳陶”占据了绝大多数，但是这二者是山东地区史前文化中最具特色和辨识度的物质文化遗产。尽管青铜器在夏商周时期在全国范围内是普遍存在的，但和其他地区相比，山东地区的青铜器并不具有突出的特点，特别是在绝大多数观众都对“司母戊鼎”和“四羊方尊”这类的国宝级青铜器印象极为深刻的时候，现有的展示内容和阐释方式存在一定的不足。例如，在展览评价的44个问题中，认为博物馆“阐释不足”的建议就多达17条。这17条建议都指向了一个问题，那就是“看不懂”。一方面，看不懂青铜器的用途和功能；另一方面，看不懂青铜器背后的历史和文化。所以7号展厅的展览信息传播结果存在一定偏差。

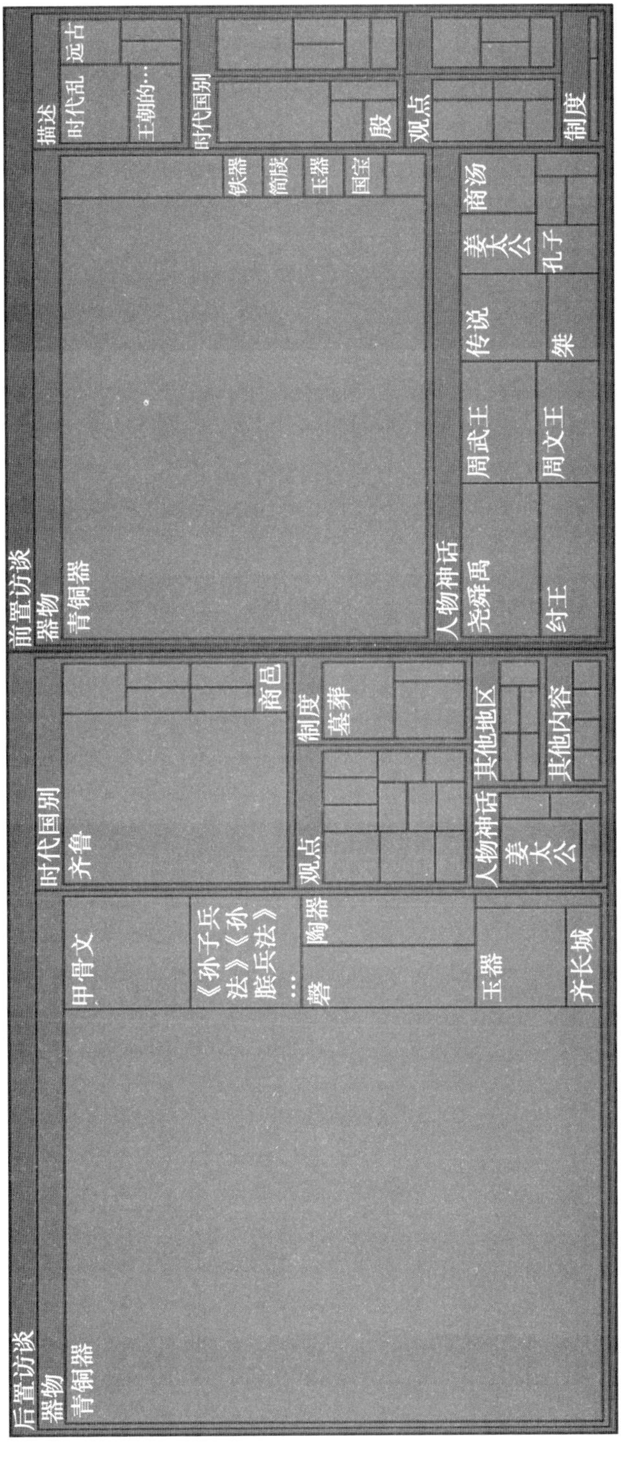

图 3-40　7 号展厅前置、后置访谈结果对比图（三级节点）

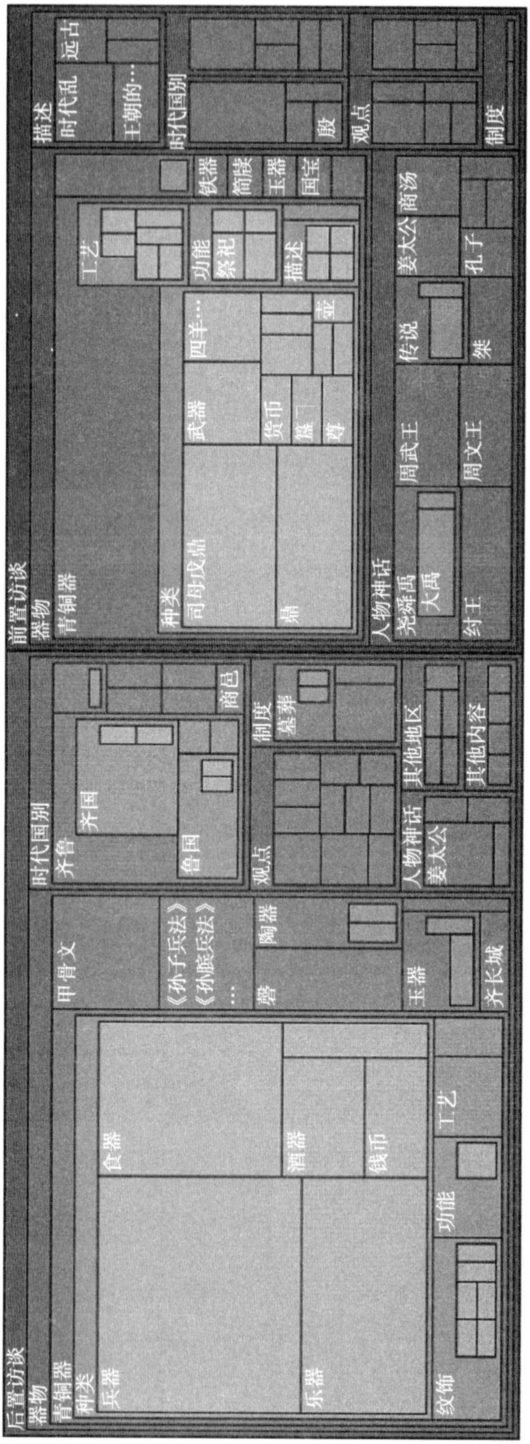

图 3-41 7号展厅前置、后置访谈结果对比图（四级节点）

（三）总结

7号展厅的评估报告包含了两个主要部分：一是对数据采集阶段所获取的基本信息的整理和统计，具体包括“观众基本信息”“观众参观信息”“观众知识变化”“观众展览评价”四个部分；二是综合上述信息，以“观众参观信息”和“观众知识变化”为重点，对展览信息传播的效果进行评估。根据“展览信息传播效率影响因素框架”的研究成果，我们可以认为，“观众参观信息”对展览信息传播的结果有着重要影响，而且所涉及的“展厅环境设计因素”能够有针对性地指出展览存在的问题。“观众知识变化”本质上等效于“展览信息传播的结果”，对它的比较与评估，是衡量展览目标信息有效传达的核心方法。

在“观众参观信息”的评估中，我们全面地对展示单元和“观众的注意力水平”进行了系统分析与评估。结果显示，7号展厅对观众注意力的吸引水平整体上偏低，且分布相对不均衡。观众更多地将注意力放在展厅的前半段，而体现鲁与方国的E、F两区几乎被“完全忽略”，我们认为这与展品密度过大有直接关系。“山东历史文化展（史前时期）”展览存在的比较突出的独立展柜问题，在7号展厅延续了下来，但依然没有达到“较好地吸引观众注意”的水平。“五大镇馆之宝”的展示虽然没有被“完全忽略”，但作为“重要信息点”仍然存在不足。根据热区图我们可以发现，“能够较好地吸引观众注意”的展示单元，大多数是“非青铜器”的内容，也就是展览内容发生明显变化的地点。我们推测，这种由阐释不足导致的展品同质化现象，是导致这一问题的原因之一。和“山东历史文化展（史前时期）”相似的是，7号展厅中几乎所有的文字性内容都被观众“忽略”，这些文字内容中，有相当大的篇幅是在陈述山东地区夏商周时代的历史与发展，这使得原本想通过文字来补充的内容无法起到应有的效果。

在“观众知识变化”的评估中，我们通过分析词频和节点的方式来全面对比观众在参观展览前后发生的知识变化，从而判断7号展厅的展览信息传播结果。结果发现，以“编钟”“兵器”“乐器”“酒器”“食器”等具体类别为代表的青铜器以及“齐鲁”甲骨文等词语，成为展览信息传播的主要内容。由于青铜器占据了7号展厅超过80%的展示内容，所以以青铜器为代表的相关信息成为此次展览信息传播的重要组成部分是合情合理的。但是，由于展厅最重要的目的是向观众展示山东地区的历史与文化，而这一点在后置访谈中几乎无法体现出来，因此即便观众通过展览能够对青铜器特别是青铜器的种类有一个更系统的认识，但是无法建立起青铜器和山东地区夏商周历史之间的联系。在观众的展览评价中，认为“阐释不足”的占据了近一半的比例，这反映出展览对青铜器自身的阐释不够，更反映出对青铜器背后的“人”的阐释不足。

综上所述，7号展厅对观众注意力的吸引水平整体偏低，而且分布不平衡。这可能是由展品种类单一或体量过大导致的。通过展览，观众对展览信息的理解，更多地集中在以青铜器为代表的器物类别上。但是，一方面，展览对作为展品的青铜器在阐释的方式上稍显不足；另一方面，展览在建立青铜器与山东地区夏商周时期的文化与历史之间的关联上仍存在一定的提升空间。

第四章　博物馆展览的总结性评估
——常设展览

总结性评估是观众评估领域最常见、应用最广泛的一项评估内容。作为了解项目效果的重要手段，总结性评估被赋予“检验展览与教育活动效果”的重要角色，可用来检验展览的预期目标是否有效地传达给了观众，教育活动给观众带来了哪些影响。总结性评估由于为博物馆判断项目的合理性与价值性提供了重要的参考和依据且发生在项目面向公众开放之后，兼具现实意义与便利性，因此成为应用范围最为广泛的一种评估方式。长期以来，山东博物馆坚持进行总结性评估，以系统收集、整理展览给观众带来的影响。在这一背景下，本章以“山东历史文化展（史前时期）”和“汉代画像艺术展”两个常设展览的观众总结性评估为例，通过参观前、参观中和参观后三个阶段系统采集观众的行为、体验与反馈，来分别阐述“信息本位”型展览和“器物本位”型展览给观众带来的不同程度的影响。而在下一章，本书将呈现两个临时展览的总结性评估成果，来进一步丰富山东博物馆在这一领域的实践。

第一节　“山东历史文化展（史前时期）”观众评估

一、展厅基本情况说明

6 号展厅的主题是“山东历史文化展（史前时期）”，属于“山东历史文化展”系列的开篇，按照时间的先后顺序，分别展示了旧石器时代和新石器时代的内容，其中以新石器时代的内容为主，并按照考古学文化的早晚，依次展示了后李文化、北辛文化、大汶口文化、龙山文化。其中,大汶口文化和龙山文化器物的比重较大。

陶器是这个展厅中比重最大的展品,辅助展出石器和玉器。展厅中有场景复原2处、视频播放器1处(主要播放动漫版史前文化)。

6号展厅于2010年同山东博物馆新馆一起对外开放,展览的设计与制作由多部门共同完成。该展览的主要目的是让观众了解山东地区史前文化的发展与脉络以及代表性器物。

根据项目调查的需要,我们人为地将6号展厅分为两个层次。

第一个层次:我们将6号展厅分为了A～D四个大的区域,A区为“入口—旧石器时期”,B区为“后李—北辛—大汶口时期”,C区为“龙山时期”,D区为“龙山—神话时期”。分区的依据是展厅的空间分布和观众运动线路的特点,与展览内容并非一一对应关系。

第二个层次的划分与第三章第二节所述划分方法相同,将展厅中包含的展品、单元说明、图版信息、视频播放、复原陈列等内容,根据彼此之间的关系,划分为不同的展示单元,并将展示单元划分为展品类展示单元和非展品类展示单元两类。

在本次研究中,我们将6号展厅划分为95个展示单元,具体如图4-1所示。其中,展品类展示单元用“区号+编号”的形式表现,如A1、B1;非展品类展示单元用“A+区号+编号”的形式表现,如AA1、AC1。展品类展示单元共60个,非展品类展示单元共35个。A区展示单元共11个,B区展示单元共42个,C区展示单元共12个,D区展示单元共30个。

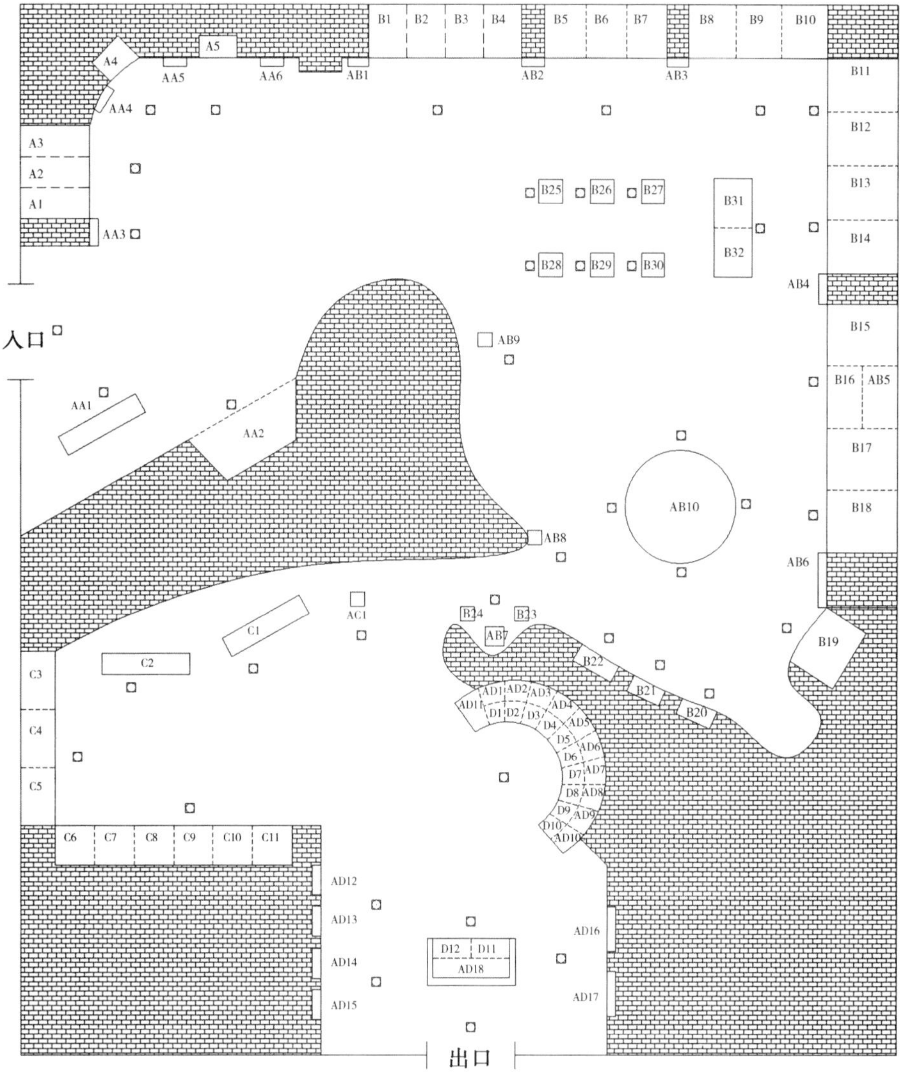

图 4-1　6 号展厅展示单元分布图

二、观众基本信息统计

6 号展厅中共有 64 名观众接受了前置访谈，其中 3 名观众没有接受后置访谈，61 名观众具有“前置—后置—观察”数据。统计以这 61 名观众的信息为主。

在 61 名观众中，男性观众 39 人，女性观众 22 人。从团体性质上看，个体观众 30 人，团体观众 31 人。在团体观众中，朋友 16 人，家庭 8 人，亲密 7 人。

从年龄分布上看，最小年龄 18 岁，最大年龄 54 岁，平均年龄 29.7 岁，频率分布直方图如图 4-2 所示。

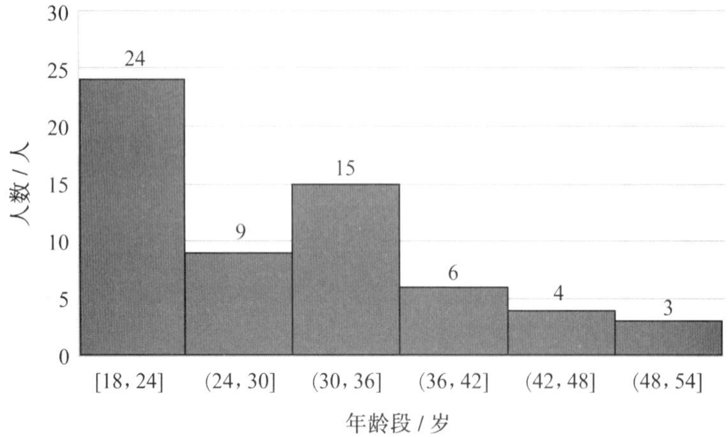

图 4-2　6 号展厅受访者年龄频率分布直方图

在 61 名观众中，共有 53 名观众透露了自己的工作或专业信息，通过对职业进行编码，可归纳为经管相关、文科相关、理科相关、医学相关、工科相关、艺术相关、企事业单位、非企事业单位、教师相关、无业 10 个节点，分布情况如图 4-3 所示。

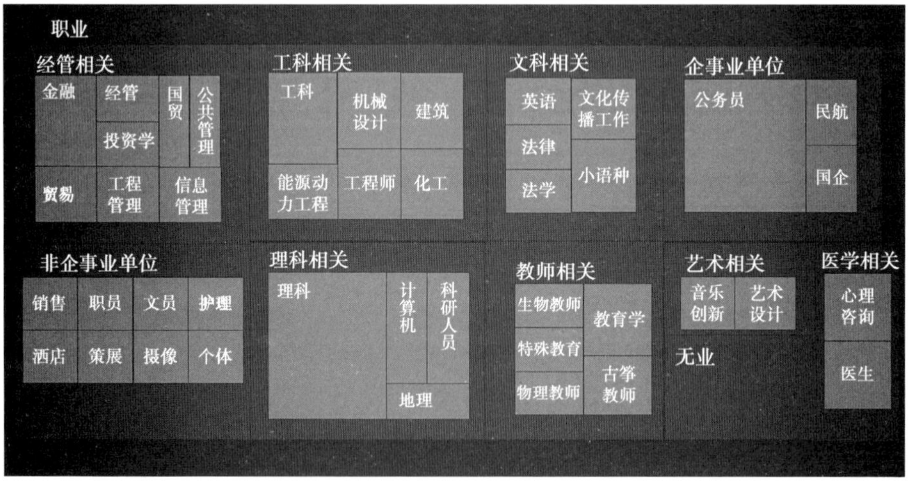

图 4-3　6 号展厅受访者职业分布图

在 61 名观众中，“本地居民”有 21 人，“外地游客”有 40 人；在 3 年内有山东博物馆参观经验的有 9 人，第一次来山东博物馆参观的有 52 人；有 35 人表示“到每一个地方都会选择去当地的博物馆看看”，其余 26 人表示“没有类似想法”；有 8 人表示“在来之前有明确想看的展览或内容”，其余 53 人表示“没有明确想看的展览或内容”；有 2 人表示“6 号展厅就是他们的参观计划之一”，其余 59 人表示“没有该计划”。

此外，我们还统计了这 61 名观众对历史和 6 号展厅主题的感兴趣程度，结果如图 4-4 所示。其中，1～2 分表示“基本上没兴趣”，3～4 分表示“有一定的兴趣”，5～6 分表示“有很大的兴趣”。

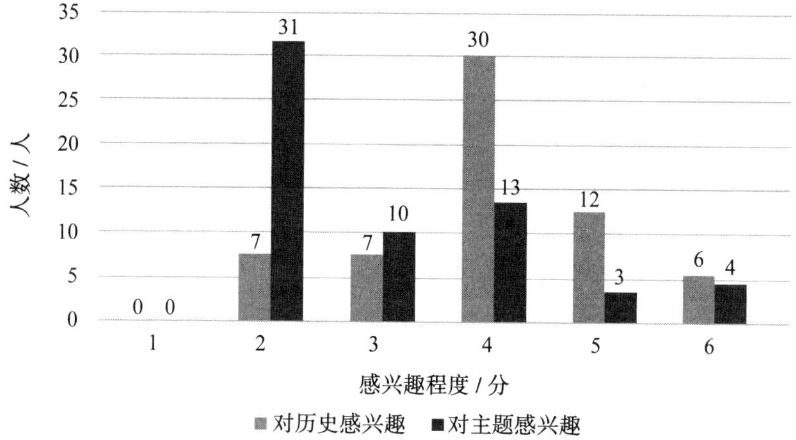

图 4-4　6 号展厅受访者兴趣程度统计

在 61 名受访者中，7 人拒绝前置访谈录音，其余 54 人前置访谈的平均时长为 172 秒；9 人拒绝后置访谈录音，其余 52 人后置访谈的平均时长为 178 秒。61 名受访者在 6 号展厅中的平均参观时长为 11 分钟，具体分布情况如图 4-5 所示。

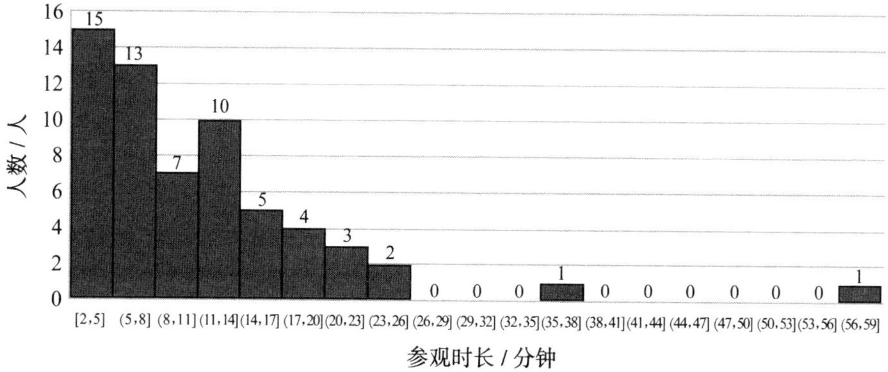

图 4-5　6 号展厅受访者参观时长频率分布直方图

观察员会根据要求，在受访者参观完展厅后对他所参观的要素或单元数量在整体中的百分比进行评判。在6号展厅中，61名受访者的参观比例均值为58%，具体分布情况如图4-6所示。

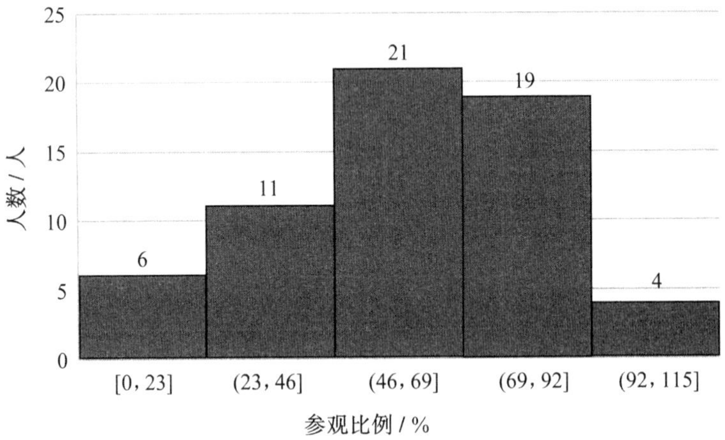

图4-6　6号展厅受访者参观比例频率分布直方图

三、观众参观信息统计

观众参观信息重点观考察观众在各展示单元前的参观投入程度，参观投入程度的计算方法与前文相同。同样地，我们以参观投入程度的得分2分为界，2分以下视为观众没有注意该展示单元，2分及以上视为观众注意过该展示单元。

基于上述判断标准，我们可以统计出61名观众在95个展示单元前参观投入程度的两种分布情况，并根据这一分布情况对展示单元的“吸引力”进行说明。统计结果如表4-1所示。

表4-1　6号展厅各展示单元吸引受访者人数统计

编号	A类	B类	编号	A类	B类	编号	A类	B类
A1	28	33	B22	25	36	AC1	42	19
A2	25	36	B23	33	28	D1	35	26
A3	31	30	B24	36	25	D2	34	27
A4	31	30	B25	38	23	D3	37	24

续表

编号	A类	B类	编号	A类	B类	编号	A类	B类
A5	31	30	B26	48	13	D4	36	25
AA1	32	29	B27	40	21	D5	37	24
AA2	27	34	B28	40	21	D6	39	22
AA3	46	15	B29	44	17	D7	44	17
AA4	32	29	B30	48	13	D8	30	31
AA5	38	23	B31	37	24	D9	40	21
AA6	40	21	B32	31	30	D10	47	14
B1	26	35	AB1	35	26	D11	33	28
B2	21	40	AB2	40	21	D12	50	11
B3	21	40	AB3	55	6	AD1	53	8
B4	22	39	AB4	50	11	AD2	53	8
B5	24	37	AB5	44	17	AD3	54	7
B6	22	39	AB6	40	21	AD4	57	4
B7	24	37	AB7	42	19	AD5	59	2
B8	22	39	AB8	52	9	AD6	58	3
B9	20	41	AB9	59	2	AD7	57	4
B10	26	35	AB10	32	29	AD8	57	4
B11	21	40	C1	26	35	AD9	56	5
B12	35	26	C2	26	35	AD10	59	2
B13	22	39	C3	33	28	AD11	44	17
B14	25	36	C4	32	29	AD12	53	8
B15	27	34	C5	32	29	AD13	53	8
B16	24	37	C6	38	23	AD14	52	9
B17	31	30	C7	33	28	AD15	56	5
B18	34	27	C8	37	24	AD16	36	25
B19	25	36	C9	31	30	AD17	32	29
B20	22	39	C10	40	21	AD18	57	4
B21	21	40	C11	31	30	平均	37.4	23.6

为了直观地表现各展示单元对观众注意力的吸引水平，我们制作了统计图(见图4-7)。

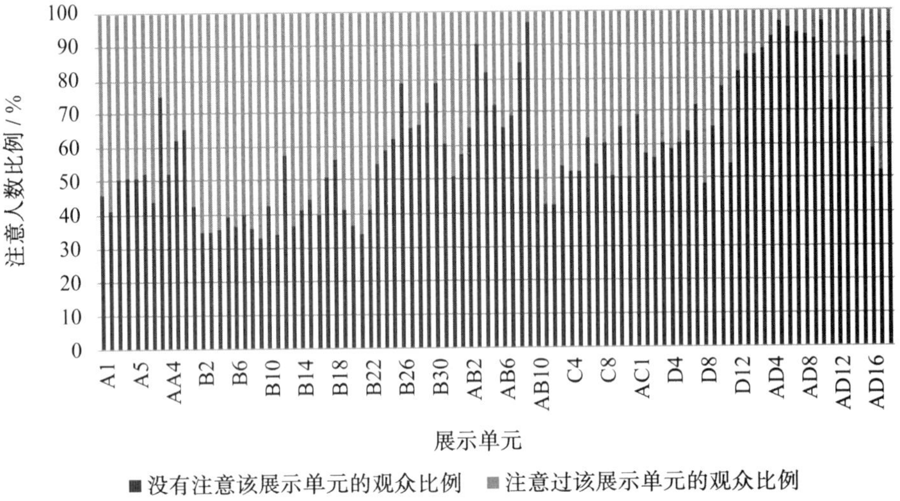

图4-7　6号展厅各展示单元吸引的受访者人数分布

下面我们以“区”为单位，展示各个区域内展示单元的观众注意力分布水平：A区如图4-8所示，B区如图4-9所示，C区如图4-10所示，D区如图4-11所示。

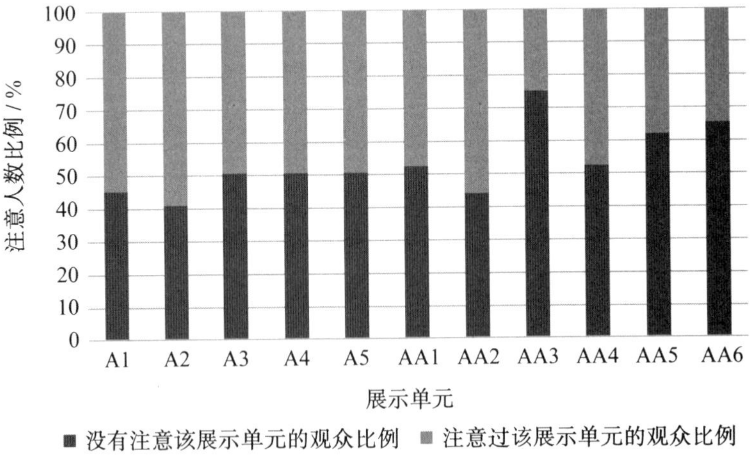

图4-8　6号展厅A区各展示单元吸引的受访者人数分布

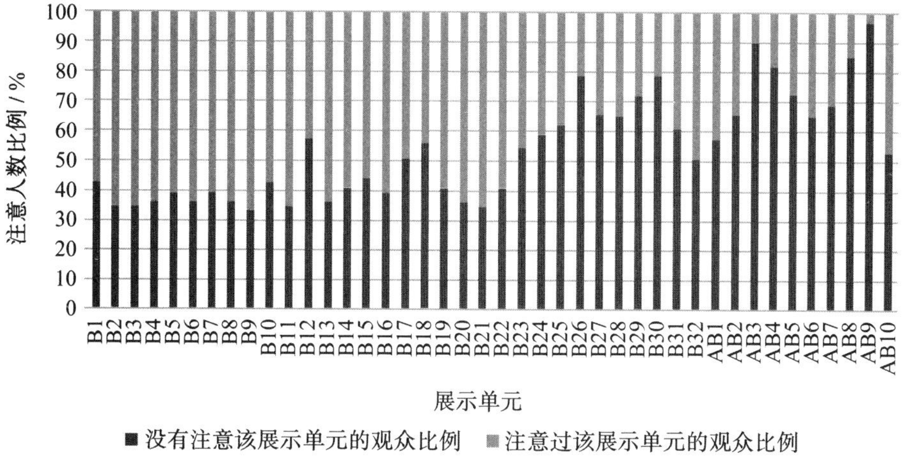

图 4-9　6 号展厅 B 区各展示单元吸引的受访者人数分布

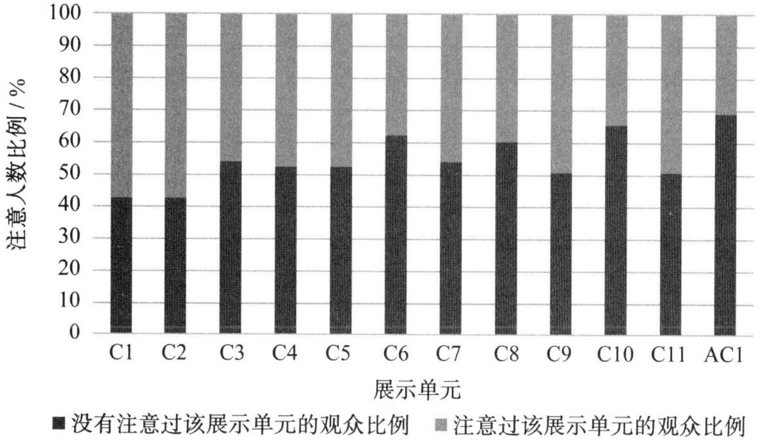

图 4-10　6 号展厅 C 区各展示单元吸引的受访者人数分布

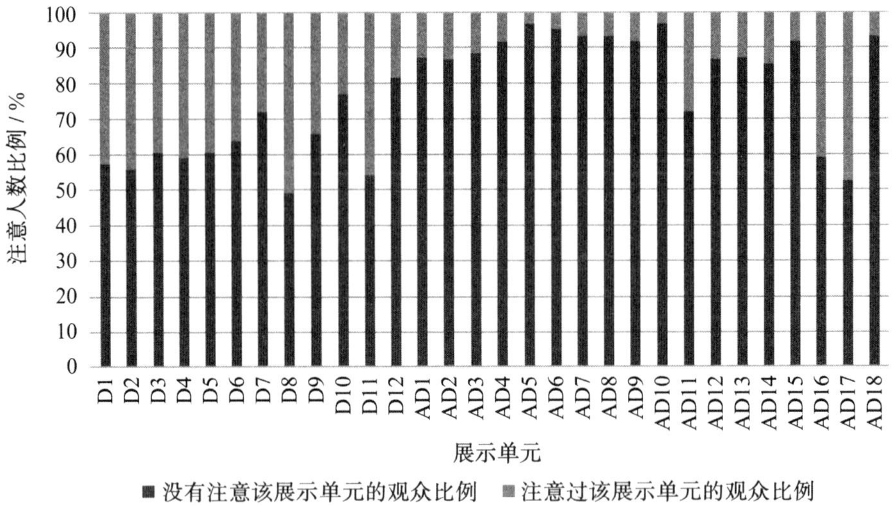

图 4-11　6 号展厅 D 区各展示单元吸引的受访者人数分布

四、观众知识变化统计

在前置访谈环节，我们设置了以“史前”和“陶器”这两个关键词为核心的开放式问题，以获取观众对展览主题信息的认知水平；在后置访谈环节，我们以鼓励观众回忆的方式来获取观众对展览信息的理解程度。通过对比前置和后置两次访谈的内容，我们可以发现观众在参观前后的知识变化，这一变化被视为展览信息传播的结果。

我们将全部数据导入 Nvivo 11，并对 61 名观众在访谈过程中出现的关键词进行编码，形成节点。通过 Nvivo 11 运行“词频”功能，分别对“前置访谈”节点和“后置访谈”节点所覆盖的内容进行词频统计。在数量设定中，我们选择出现频率在前 100 名的词语。词语最小长度设定为“2”。在词语的分组类别中，我们选择匹配程度最高的“一般化”。运行“查询”功能后，人工对无意义的虚词进行删减并进行人工比对。前、后置访谈关键词词频统计结果分别如表 4-2 和表 4-3 所示。

表 4-2　6 号展厅前置访谈关键词词频统计

名称	数量/个	百分比/%	名称	数量/个	百分比/%
石器	8	3.96	文明程度低	1	0.50
北京人	8	3.96	遥远	1	0.50

续表

名称	数量/个	百分比/%	名称	数量/个	百分比/%
恐龙	7	3.47	野蛮	1	0.50
陶罐	7	3.47	鱼纹陶器	1	0.50
瓷器	6	2.97	原始	1	0.50
生活用品	6	2.97	智慧	1	0.50
猿人	5	2.48	《中国考古学》	1	0.50
黑陶	5	2.48	采集	1	0.50
碗	5	2.48	草屋	1	0.50
三皇五帝	4	1.98	春秋战国	1	0.50
原始人	4	1.98	盗墓笔记	1	0.50
大汶口	4	1.98	高中历史课	1	0.50
龙山	4	1.98	国王	1	0.50
唐三彩	3	1.49	皇室	1	0.50
章丘	3	1.49	火的使用	1	0.50
人类发展史	3	1.49	龙	1	0.50
夏不存在	3	1.49	秦皇汉武	1	0.50
原始部落	3	1.49	秦始皇	1	0.50
山顶洞人	3	1.49	十大镇馆之宝	1	0.50
彩陶	3	1.49	手工	1	0.50
新石器时代	3	1.49	狩猎	1	0.50
古人	2	0.99	图腾	1	0.50
中国历史	2	0.99	文化	1	0.50
人类起源	2	0.99	夏商周	1	0.50
元谋人	2	0.99	钻木取火	1	0.50
猿猴	2	0.99	神话	1	0.50
炊具	2	0.99	打磨器	1	0.50

续表

名称	数量/个	百分比/%	名称	数量/个	百分比/%
工具	2	0.99	石铲	1	0.50
外观	2	0.99	石锤	1	0.50
瓦罐	2	0.99	石刀	1	0.50
马家窑文化	2	0.99	野人	1	0.50
石器时代	2	0.99	陶器	1	0.50
茶叶	1	0.50	不是祭器	1	0.50
厨房革命、卫生间革命	1	0.50	观赏	1	0.50
地板砖	1	0.50	家用	1	0.50
古瓷	1	0.50	生存	1	0.50
花瓶	1	0.50	生活	1	0.50
建筑材料	1	0.50	盛器	1	0.50
景德镇	1	0.50	工艺	1	0.50
青花瓷	1	0.50	好看	1	0.50
陶和瓷的区别	1	0.50	纹路	1	0.50
瓦	1	0.50	易碎	1	0.50
装饰物	1	0.50	鱼纹	1	0.50
China	1	0.50	白陶	1	0.50
河南	1	0.50	蛋壳陶	1	0.50
黄河流域	1	0.50	人面鱼纹	1	0.50
辽宁省博物馆	1	0.50	双耳陶	1	0.50
临淄齐国故都	1	0.50	双鱼罐	1	0.50
青海	1	0.50	文化分期	1	0.50
青州	1	0.50	半坡	1	0.50
日照两城镇	1	0.50	父系社会	1	0.50
淄博	1	0.50	红山	1	0.50

续表

名称	数量/个	百分比/%	名称	数量/个	百分比/%
黄河流域比较发达的地区	1	0.50	母系社会	1	0.50
历史背景	1	0.50	青铜时代	1	0.50
没有铁	1	0.50	仰韶文化	1	0.50
人和动物的区别	1	0.50	玉器	1	0.50
神秘	1	0.50	猪龙	1	0.50
生活状况	1	0.50	—	—	—

表 4-3　6 号展厅后置访谈关键词词频统计

名称	数量/个	百分比/%	名称	数量/个	百分比/%
黑陶	20	11.98	样式多	1	0.60
工艺	10	5.99	中华历史源远流长	1	0.60
彩陶	8	4.79	吃穿住行	1	0.60
蛋壳陶	7	4.19	短片	1	0.60
大汶口	7	4.19	骨器	1	0.60
纹饰	5	2.99	虎子	1	0.60
石器	4	2.40	礼出东方	1	0.60
白陶	4	2.40	十大镇馆之宝	1	0.60
龙山	4	2.40	文字	1	0.60
比较先进的文明	3	1.80	猪的饲养	1	0.60
先民智慧	3	1.80	神话	1	0.60
头骨	3	1.80	伏羲女娲	1	0.60
底座	3	1.80	砍砸器	1	0.60
玉器	3	1.80	石钺	1	0.60
审美	2	1.20	史前人类	1	0.60
史前生产、生活方式	2	1.20	北京周口店人	1	0.60

续表

名称	数量/个	百分比/%	名称	数量/个	百分比/%
石斧	2	1.20	吃饭	1	0.60
牙齿	2	1.20	打仗	1	0.60
沂源人	2	1.20	耕作	1	0.60
元谋人	2	1.20	工具	1	0.60
发展	2	1.20	工艺品	1	0.60
陶器演变	2	1.20	喝酒	1	0.60
祭祀	2	1.20	生活用具	1	0.60
容器	2	1.20	水壶	1	0.60
制酒器	2	1.20	艺术品	1	0.60
制作	2	1.20	做饭	1	0.60
杯	2	1.20	描述	1	0.60
大陶甗	2	1.20	几何	1	0.60
观点	1	0.60	涡形	1	0.60
表达心情	1	0.60	心形	1	0.60
场景复原的古人	1	0.60	新型几何	1	0.60
当代瓷器制造进步很大	1	0.60	星形	1	0.60
等级差异	1	0.60	装饰	1	0.60
艰辛贫困	1	0.60	对制作工艺很震撼	1	0.60
考古学文化演变	1	0.60	红陶	1	0.60
历史一脉相承	1	0.60	人面陶器	1	0.60
山东史前的发展比辽宁地区好	1	0.60	兽形器	1	0.60
陶器间区别大	1	0.60	东夷文化	1	0.60
陶器制造有规模	1	0.60	后李	1	0.60
陶器制作水平反映了时代的水平	1	0.60	良渚文化	1	0.60

续表

名称	数量/个	百分比/%	名称	数量/个	百分比/%
文化可能有断层	1	0.60	玉器的装饰作用	1	0.60
文明进程提前	1	0.60	—	—	—

五、观众展览评价统计

通过后置访谈，我们采集了观众对展览的评价信息。观众对展览的评价总体上可以分为两类，即“没有问题”和“指出问题”。通过Nvivo 11，我们对观众的“指出问题”情况进行编码，分成了12个节点，分别是“没有特色”“趣味性不足”“说明牌不清”“文物质量”“展线不合理”“灯光照明”“体量不足”“文字过多”“没有重点”“主线不清”“展示方式不当”“阐释不足”，如图4-12所示。

图4-12中，面积越大，代表具有相同观点的观众数量越多。左边代表“指出问题”，右边代表“没有问题”。可以看出，约有1/3的观众表示展览“没有问题”，有近2/3的观众对展览“指出问题”。在全部的43名“指出问题”的观众中，认为展览存在“阐释不足”的有17人，占据了总数的39.5%。在“阐释不足”中，有4人进一步解释为“缺少讲解”；其余各项从高到低排列依次是“展示方式不当”(7人)、“没有重点”(4人)、“主线不清”(4人)、“灯光照明”(2人)、“文字过多”(2人)、“体量不足”(2人)、“趣味性不足”(1人)、“说明牌不清”(1人)、“文物质量”(1人)、“没有特色”(1人)、“展线不合理”(1人)。

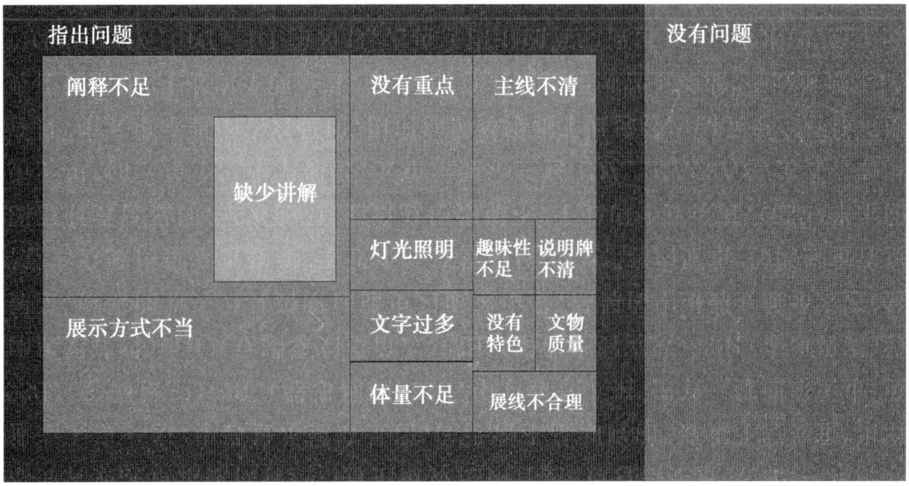

图4-12 6号展厅受访者展览评价统计图

六、展览信息传播评估

(一)观众参观信息的分析与评估

1.展示单元的分类

在本节第三部分,我们得到了观众在95个展示单元前的参观投入程度分布情况以及每个展示单元前"注意该展示单元"和"没有注意过该展示单元"的观众分布情况。

从上文得知,95个展示单元中,61名观众里,平均有37.4个人"没有注意该展示单元",占比为61.3%。因此,我们以60%为界限,作出如下判定:

(1)"没有注意该展示单元"的观众比例在55%以上65%以下的展示单元,视为"能够正常吸引观众注意"的展示单元。

(2)"没有注意该展示单元"的观众比例在55%以下的,视为"能够较好地吸引观众注意"的展示单元。

(3)"没有注意该展示单元"的观众比例在65%以上的,视为"不能吸引观众注意"的展示单元。

基于上述判断,我们对95个展示单元的性质进行归类,结果如表4-4所示。

表4-4　6号展厅展示单元分类统计

分区	能够正常吸引观众注意	能够较好地吸引观众注意	不能吸引观众注意
A区	AA5	A1～A5、AA1、AA2、AA4	AA3、AA6
B区	B12、B18、B23～B25、B31、AB1	B1～B11、B13～17、B19～B22、B32、AB10	B26～B30、AB2～AB9
C区	C6、C8	C1～C5、C7、C9、C11	C10、AC1
D区	D1～D6、AD16	D8、D11、AD17	D7、D9、D10、D12,AD1～AD15、AD18

2.参观热区的分布

根据上文对展示单元的分类,我们可以在展厅平面图中将这一结果落实,形成参观热区图(见图4-13)。

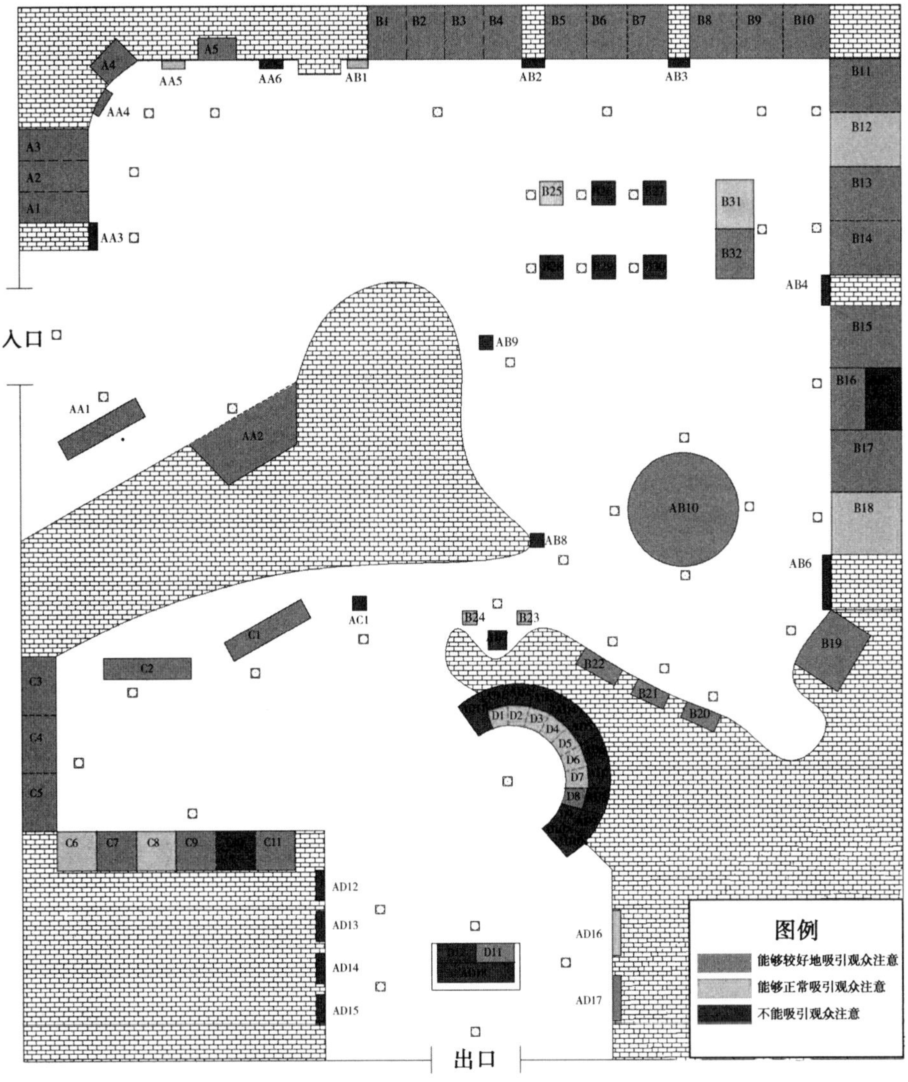

图 4-13　6 号展厅受访者参观热图统计图

通过热区图我们可以清楚地发现，“能够较好地吸引观众注意”和“能够正常吸引观众注意”的展示单元，基本沿“通柜”呈线形分布。而独立展柜和多数文字图版类辅助展品，绝大多数属于“不能吸引观众注意”的展示单元。前者中的各展示单元连接之后，基本上形成了观众在 6 号展厅中参观动线的“主要脉络”。因此，我们判断：前者所涉及的展示单元能够为展览信息传播提供先决条件，即引起观众比较普遍的注意；而后者所涉及的展示单元，则不能为展览信息传播提供帮助,因为对于大多数观众而言,这些展示单元并不能引起他们的注意,这丧失了展览信息传播发生的第一条件。

3.展示单元的评估

基于前文所述的评估标准,我们对6号展厅中存在的不足之处进行判定,结果如下:

第一,部分“重要信息点”没有吸引观众注意。尽管对展示单元或者展品作出“重要”“不重要”的判断是不恰当的,但是在展示过程中,这一点无法避免,也无须回避。首先,在6号展厅中,B25(陶匜形器)、B26(三足陶釜)、B27(红陶兽形壶)、B28(灰陶镂空器座)、B29(八角星纹彩陶豆)、B30(竹节纹黑陶盆)这六个独立展柜中的展品,是山东地区史前时期极具代表性的器物,是展览着重强调的“重要内容”之一,但是只有一个处于“能够正常吸引观众注意”的水平(B25),其余五个均处于“不能吸引观众注意”的水平,明显与设计意图相悖。其次,AA3、AB1、AC1这三个展示单元,是展厅中三个单元的“单元说明”,对整个单元的内容起到了提纲挈领的作用,但是这三个展示单元中,只有AB1勉强处于“能够正常吸引观众注意”的水平,其余两个均处于“不能吸引观众注意”的水平,无法起到应有的作用。再次,D区的D1～D10、AD1～AD11这些展示单元,集中展示了山东地区史前文化中极富特色的器物——蛋壳陶。但是在该区域,仅D8(第八件蛋壳陶)处于“能够较好地吸引观众注意”的展示单元,D1～D7(前七件蛋壳陶,其中,在调查期间D7处于空置状态)处于“能够正常吸引观众注意”的展示单元,D9～D10(后两件蛋壳陶)处于“不能吸引观众注意”的展示单元。文字介绍部分,特别是AD11展示单元,是对蛋壳陶进行全面介绍的区域,属于“重要信息点”,但“不能吸引观众注意”;AD1～AD10原则上可以视为“一般信息点”,但也均“不能吸引观众注意”。因此,关于蛋壳陶的展示,在总体上存在一定不足。最后,B23、B24、AB7这些展示单元,展示了山东地区史前时期重要的符号,这些符号被视为“文字的雏形”。这些展示单元也属于“重要信息点”的范畴。其中,两件展品处于“能够正常吸引观众注意”的水平,对两件器物进行深度阐释的AB7单元处于“不能吸引观众注意”的水平。这表明,此处设计也没能很好地实现信息的传播。

第二,部分“一般信息点”被观众忽视。在6号展厅中,AA6是对“细石器时代”的介绍,AB5是对“酿酒器”运作方法的图解,AB6是“彩陶艺术”的说明,C10是“陶塑人面”,AD12～AD15是新石器时期主要城址平面图,D12是玉钺(但是有一件主要展品在展示期间处于空置状态),AD18是对“龙山时期玉器”的介绍。上述内容均属于“一般信息点”,但是这些信息点均处于“不能吸引观众注意”的展示单元，没有达到预期效果。

（二）观众知识变化的分析与评估

1.展览信息传播的结果

依据观众在参观前后的知识变化以及参观后对展览主题的理解程度，并结合展览预设的传播目的，来判断展览信息传播是否有效。在本节第四部分，我们对观众在参观前后描述展厅主题的访谈信息进行了词频统计，为了进一步有效、直观地反映观众参观前后的变化，我们基于词频统计结果，制作了网状结构图，如图 4-14 和图 4-15 所示。

通过网状结构图，我们对观众访谈的原始词语进行了统计，同时结合实际情况，将软件无法处理的某些专业词语，人工进行了校对和整理。

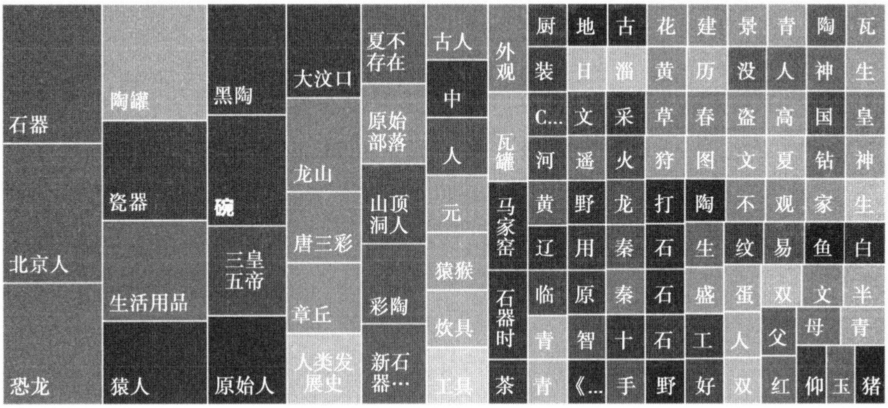

图 4-14　6 号展厅前置访谈结果网状结构图

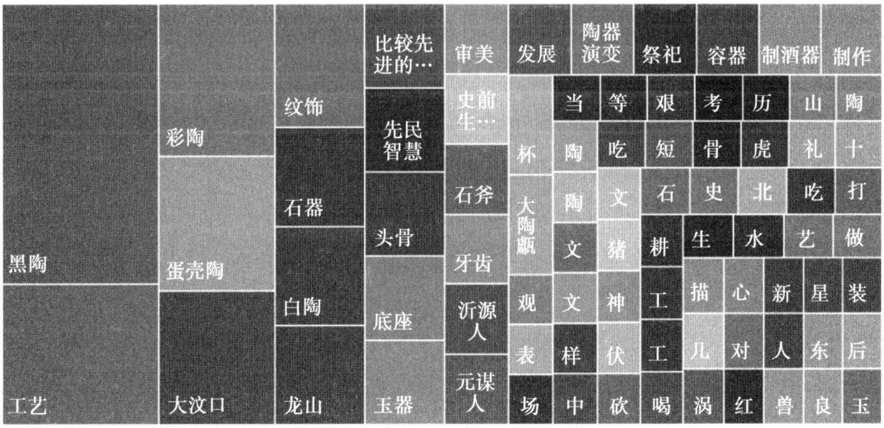

图 4-15　6 号展厅后置访谈结果网状结构图

在网状结构图中，色块面积越大，代表词语出现的频率越高。我们可以直观地看出，在前置访谈中，观众对"史前"这一主题的印象以"石器"为主，围绕着"石器"，还有"北京人""原始人""猿人""山顶洞人"等史前人类以及"恐龙""尧舜禹""三皇五帝"等概念。经过访谈员引导，观众对"陶器"的认识，则普遍集中于"瓷器""生活用品""陶罐""龙山""唐三彩""章丘"等概念。

在后置访谈中，观众对展览主题的回忆，主要集中在陶器上，特别是"黑陶"占据了很大的比例；此外，还包括"彩陶""蛋壳陶"等内容以及对陶器"工艺"的印象和对陶器功能的理解。

通过对原始词语进行直观对比，我们可以初步发现，展览信息传播的确发生了，因为观众对史前这一概念的核心认知，由"石器""史前人类"迁移到了"陶器"特别是极具山东特色的"黑陶"上。这一变化显然是展览带来的，也与展览以陶器为主的内容相契合。

综上所述，我们可以发现，在前置访谈中，"石器""北京人""恐龙""陶罐""瓷器""生活用品""猿人""黑陶""碗""三皇五帝""原始人""大汶口""龙山""唐三彩""章丘"等18个词语在词语总频数中占据了近50%的比例。在后置访谈中，"黑陶""工艺""彩陶""蛋壳(陶)""大汶口""纹饰""石器""白陶""龙山"等13个词语占据了近50%的比例。特别是在后置访谈中，"黑陶"一家独大，反映出通过看展观众对展览主题的理解开始"趋同"，不再像前置访谈中所呈现的那么"零散"。这是展览信息传播发生作用的直接体现。

2.展览信息传播的评估

展览评估需要以展览的预期目标为基准。但是，由于6号展厅形成时间较早，早期的策展工作是多部门联动的结果，因此很难了解展览原生的特定目标。所以，本次对展览信息传播进行评估之前，需要先对展览的"潜在"信息传播目标进行界定和假设。

第一，6号展厅是山东博物馆的基本陈列，也是山东历史文化展的一个组成部分，因此在宏观上必然承担着"阐释山东历史文化、展示山东史前时期文明发展水平"的基本任务。在这个前提下，希望观众在参观之后，能够对山东地区的史前文化发展水平有一个基本的印象和认识。

第二，6号展厅展出的展品以陶器为主，占比几乎达到90%。黑陶特别是"蛋壳陶"，是其中最具地域特色和代表性的器物。大汶口时期的典型陶器也具有独特的风格。在这个前提下，希望观众在参观之后，能够对山东地区史前时期的陶器特别是以黑陶为主的器物群和文化背景有一个基本的印象和认识。

基于以上对展览信息传播目标的假定，我们发现观众参观前后的知识发生了变化。为了进一步解读这种变化背后的意义，我们对原始词语划分了类别，并进行编码，组成了具有相似意义的新节点。通过对节点进行分析，有助于我们进一步理解观众的知识变化。通过 Nvivo 11，我们得到的结果如图 4-16 所示。其中，左边代表前置访谈，右边代表后置访谈，面积越大，包含的原始词语数量越多。我们根据现实节点级别的不同，依次生成了三张对比图。

第一张显示到二级节点，如图 4-16 所示。可以发现，在前置访谈中，观众的表述主要集中在“陶器”“史前人类”“其他内容”“文化分期”“观点”“石器”“瓷器”“地区”“恐龙”“神话”“玉器”11 个类别上。在后置访谈中，观众的观点主要集中在“陶器”“观点”“史前人类”“石器”“文化分期”“其他内容”“玉器”“神话”8 个类别上。通过对比可以发现，前置访谈的面积大于后置访谈，这表明前置访谈涉及的节点的类别更多，也可以理解为后置访谈中获取的信息门类要比前置访谈更为集中，即展览让观众的知识“趋同”。通过整理节点我们发现，在前置访谈的原始词语中占据最大比例的“石器”一词，在整理成节点之后，只能排在第五位（“其他内容”因不好分类，所以聚集成一类，本身并无特殊含义，此处不纳入总体计数）；“陶器”“史前人类”“文化分期”位列前三。在后置访谈中，“陶器”一项所占的比例就超过了 50%，远大于其在前置访谈中的比重。“观点”集中反映了观众对史前文化的主观判断或认识，在后置访谈中也上升到了第二位，对“史前人类”“石器”“文化分期”的认识紧随其后。此外，在前置访谈中占有相当比重的“瓷器”，在后置访谈中消失了。在前置访谈中，一提到陶器，很多观众无法将其与瓷器进行区分。但是在后置访谈中，对于陶器的认识则更多地集中在陶器本身。这在一定程度上体现出，通过展览观众消除了部分对陶和瓷的误读。

从图 4-16 中我们可以看出，观众对“陶器”有了更多的认识，这表明展览所希望传播的“关于山东地区史前陶器”的内容基本得到了实现。

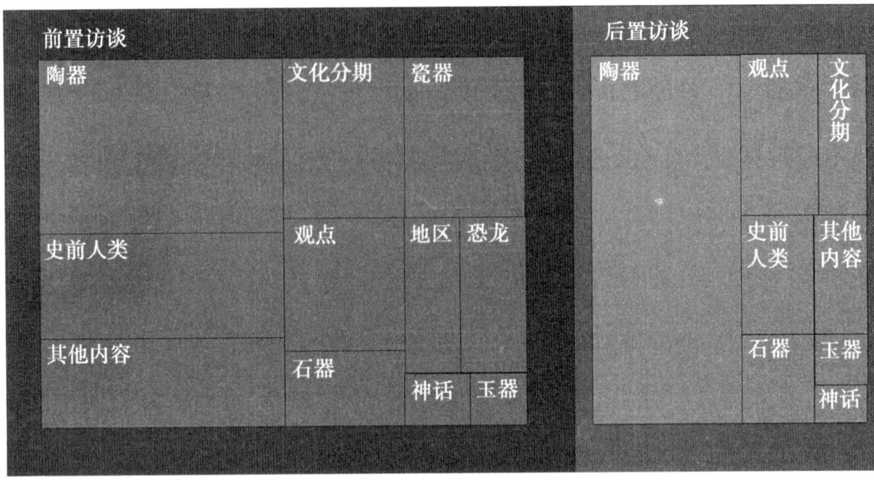

图 4-16　6 号展厅前置、后置访谈结果对比图(二级节点)

图 4-17 进一步显示了三级节点,有助于我们进一步分析每一个二级节点的具体内容。可以看出,在前置访谈中,“陶器”的三级节点包括“种类”“功能”“描述”三个部分,在后置访谈中则变成了“种类”“制作”“纹饰”“描述”“功能”“发展”(右下角,因面积不足无法显示文字)六个部分。由此可以看出,一方面,观众对陶器“种类”的认识更进一步;另一方面,观众对陶器的制作和纹饰有了一定的新认识,而且部分观众还关注到了(山东地区)陶器的发展历程。虽然观众对“史前人类”的认识比例呈下降趋势,但是通过对比三级节点我们发现,前置访谈中由以“北京人”“猿人”“原始人”等词语为主,变成了以“头骨”“牙齿”“沂源人”(因面积不足无法显示文字)为主,这一部分是 6 号展厅 A 区所展示的内容。这也反映了展览对观众参观所造成的直接影响。

图 4-18 则进一步显示了四级节点。可以发现,在前置访谈中,对于陶器种类的认识,已经有了“黑陶”“彩陶”的概念以及“陶罐”“碗”“瓦罐”等泛化的表述;在后置访谈中,对陶器种类的认识,则更多地集中在“黑陶”“蛋壳陶”“彩陶”“白陶”“杯”等内容上,这些内容恰好是展览希望进一步传达的“极具山东特色的陶器”。此外,对于制陶工艺的探讨,是后置访谈中全新出现且所占比重较大的内容。观众通过参观展览,会对山东地区史前文化的制陶工艺进行思考,这是展览信息传播的又一个重要结果。但是,需要注意的是,这里对制陶工艺的思考更多地体现在“关注到工艺本身这件事情上”,而不是真正地了解具体的工艺流程等。

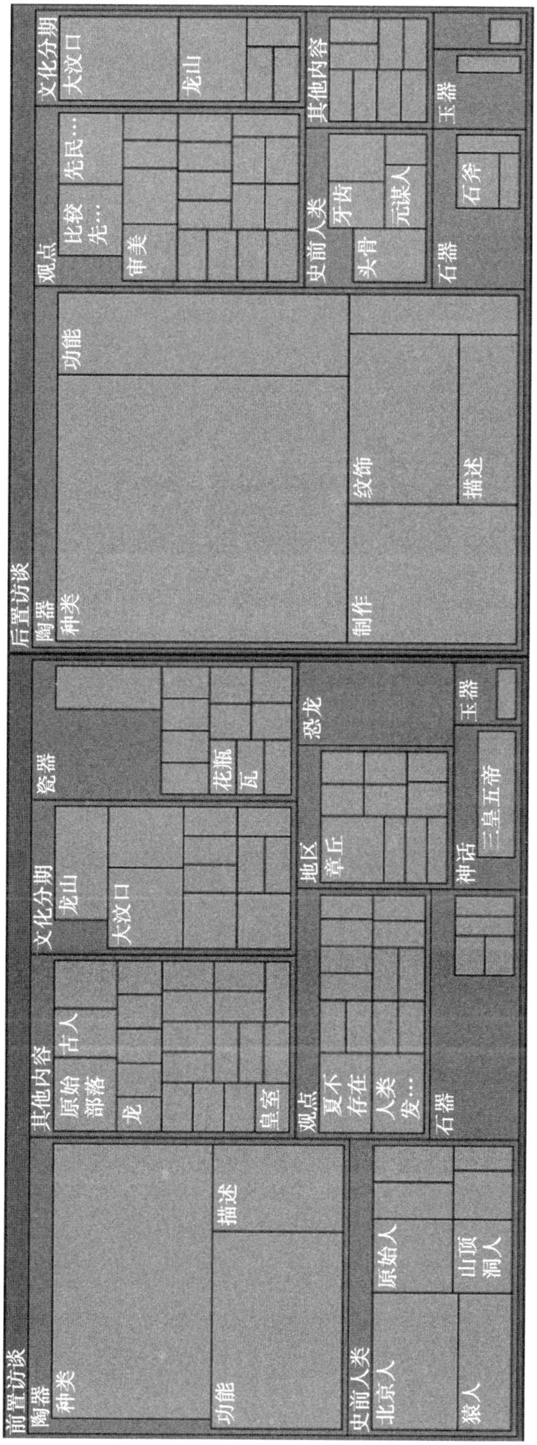

图 4-17　6 号展厅前置、后置访谈结果对比图（三级节点）

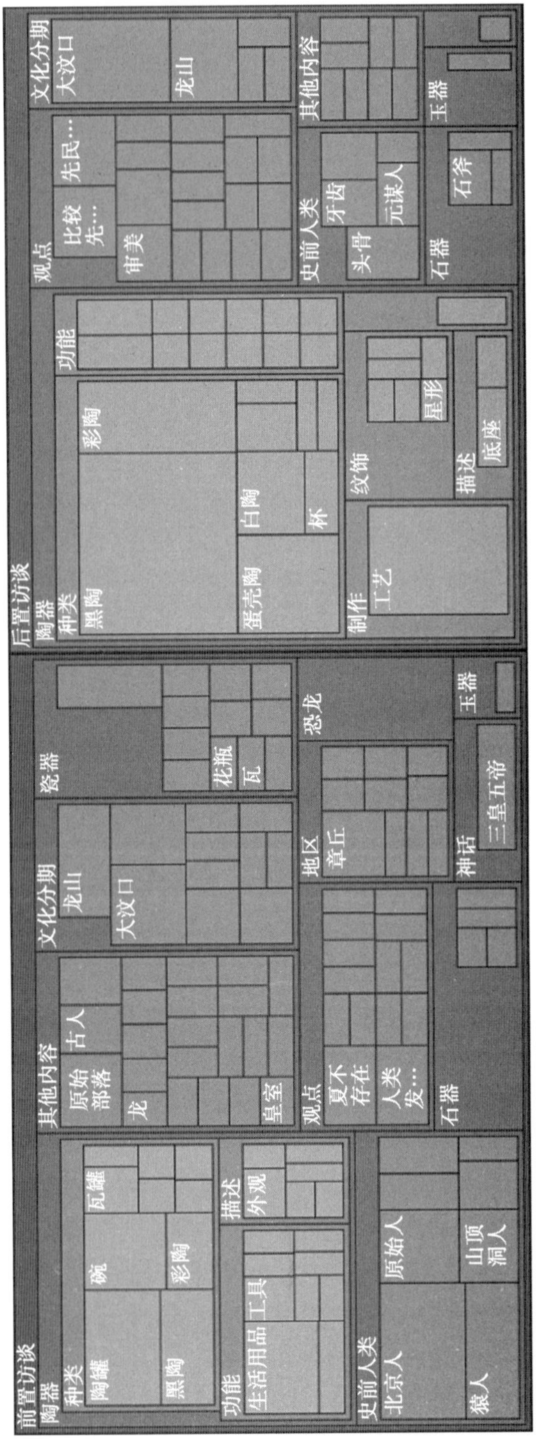

图4-18　6号展厅前置、后置访谈结果对比图（四级节点）

综上所述，三张展示不同级别节点的对比图可以比较清晰地展示观众对6号展厅中展出的“黑陶”“蛋壳陶”等具有山东地方特色陶器的信息的理解和认识，有了显著的变化。因此，我们判定，以“对陶器的认识和理解”作为展览信息传播的评估标准时，6号展厅基本完成了这一预期目标。

但是，对于预期目标中的另一点——了解山东地区史前文化的发展脉络——而言，目前并没有明显的证据。尽管在后置访谈中有一定比例的观众提到了“龙山文化”“大汶口文化”，但是，一方面，很多观众是在参观之前就已经对这两种文化有显著印象，例如来自日照两城镇、章丘和泰安的观众，对这些内容比较熟悉；另一方面，即便是对大汶口文化和龙山文化有了一定新认识的观众，目前也不能够阐述大汶口文化和龙山文化之间的关系，后李文化、北辛文化更是没有出现在任何一次访谈对话中。6号展厅显然是按照“旧石器文化—后李文化—北辛文化—大汶口文化—龙山文化”的序列布展的，这也是山东地区史前文化的核心发展阶段。但是在访谈中，类似的表述并没有出现。相反，在上文整理的观众展览评价中，我们可以发现，一部分观众倾向于认为展览在一定程度上存在“没有重点”“主线不清”的问题。结合上文对展厅中观众注意力的分析来看，展览中一些具有阐释说明价值的“信息点”被忽视也从侧面解释了这一评价产生的原因。综上所述，这些结果都从不同的侧面对展览希望呈现山东地区史前文化发展状况的目标提出了挑战。

（三）总结

6号展厅的评估报告内容构成与前述7号展厅相同，此处不再赘述。

在“观众参观信息”的评估中，我们全面地对展示单元和“观众的注意力水平”进行了系统分析与评估。结果发现，以通柜类展示形式为主的展示单元，基本构成了观众参观运动和注意力分配的主线；而传统意义上力求突出展示的独立展柜，则“意外”成了观众注意力难以涉及的地区。由此可以判断，6号展厅对独立展柜中“重要信息点”的处理方式没能起到预期效果。此外，对于极具地方特色的“蛋壳陶”的集中展示，一方面，存在展品密度较高导致观众注意力被分散的潜在问题；另一方面，由于关于展品的文字介绍与说明被“完全忽略”，因此无法达到预期的效果。不过，值得注意的是，在“观众知识变化”的统计中，“蛋壳陶”出现的比例依然较高。因此，我们可以认为，此处设计在整体上能够较好地吸引观众的注意力，但是掩盖了个体的信息传播。具有提纲挈领作用的单元文字说明，也基本处于无法被观众有效注意的状态，而这些内容对于展览信息的有效传播具有深刻影响。

在“观众知识变化”的评估中，我们以分析词频和节点的方式，全面对比观众在参观前后，对展厅内容在理解上所发生的变化。对比发现，对于“陶器”，特别是“黑陶”和“蛋壳陶”的认识，在展览信息传播的结果中占有重要地位，观众对相关问题的思考也集中反映在与之相关的问题上，基本能够实现展览的预期目标之一——让观众了解山东地区史前文化的特色器物。但是，在这一过程中，鲜有证据体现出观众对山东地区史前文化发展情况的理解，即在访谈过程中，观众对于以“后李文化—北辛文化—大汶口文化—龙山文化”为基本架构的史前文化发展脉络的认知几乎为零。从这个角度来看，展览在这个层面上的预期目标的效果也同样值得商榷。

综上所述，我们认为，6号展厅在展览的环境设计上，对具有“重要信息点”的文物和文字说明的展示方式普遍没有实现预期目标；在展览内容的设计上，对陶器和黑陶的强调基本产生了作用，但是对山东地区史前文化的整体发展情况的传播仍然有限。

第二节 “汉代画像艺术展”观众评估

一、展厅基本情况说明

2号展厅的主题是“汉代画像艺术展”。汉代画像石是汉代地下墓室、墓地祠堂、墓阙和庙阙等建筑上雕刻画像的建筑构石。汉代人以石为地，以刀代笔，描绘了汉代的现实生活、丧葬习俗和宗教信仰等方面。汉代画像石被誉为“汉代历史的画卷”。山东汉代画像石是中国汉代画像石艺术的杰出代表。它以质朴深沉的民族本土意识成为世界古代艺术宝库中的一朵奇葩。山东博物馆中的汉代画像石精品主要出土或发现于济南、济宁、枣庄、临沂等地。著名的孝堂山祠堂、嘉祥武氏祠、沂南北寨汉墓等画像石的代表作品通过不同的展示手法在该展厅一一展现，斧凿间犹觉汉风扑面，描画中赞叹艺术的生命不息。

该展览的主要目标是让观众了解山东地区汉代画像艺术的内容和形式。

根据项目调查的需要，我们人为地将2号展厅进行了分区，而且分为两个层次。

第一个层次：我们将2号展厅分为了A～E五个区域，其中，A区为“辉煌汉画”，B区为“神仙世界”，C区、D区为“现实生活”，E区为“忠孝文化”和“彩色画像”。分区的依据是展厅的空间分布和观众运动线路的特点，与展览内容并非一一对应关系。

第二个层次的划分方式与前述相同，即将展示单元划分为展品类展示单元和非展品类展示单元两类。

在本次研究中，我们将 2 号展厅划分为 136 个展示单元，具体如图 4-19 所示。其中，展品类展示单元用“区号＋编号”的形式表现，如 A1、B1；非展品类展示单元用“A＋区号＋编号”的形式表现，如 AA1、AC1。展品类展示单元共 81 个，非展品类展示单元共 55 个。

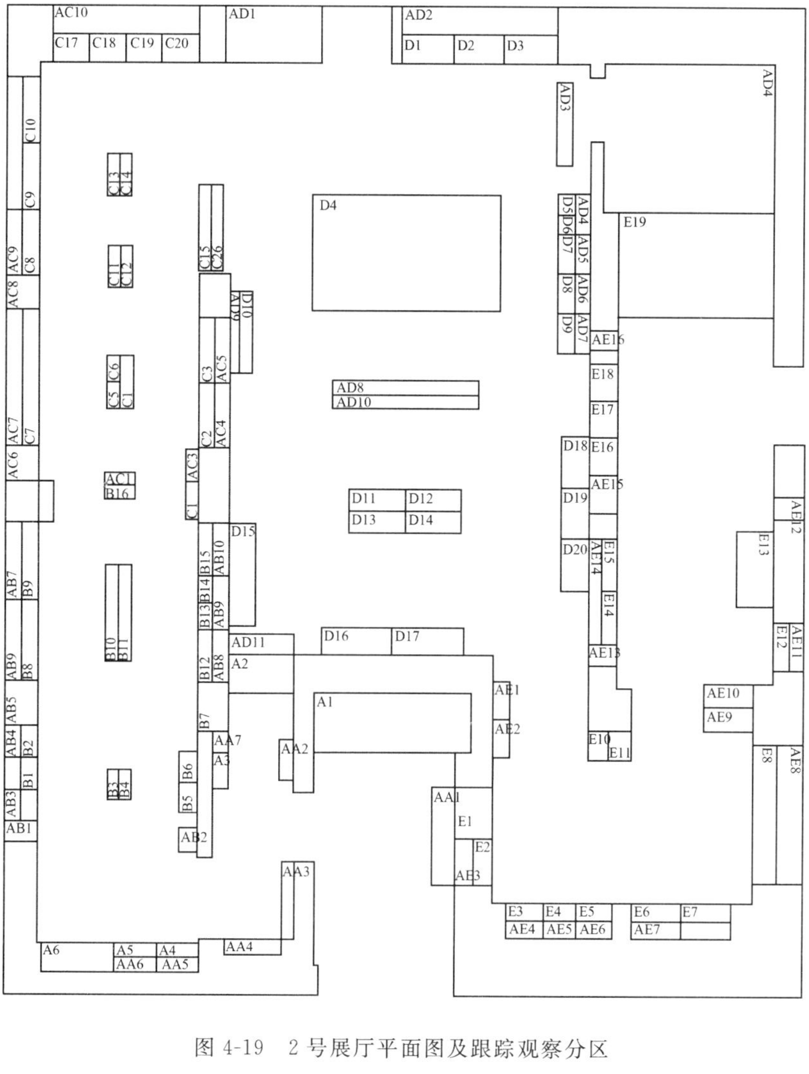

图 4-19　2 号展厅平面图及跟踪观察分区

二、观众基本信息统计

2号展厅中共有60名观众同时接受了前置和后置访谈，其中男性观众43人，女性观众17人；个体观众26人，团体观众34人。在团体观众中，朋友20人，家庭7人，亲密7人。受访者最小年龄18岁，最大年龄56岁，平均年龄28.8岁，频率分布直方图如图4-20所示。

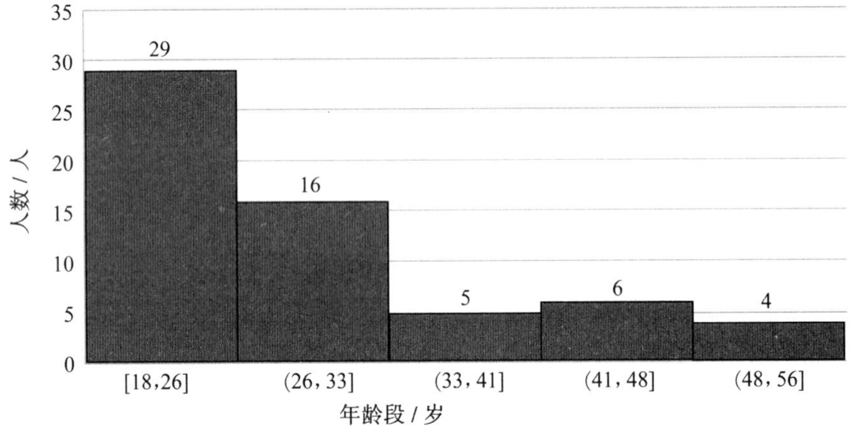

图4-20　2号展厅受访者年龄频率分布直方图

在60名受访观众中，共有58名观众透露了自己的工作或专业信息，通过对职业进行编码，可归纳为经管类、理工类、政府与企事业单位、艺术类、教育教师类、创业与个体户、学生(具体专业不明)、计算机类、文史类、法律类、新闻类、医学类、军人13个节点，分布情况如图4-21所示。

在60名受访观众中，“本地居民”有29人，“外地游客”有31人；在3年内有山东博物馆参观经验的有19人，第一次来山东博物馆参观的有41人；有42人表示“到每一个地方都会选择去当地的博物馆看看”，其余18人表示“没有类似想法”；有8人表示“在来之前有明确想看的展览或内容”，其余52人表示“没有明确想看的展览或内容”。

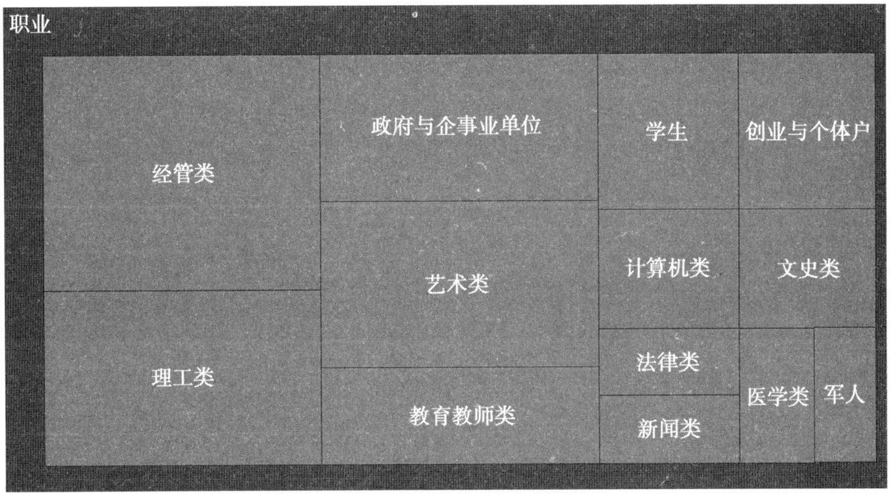

图 4-21　2 号展厅受访观众职业分布情况

此外，我们还统计了观众对历史和 2 号展厅主题的感兴趣程度，结果如图 4-22 所示。其中，1～2 分表示“基本上没兴趣”，3～4 分表示“有一定的兴趣”，5～6 分表示“有很大的兴趣”。

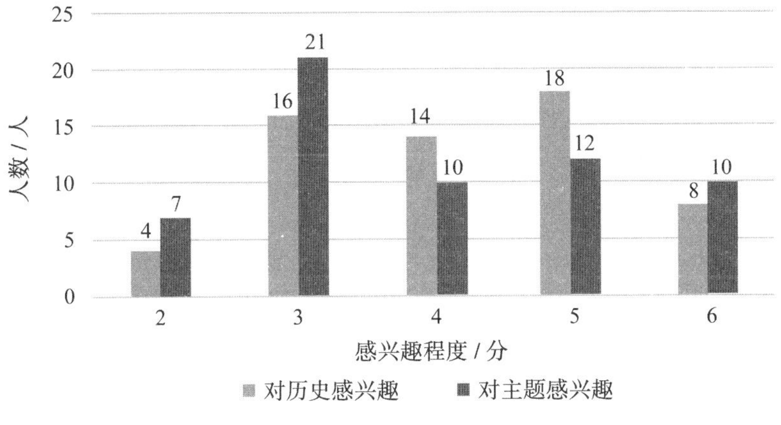

图 4-22　2 号展厅观众对历史和主题感兴趣程度分布图

在 60 名受访者中，7 人拒绝访谈录音，其余 53 人前置访谈的平均时长为 145 秒；7 人拒绝后置访谈录音，其余 53 名观众后置访谈的平均时长为 127 秒。60 名受访者在 2 号展厅的平均参观时长为 12 分钟，具体分布如图 4-23 所示。

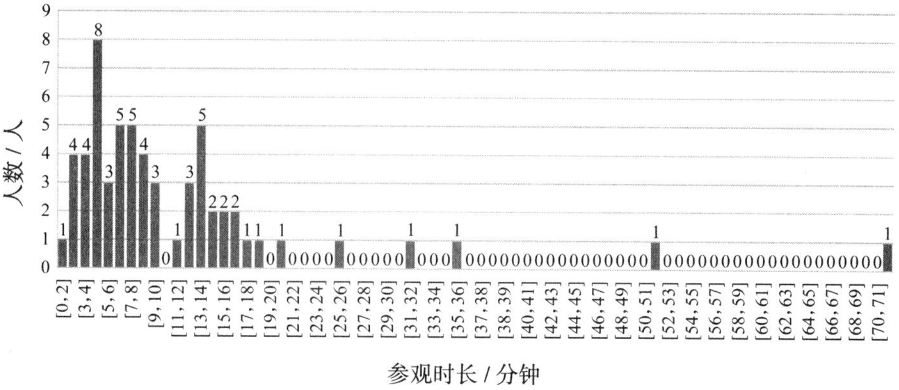

图 4-23　2号展厅受访者参观时长分布图

观察员会根据要求，在受访者参观完展厅后，对他所参观的要素或单元数量在整体中的百分比进行评判。在2号展厅中，60名受访者的参观比例均值为37%，具体分布情况如图4-24所示。

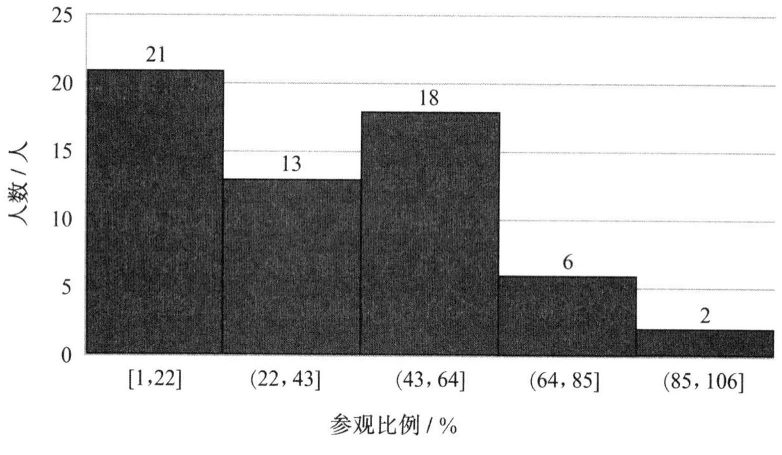

图 4-24　2号展厅观众参观比例分布图

三、观众参观信息统计

与前述观众参观信息的统计方法相同，我们重点观察观众在各展示单元前的参观投入程度。同时，以参观投入程度得分2分为界，2分以下视为观众没有注意该展示单元，2分及以上视为观众注意过该展示单元。

基于上述判断标准，我们可以统计出 60 名观众在 136 个展示单元前参观投入程度的两种分布情况，并根据这一分布情况，对展示单元的曝光程度进行说明。统计结果如表 4-5 所示，部分情况如图 4-25 所示，各区展示单元的详细分布情况如图 4-26 至图 4-32 所示。

表 4-5　2 号展厅展示单元曝光程度统计

编号	A 类	B 类	编号	A 类	B 类	编号	A 类	B 类
A1	41	19	D4	45	15	AB4	59	1
A2	24	36	D5	44	16	AB5	54	6
A3	37	23	D6	50	10	AB6	57	3
A4	34	26	D7	42	18	AB7	60	0
A5	35	25	D8	44	16	AB8	60	0
A6	25	35	D9	45	15	AB9	59	1
B1	44	16	D10	50	10	AB10	59	1
B2	45	15	D11	53	7	AC1	55	5
B3	40	20	D12	53	7	AC3	50	10
B4	51	9	D13	54	6	AC4	60	0
B5	46	14	D14	57	3	AC5	59	1
B6	45	15	D15	53	7	AC6	52	8
B7	53	7	D16	48	12	AC7	59	1
B8	37	23	D17	50	10	AC8	57	3
B9	41	19	D18	39	21	AC9	56	4
B10	47	13	D19	44	16	AC10	54	6
B11	57	3	D20	50	10	AD1	35	25
B12	51	9	E1	46	14	AD2	59	1
B13	49	11	E2	41	19	AD3	44	16
B14	49	11	E3	39	21	AD4	42	18
B15	41	19	E4	38	22	AD12	56	4
B16	52	8	E5	42	18	AD5	55	5
C1	52	8	E6	48	12	AD6	57	3
C2	53	7	E7	47	13	AD7	51	9
C3	52	8	E8	39	21	AD8	53	7

续表

编号	A类	B类	编号	A类	B类	编号	A类	B类
C4	50	10	E10	53	7	AD9	60	0
C5	43	17	E11	54	6	AD10	50	10
C6	52	8	E12	50	10	AD11	49	11
C7	40	20	E13	51	9	AE1	51	9
C8	47	13	E14	53	7	AE2	56	4
C9	39	21	E15	52	8	AE3	55	5
C10	43	17	E16	52	8	AE4	57	3
C11	53	7	E17	52	8	AE5	58	2
C12	56	4	E18	50	10	AE6	57	3
C13	55	5	E19	34	26	AE7	57	3
C14	53	7	AA1	47	13	AE8	58	2
C15	49	11	AA2	45	15	AE9	58	2
C16	54	6	AA3	54	6	AE10	58	2
C17	45	15	AA4	35	25	AE11	58	2
C18	42	18	AA5	58	2	AE12	60	0
C19	40	20	AA6	57	3	AE13	57	3
C20	40	20	AA7	52	8	AE14	60	0
D1	48	12	AB1	49	11	AE15	50	10
D2	50	10	AB2	50	10	AE16	47	13
D3	47	13	AB3	58	2	—	—	—

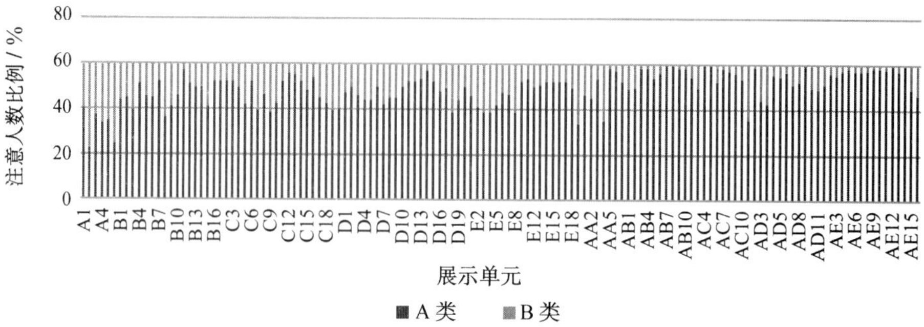

图 4-25　2号展厅展示单元曝光程度统计

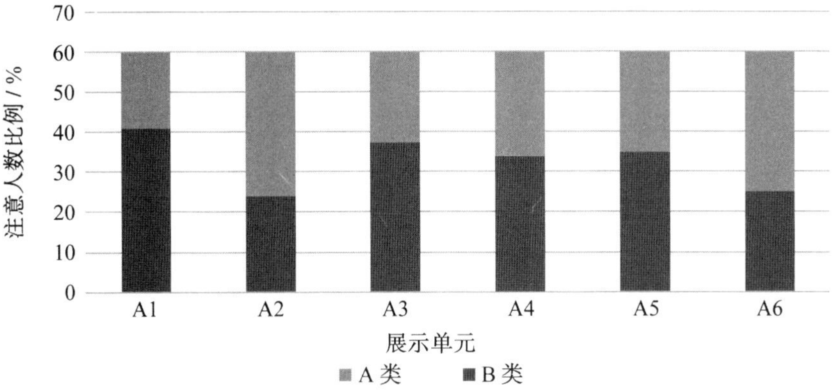

图 4-26　2 号展厅 A 区展示单元曝光程度统计

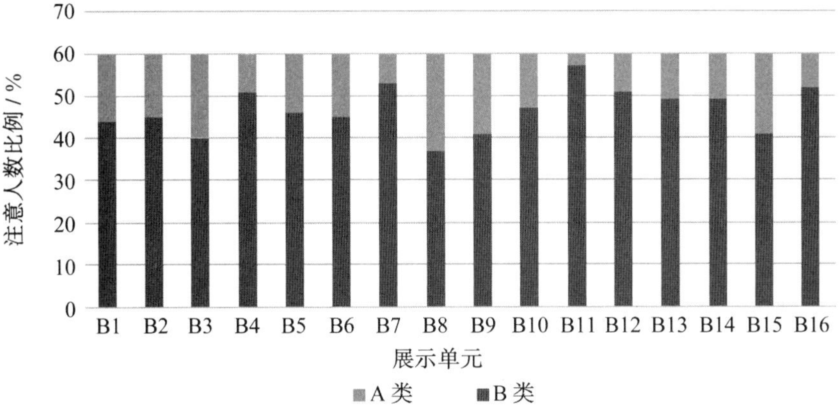

图 4-27　2 号展厅 B 区展示单元曝光程度统计

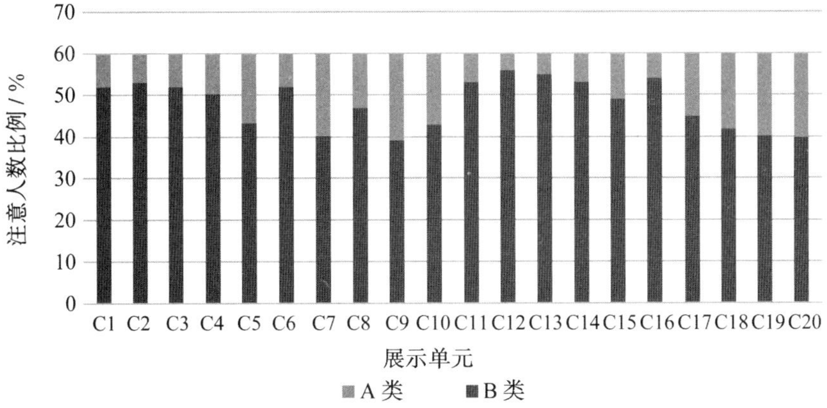

图 4-28　2 号展厅 C 区展示单元曝光程度统计

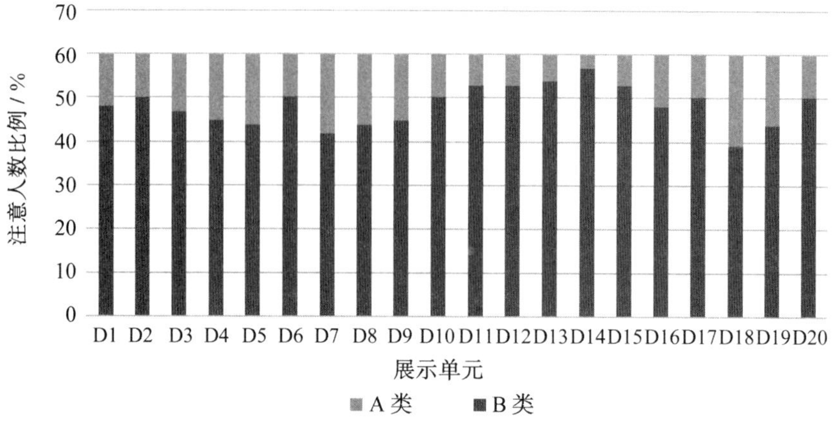

图 4-29　2号展厅D区展示单元曝光程度统计

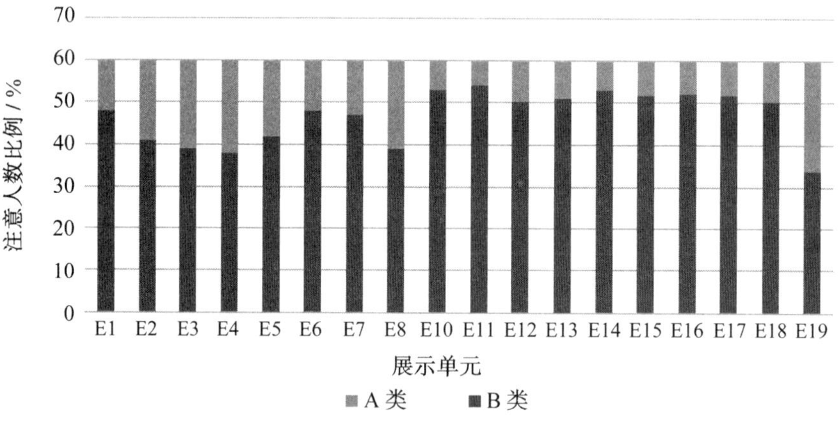

图 4-30　2号展厅E区展示单元曝光程度统计

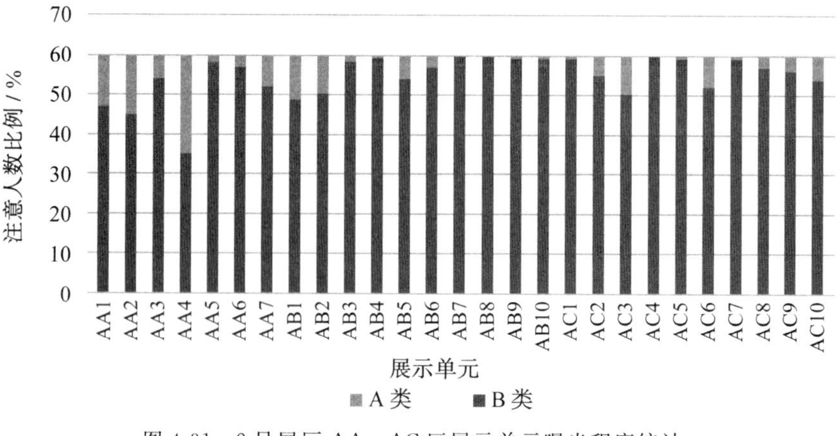

图 4-31　2号展厅AA～AC区展示单元曝光程度统计

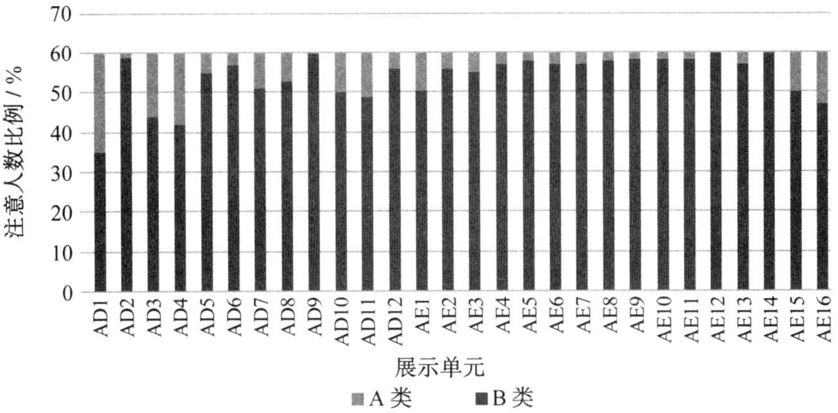

图 4-32　2 号展厅 AD、AE 区展示单元曝光程度统计

四、观众知识变化统计

在前置访谈环节，我们设置了以“汉代画像艺术”为核心的开放式问题，以获取观众对展览主题信息的认知水平；在后置访谈环节，我们以鼓励观众回忆的方式，来获取观众对展览信息的理解程度。通过对比前置和后置两次访谈的内容，我们可以发现观众在参观前后的知识变化，这一变化被视为展览信息传播的结果。

我们将全部数据导入 Nvivo 11，并对 60 名观众在访谈过程中出现的关键词进行编码，形成节点。通过 Nvivo 11 运行“词频”功能，分别对“前置访谈”节点和“后置访谈”节点所覆盖的内容进行词频统计。在数量设定中，我们选择出现频率在前 100 名的词语。词语最小长度设定为“2”。在词语的分组类别中，我们选择匹配程度最高的“一般化”。运行“查询”功能后，人工对无意义的虚词进行删减。前、后置访谈关键词词频统计结果分别如表 4-6 和表 4-7 所示。

表 4-6　2 号展厅前置访谈关键词词频统计

名称	数量/个	百分比/%	名称	数量/个	百分比/%
壁画	8	7.08	绘画	1	0.88
画像	7	6.19	济宁	1	0.88
墓葬	5	4.42	乐器	1	0.88
汉武帝	4	3.54	乐舞百戏	1	0.88

续表

名称	数量/个	百分比/%	名称	数量/个	百分比/%
艺术	4	3.54	刘秀	1	0.88
画像砖	3	2.65	美术	1	0.88
帛画	3	2.65	鸟树鱼虫	1	0.88
高中历史	3	2.65	农作	1	0.88
刘邦	3	2.65	漆画	1	0.88
儒家文化	3	2.65	人物画像	1	0.88
文化	3	2.65	山东	1	0.88
帝王	2	1.77	山水画	1	0.88
雕刻	2	1.77	山西	1	0.88
雕塑	2	1.77	射艺	1	0.88
飞仙	2	1.77	生活	1	0.88
佛教	2	1.77	石像	1	0.88
国家宝藏	2	1.77	史料	1	0.88
汉代	2	1.77	仕女	1	0.88
建筑	2	1.77	四川	1	0.88
老庄	2	1.77	陶俑	1	0.88
历史典故	2	1.77	滕州	1	0.88
历史人物	2	1.77	题字	1	0.88
中国画	2	1.77	现代画像	1	0.88
竹林七贤	2	1.77	项羽	1	0.88
碑	1	0.88	孝文化	1	0.88
采盐	1	0.88	匈奴	1	0.88
车马	1	0.88	音乐	1	0.88
创作灵感	1	0.88	印象派	1	0.88
浮雕	1	0.88	造像	1	0.88
革命传统	1	0.88	战争	1	0.88
古朴	1	0.88	质朴	1	0.88
河南	1	0.88	砖瓦	1	0.88
花纹	1	0.88	—	—	—

表 4-7　2 号展厅后置访谈关键词词频统计

名称	数量/个	百分比/%	名称	数量/个	百分比/%
日常生活	14	6.76	狗被毒死	1	0.48
孔子见老子	11	5.31	管仲射小白	1	0.48
人物	10	4.83	黑乎乎	1	0.48
彩绘	7	3.38	几条龙	1	0.48
胡汉战争	6	2.90	纪念帝王	1	0.48
墓	6	2.90	季札挂剑	1	0.48
神话传说	6	2.90	祭祀	1	0.48
祠堂	5	2.42	嘉祥	1	0.48
孝	5	2.42	金乡	1	0.48
壁画	4	1.93	举孝廉	1	0.48
浮雕	4	1.93	巨大	1	0.48
工艺	4	1.93	乐舞文化	1	0.48
线条	4	1.93	骊姬	1	0.48
东平汉墓	3	1.45	礼教	1	0.48
伏羲女娲	3	1.45	历史典故	1	0.48
汉墓	3	1.45	临摹的	1	0.48
马车	3	1.45	六艺	1	0.48
仕女	3	1.45	龙山	1	0.48
体量较大	3	1.45	马镫	1	0.48
拓片	3	1.45	蒙古马	1	0.48
震撼	3	1.45	民族英雄的气息	1	0.48
周公	3	1.45	内容饱满	1	0.48
车马	2	0.97	漂亮	1	0.48
传说	2	0.97	平常百姓	1	0.48
雕刻	2	0.97	浅浮雕	1	0.48
动物	2	0.97	人民的活动	1	0.48

续表

名称	数量/个	百分比/%	名称	数量/个	百分比/%
斗鸡	2	0.97	山东是文化大省	1	0.48
纺织	2	0.97	瘆得慌	1	0.48
建筑	2	0.97	生命	1	0.48
历史故事	2	0.97	石块	1	0.48
儒家文化	2	0.97	实力强盛	1	0.48
色彩	2	0.97	事死如事生	1	0.48
狩猎	2	0.97	塑像	1	0.48
数量大	2	0.97	陶墓	1	0.48
颜色	2	0.97	题材丰富	1	0.48
战争	2	0.97	图案	1	0.48
爱国精神	1	0.48	脱离实用	1	0.48
安丘邓家庄	1	0.48	文化背景	1	0.48
百兽群跳舞	1	0.48	纹饰	1	0.48
博大精深	1	0.48	武士祠	1	0.48
蔡伦造纸	1	0.48	武士争斗	1	0.48
藏量丰富	1	0.48	西王母	1	0.48
陈雕	1	0.48	小瓷房子	1	0.48
道德	1	0.48	信仰	1	0.48
地方	1	0.48	匈奴	1	0.48
典故	1	0.48	栩栩如生	1	0.48
雕像	1	0.48	叙事风格	1	0.48
东王公	1	0.48	阴森	1	0.48
对美的理解	1	0.48	长鼓舞	1	0.48
二桃杀三士	1	0.48	质朴	1	0.48
宫廷文化	1	0.48	坐舞	1	0.48

五、观众展览评价统计

在后置访谈中，我们收集了观众对展览的评价信息。观众对展览的评价总体上可以分为“没有问题”和“指出问题”两类，两类的界定与前述相同。通过Nvivo11，我们对观众的“指出问题”情况进行编码，分成了6个节点，分别是“内容不易理解”“内容不足”“有文保风险”“展品类别较少”“展览细节模糊”“环境或光线问题”，如图4-33所示。

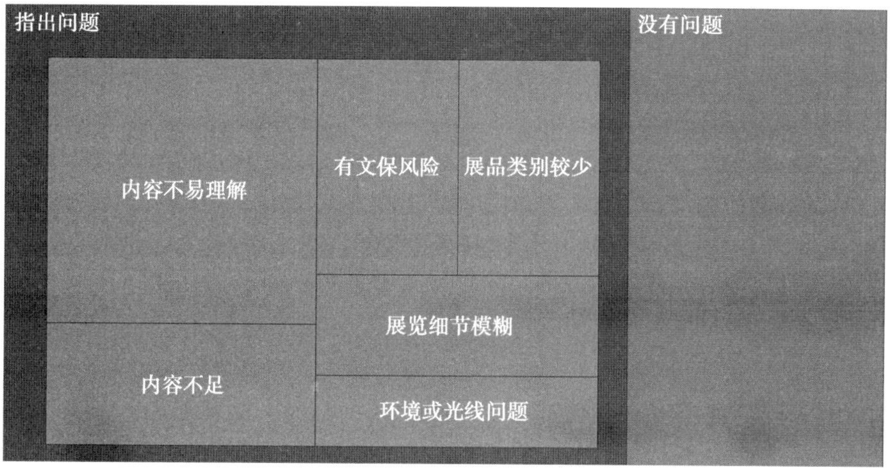

图4-33　2号展厅观众评价

图4-33中，面积越大代表具有相同观点的观众数量越多。可以看出，约有1/4的观众表示展览“没有问题”。在全部的48名“指出问题”的观众中，认为展览存在“内容不易理解”的有20人，占据了总数的1.7%；其余各项从高到低排列依次是“内容不足”（7人）、“有文保风险”（6人）、“展品类别较少”（6人）、“展览细节模糊”（5人）、“环境或光线问题”（4人）。

六、展览信息传播评估

上文中我们已经指出，观众的知识变化就是展览信息传播的结果，观众的参观信息就是展览信息传播效率的重要影响因素。因此，对这两个部分进行分析和评估，是本次展览评估项目中的核心环节。

（一）观众参观信息的分析与评估

1.展示单元的分类

在本节第三部分，我们得到了观众在136个展示单元前的参观投入程度分布情况以及每个展示单元前，“注意该展示单元”和“没有注意该展示单元”的观众分布情况。

从上文得知，136个展示单元中，60名观众里，平均有49.5个人“没有注意该展示单元”，占比为83.6%。因此，我们以80%为界限，作出如下判定：

(1)“没有注意该展示单元”的观众比例在75%以上85%以下的展示单元，视为能够“正常吸引观众注意”的展示单元。

(2)“没有注意该展示单元”的观众比例在75%以下的，视为“能够较好地吸引观众注意”的展示单元。

(3)“没有注意该展示单元”的观众比例在85%以上的，视为“不能吸引观众注意”的展示单元。

基于上述判断，我们对136个展示单元的性质进行归类，结果如表4-8所示。

表4-8 2号展厅展示单元吸引力水平分布

分区	能够正常吸引观众注意	能够较好地吸引观众注意	不能吸引观众注意
A区	AA1	A1～A6、AA2、AA4	AA3、AA5～AA7
B区	B5、B10、B13、B14、B16、AB1、AB2	B1～B3、B6、B8、B9、B15	B4、B7、B11、B12、AB3～AB10
C区	C1、C4、C8、C15、AC3	C5、C7、C9、C10、C17～C20	C2、C3、C6、C11～C14、C16、AC1、AC4～AC10
D区	D1～D3、D6、D10、D16、D17、D20、AD10、AD11	D4、D5、D7～D9、D18、D19、AD1、AD3、AD4	D11～D15、AD2、AD12、AD5～AD9
E区	E1、E6、E7、E12、E18、AE15、AE16	E2～E5、E8、E19	E10、E11、E13～E17、AE1～AE14

2.参观热区的分布

根据上文对展示单元的分类，我们可以在展厅平面图中将这一结果落实，形成参观热区图，如图4-34所示。

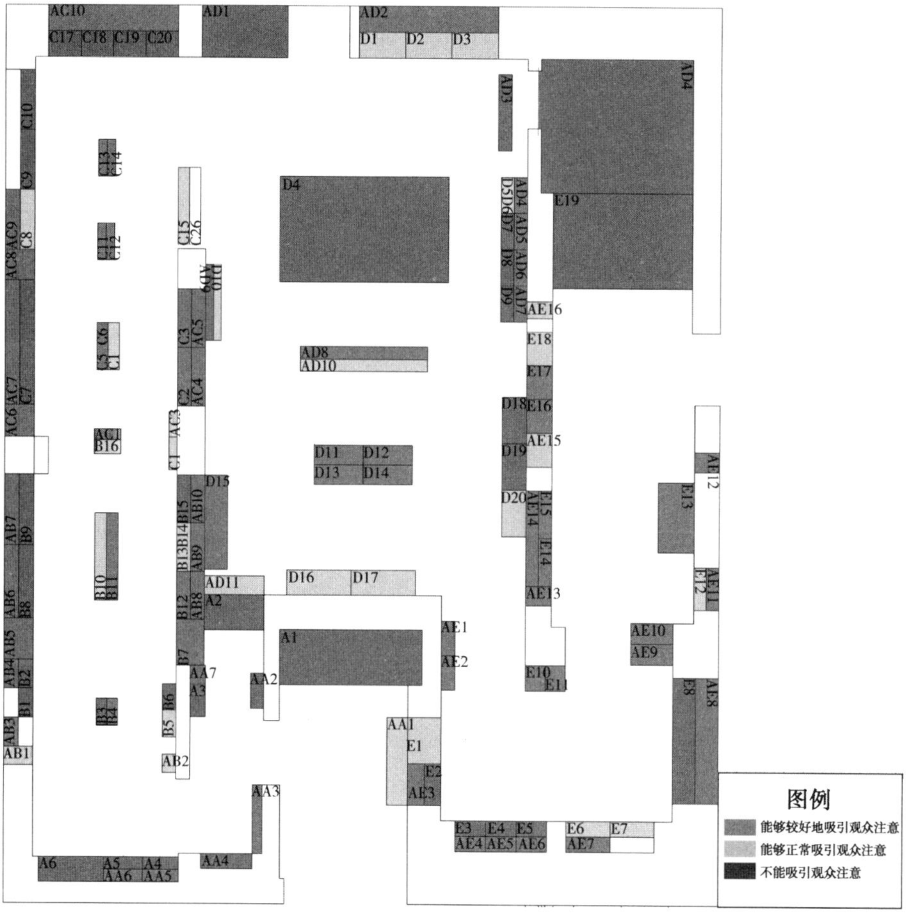

图 4-34　2 号展厅受访者参观热区图

3.展示单元的评估

展示单元的评估方法与前文所述方法相同，具体可参考第三章第二节的内容。

基于前述评估标准，我们对 2 号展厅中存在的不足之处进行评估，结果如下：

第一，2 号展厅总体吸引观众注意的水平较低。在该展厅中，60 名观众在每个展示单元前发生过注意行为(即参观投入程度大于 1)的比重仅为 18%。

第二，从相对的参观投入程度分布情况来看，该展厅中的 5 个单元总体上均受到观众的关注。从整体上看，A 区普遍受到观众的注意。B 区、C 区的西侧、北侧通柜处，D区东侧的通柜、影音室和大尺寸壁画构件复原陈列，E区的南侧和临出口处的祠堂复原陈列，也普遍受到观众较多的关注。将上述区域连接后，基本可以形成一条沿边缘侧通柜前进的行进路线，各个区域均有比较明显的强弱侧之分。这表明，一方面，观众普遍可以按照既定的区域间的顺序进行参观；另一方面，当两侧均有展示时，弱侧区域（行进方向的右侧）普遍不被观众注意，因此这一区域的展品没能较好地实现信息传播的功能。但是，值得注意的是，该展厅的展品在信息传播上大多具有“替代性”，即一些画像石在内容和题材上存在重复。因此，虽然观众在参观时容易忽略弱侧方向的展品，但是大多数弱侧方向所能够传播的信息，在强侧方向也有所体现。从客观上讲，文物之间彼此不可能完全重复，但是从展览整体的信息传播目标上来看，该情景并没有对信息传播造成致命的影响。这一点在下文的知识传播效果评估中可以得到印证。

第三，独立展柜和先行组织者的受关注程度极低。虽然展品之间的“相似性”能够在一定程度上弥补观众对独立展柜的“忽视”，但不可否认的是，这种忽视还是会给展览信息的传播带来较大的影响，特别是D区中央陈列的东平汉墓彩绘——作为“十大镇馆之宝”之一的重要展品，需要引起更多的重视。辅助信息点几乎“全军覆没”，除了AA4（山东地区汉画像石分布图）、AD1（建筑上的画像石）、AD3/4（多媒体室）受到观众的较多关注，绝大多数都属于“不能吸引观众注意”的类别。画像石的内涵普遍需要展览作出进一步的解读和阐释，但是那些带有阐释性信息的载体几乎不能吸引观众的注意，这无疑会对展览的信息传播效果造成重大影响。

（二）观众知识变化的分析与评估

1.展览信息传播的结果

结合观众参观前后知识的变化以及参观后对展览主题的理解程度，判断展览的信息传播是否达到了预设的传播目的。在本节第四部分，我们对观众在参观前后描述展厅主题的访谈信息进行了词频统计，为了进一步有效、直观地反映出前后的变化，我们通过Nvivo 11来对这一结果进行了可视化处理。首先是词云统计结果，如图4-35和图4-36所示。

图 4-35　2 号展厅观众参观前认知词云

图 4-36　2 号展厅观众参观后认知词云

在词云中，字号越大，代表词语出现的频率越高，而且根据频率我们可以直观地看出，在前置访谈中，观众对于“汉代画像艺术”这一主题的印象，主要集中在“壁画”上，并在此基础上衍生出了“画像”“墓葬”“艺术”“帛画”等各类形式和载体以及“汉武帝”“刘邦”等与汉代时代背景相关的内容。

在后置访谈中，观众对于展览主题的回忆，主要集中在画像石的题材上。例如，“日常生活”“孔子见老子”“人物”“胡汉战争”占据了很大的比例。此外，还包括“彩绘”“祠堂”“工艺”“浮雕”等对画像石工艺技法的理解。

通过对原始词语的直观对比，我们可以初步发现，展览信息传播的确发生了，原因在于观众对于汉代画像石有了更加具体的认识。从“画像”“墓葬”“艺术”“帛画”等宽泛的艺术形式，迁移到“日常生活”“孔子见老子”“人物”“胡汉战争”等具体的画像石题材和技法上。这一变化显然是展览带来的，也与展览的主题相契合。

词云的优点在于给人的第一印象非常突出，但是通过字号来表示各个词语之间的数量关系则有些欠缺，因此，为了进一步说明原始词语之间在数量上的差异，我们采用网状结构图进行说明，具体如图4-37和图4-38所示。

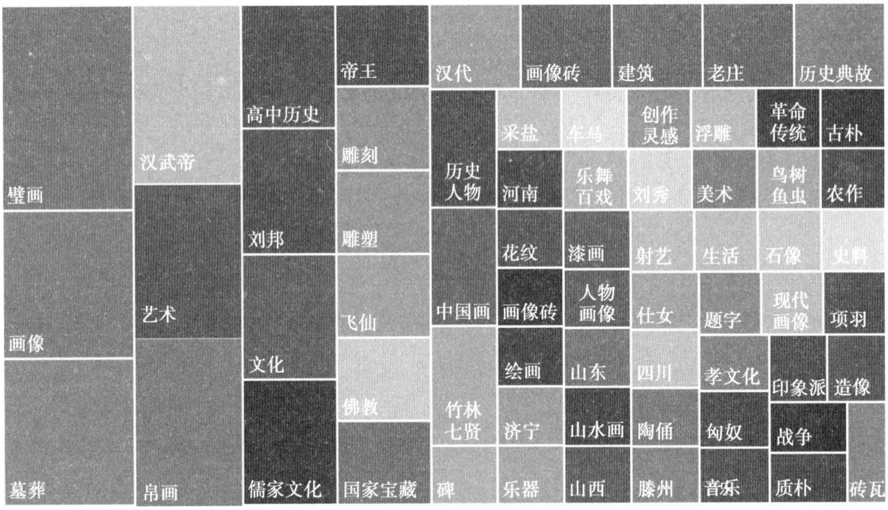

图4-37　2号展厅前置访谈网状结构图

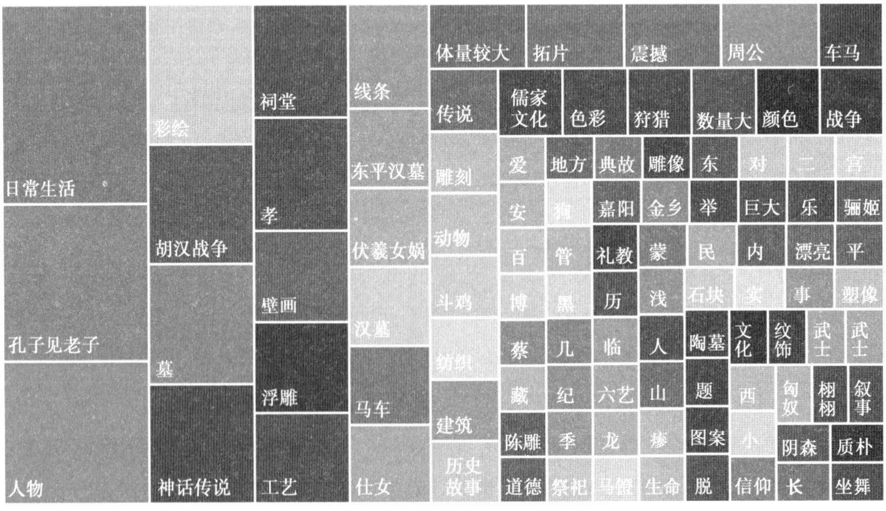

图4-38　2号展厅后置访谈网状结构图

网状结构图通过矩形的面积来代表词语的频率，通过面积的累加，可以初步判断词语在整体中所占的比例。我们可以发现，在前置访谈中，“壁画”“画像”“墓葬”“汉武帝”“艺术”“帛画”“高中历史”“刘邦”“儒家文化”“文化”“帝王”“雕刻”“雕塑”“飞仙”“佛教”“国家宝藏”占据了总数的近1/2。在后置访谈中，“日常生活”“孔子见老子”“人物”“彩绘”“胡汉战争”“墓”“神话传说”“祠堂”“孝”“壁画”“浮雕”“工艺”占据了1/3，其中仅“日常生活”“孔子见老子”“人物”就占据了1/5。左侧单个方块的面积和比重有了显著的增加与提升，而且各个单元的内容均有涉及，这是展览信息传播发生作用的体现。

2.展览信息传播的评估

与对展示单元的环境设计进行评估一样，对展览信息传播的评估也需要一个“标准”，这个标准就是策展人对展览目标的预设。根据馆方提供的信息，2号展厅一方面希望观众了解山东地区汉画像石的丰富藏量与精湛技艺；另一方面希望观众可以理解汉画像石所涉及的各类题材，包括神话传说、胡汉战争、生活场景、孝悌文化等内容，并从中感受汉代山东地区的社会文化。

基于这两个方面，我们可以对观众的知识变化结果进行对比，以实现对展览信息传播结果的评估。由上文可知，通过词云和网状结构图，我们可以直观地对观众表达的原始词语进行梳理，通过词频变化来直观反映展览信息传播的实现。但是对原始词语的观察很难实现对词语背后意义的解读。原因有二：一是原始词语过多，二是词语和词语之间存在意义上的重叠。为了便于辨识，首先我们需要根据原始词语所属的类别，对原始词语进行编码，以组成具有相似意义的新节点。通过对节点进行分析，我们可以进一步理解观众的知识变化。通过Nvivo11，我们形成的结果如图4-39所示。其中，左边代表前置访谈，右边代表后置访谈，面积越大，代表数量越多。

图4-39显示至三级节点。从图中可以直观地看出，60名观众的原始词语被分成了若干区域。这些区域的划分取决于词语之间的性质和含义以及分布的总体数量。分类标准围绕着展览主题展开。例如，在上述划分过程中，我们发现后置访谈中的内容绝大多数涉及与“题材”相关的信息，如果我们将“题材”视为一个单独的节点，虽然能够更加直观地反映出观众在参观后对展览主题的理解，但是不利于我们在同一层级上考察观众对不同题材的认识。

前置访谈的面积小于后置访谈，这反映出通过看展观众对于该主题的理解和认识有了显著的变化。结合具体案例可以发现，有相当一部分观众对“汉代画像艺术”这一主题表示不理解或困惑，甚至有一部分观众在前置访谈中没有表达任何内容。原因在于，该主题相对来说属于“冷知识”，很多观众对于画像石本身没有一个具体的认识。这也导致在前置访谈中，观众回答的侧重点更多的是在“艺术”而不是“画像石”上。由于调查期间正值山东美术馆在举办第十三届全国美术展，因此山东博物馆间接地吸引了一大批艺术类从业者和爱好者。这在我们的调查样本中也有明显的体现。如果将这一部分观众排除在外，那么观众对画像石的理解水平在总体上大概率还要下降。

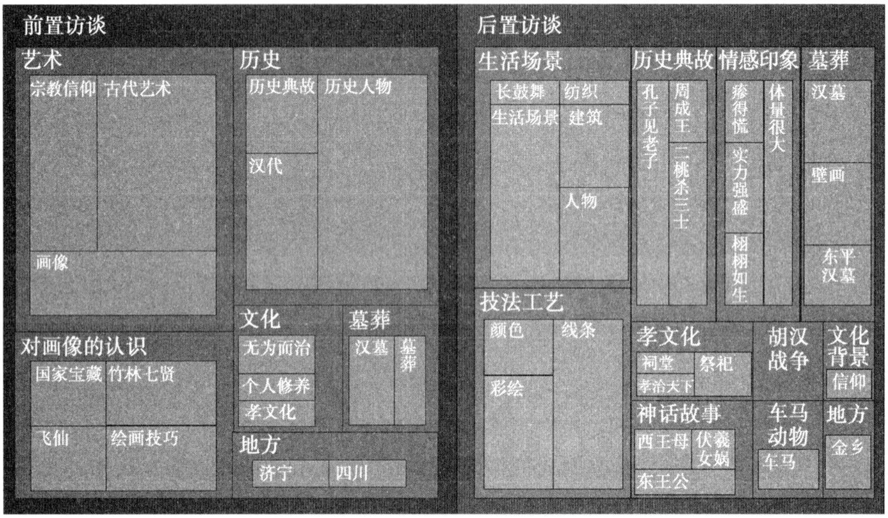

图4-39 2号展厅前置、后置访谈结果对比图(三级节点)

然而，在后置访谈中，绝大多数观众都对画像石所呈现的内容进行了不同程度的描述。由图4-39可以清晰地看出，后置访谈中出现了大量与题材内容有关的词语。虽然观众对于画像石艺术的了解没有出现非常显著的变化，但是对画像石所呈现的内容产生了诸多理解。这显然符合展览的第二个目标，也是展览的主要目的。

图4-40显示了二级节点，这有助于我们进一步清晰地理解观众的知识变化。在前置访谈中，词语被归纳为“艺术”“对画像的认识”“历史”“墓葬”“地方”“文化”6个类别；在后置访谈中，词语被归纳为“生活场景”“技法工艺”“历史典故”“情感印象”“墓葬”“神话故事”“孝文化”“车马动物”“地方”“胡汉战争”“文化背景”11个类别。

从前置访谈中可以发现，观众对汉代画像艺术的理解，首先集中在多种艺术形式上，其中不仅包括古代艺术，也包括现当代艺术；不仅包括中国艺术，还包括外国艺术。之所以将这些词语集中在一起，是因为它们都在不同程度上反映了观众对画像石的不熟悉，进而将阐述的重点放在了其他艺术形式上。

因此，我们相应地提出了“对画像的认识”这一类别，用以集中那些对画像石有着针对性表述的认识。此外，其他类别同样也不以对画像石的认识为重点，但是也更具特色，比如“历史”，则集中体现了那些以“汉代”或其他历史时期为主的词语。比如，一看到“汉代画像艺术”，就会想到“汉武帝”。

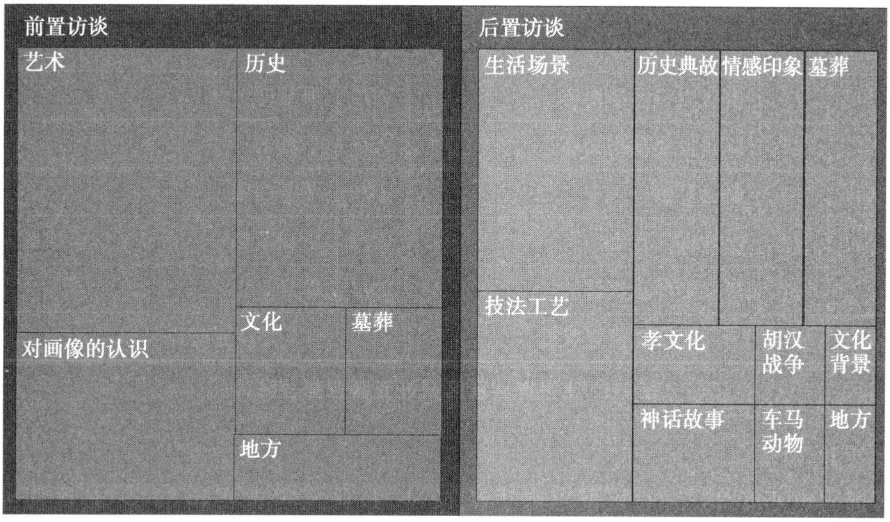

图 4-40　2 号展厅前置、后置访谈结果对比图(二级节点)

从后置访谈中可以发现，观众对展览主题的理解，基本上与展览的各个单元主题相契合。数量最多的“生活场景”主要反映了第三单元“现实生活”的内容，“技法工艺”的内容大多与第一单元“辉煌汉画”相契合，“历史典故”和“孝文化”集中体现了第四单元“忠孝文化”的内容，“神话故事”体现的是第二单元“神仙世界”的内容。从中可以直观地看出，通过看展观众对展览的内容产生了共鸣。

综上所述，评估团队发现，观众对于 2 号展厅中画像石的内容、题材和技法有较多的理解和认识，而且产生了显著的变化，展厅的预期目标基本得以实现。

虽然从展览的目标信息角度来看，观众对展览的内容有了更多的理解，但是同时也不难发现，这些理解大多“浮于表面”。显然，无论是“伏羲女娲”“胡汉战争”还是“孔子见老子”，大多并没有脱离普通观众的知识背景，因此画像石的呈现可以很快帮助他们唤醒对这些内容的认知。但是，在调查中我们发现许多观众指出“展览的内容不易理解”，这反映了虽然观众能够结合文字说明尝试观看画像石的题材，但是并不知道背后的缘由。换句话说，一部分观众并不满足于仅知道“这是伏羲和女娲”“这是孔子和老子”，而是希望更多地了解图像背后的故事或者画像石背后的原因。但是这些内容，要么因记录在“先行组织者”上而被观众忽略，要么则没有体现。所以，尽管从内容上看，观众普遍能够注意到展览方面希望传达的信息类别，但是从理解的深度上看，这一点并没有明显的效果。

(三)总结

与前述展厅观众评估报告的内容构成相似，2号展厅的评估报告也包括两个部分，具体内容可参考第三章第二节。

在“观众参观信息”的评估中，我们全面地对展示单元和“观众的注意力水平”进行了系统分析与评估。结果发现，观众的参观投入程度普遍偏低。相比之下，通柜类展示依然比独立柜展示更有优势，基本构成了观众参观运动和注意力分配的主线。特别是D区，加上彩绘文物对照明的严格要求，这一部分展示区域几乎被观众完全忽略。此外，文字类展示也大多没有引起观众的注意。不过，值得注意的是，由于展品在呈现的“信息”上存在相当的重复性，所以最后观众仍然捕捉到了每一个展示区域的核心内容。

在“观众知识变化”的评估中，我们以分析词频和节点的方式，全面对比观众在参观前后对展厅内容在理解上发生的变化。通过对比我们发现，观众在参观之前对于汉代画像艺术鲜有具体认知，但是在参观之后，对于所涉题材和内容的理解有了显著的提升，基本实现了展览的预期目标。但是，这些提升背后所带来的是对内容深度的进一步求索，这也从侧面反映了展览本身在阐释上的不足。

综上所述，我们认为2号展厅在展览的环境设计上存在独立展柜、照度低的展柜被忽视的状况，但是在容易被忽视的区域中，有相当一部分内容是可以被“容易注意到”的区域中的内容“替代的”；在展览内容的设计上，对画像石内容和题材的呈现基本得到了实现，但是在阐释的深度上存在不足。

第五章　博物馆展览的总结性评估

——临时展览

本章将继续阐述山东博物馆在总结性评估上的实践。从理念与方法上看,临时展览与常设展览的总结性评估并不存在显著的区别,但是二者在应用层面存在一定的差异。相比于常设展览的系统性工作而言,针对临时展览进行的总结性评估,在很大程度上扮演着反映展览效果与影响的角色。通过总结性评估的结果,博物馆的策划者与管理者能够深度理解临时展览给观众带来的全面影响,进而为未来相似临时展览的开发与引进提供必要的支持。在这一背景下,本书选取了"不朽之旅——古埃及人的生命观"和"香光馨远——董其昌书风展"两个临时展览作为案例,同样通过"参观前—参观中—参观后"的评估逻辑,呈现两个临时展览给观众带来的全面影响。

第一节　"不朽之旅——古埃及人的生命观"观众评估

一、展厅基本情况说明

4 号展厅的主题是"不朽之旅——古埃及人的生命观",以古埃及人永生的生死观念为主。该展厅精心遴选来自意大利佛罗伦萨国立考古博物馆的 100 件(套)古埃及珍贵文物,通过"魂兮归来——永生的信仰""肉身不朽——木乃伊的制作""往生之所——棺柩的功能""事死如生——丧葬明器""来世享乐——生活用品"5 个单元的展示,诠释了古埃及人对生命的敬畏、对神灵的尊崇、对死亡的无惧和对永生的渴望。

木乃伊是这个展厅中比重最大的展品，同时该展厅辅助展出护身符、棺柩、面具和丧葬明器等展品。展厅中有场景复原1处、视频播放器2处，其中视频播放器一处在第二单元，主要播放运用电脑成像技术重现木乃伊头颅的原始面貌；另一处在展厅出口处，主要播放木乃伊的制作过程。

4号展厅此次为临时展览，展览时间为2019年3月31日—6月21日，为山东博物馆引进的外展。该展览的主要目的有二：一是让观众了解古埃及人的社会生活及其生命观念，二是让观众了解古埃及文明和古埃及人的文化遗产。

根据项目调查的需要，我们人为地将4号展厅进行了分区，并分为两个层次。

第一个层次：我们将4号展厅分为了A～E五个大的区域。其中，A区为“魂兮归来——永生的信仰”，B区为“肉身不朽——木乃伊的制作”，C区为“往生之所——棺柩的功能”，D区为“事死如生——丧葬明器”，E区为“来世享乐——生活用品”。分区的依据是展厅的空间分布和观众运动线路的特点，与展览内容并非一一对应关系。

第二个层次的划分与前文其他展厅的划分方法类似，此处不再赘述。

在本次研究中，我们将4号展厅划分为111个展示单元，具体如表5-1和图5-1所示。其中，展品类展示单元用“区号＋编号”的形式表示，如A1、B1；非展品类展示单元用“A＋区号＋编号”的形式表示，如AA1、AB1。展品类展示单元共63个，非展品类展示单元共48个。其中，A区展示单元共18个，B区展示单元共32个，C区展示单元共15个，D区展示单元共26个，E区展示单元共20个。

表5-1　4号展厅展区划分及展品编号统计

展区	编号及展品名称		编号及展品名称	
A区	A1	丧葬纸莎草纸残片	AA1	前言
	A2	陪葬纸莎草纸	AA2	不朽之旅——埃及人的生命观
	A3	假门石碑	AA3	魂兮归来
	A4	奥西里斯青铜塑像	AA4	亡灵书
	A5	伊西斯与荷鲁斯像	AA5	逝者的灵魂

续表

展区	编号及展品名称		编号及展品名称	
A区	A6	“巴”的雕像	AA6	假门
	A7	伊门泰式女神浅浮雕	AA7	奥西里斯
	—		AA8	伊门泰式女神雕像
			AA9	古埃及金字塔
			AA10	拉
			AA11	阿努比斯
B区	B1	女性木乃伊	AB1	肉身不腐
	B2	婴儿木乃伊	AB2	女性木乃伊
	B3	伪木乃伊	AB3	婴儿木乃伊
	B4	木乃伊手部	AB4	伪木乃伊
	B5	木乃伊的头	AB5	木乃伊的头颅显示屏
	B6	化妆墨瓶、锥子(2个)、刀、钳子	AB6	木乃伊的头颅
	B7	随葬纺织品碎片	AB7	制作木乃伊的基本步骤
	B8	随葬纺织品碎片	AB8	防腐工具
	B9	木乃伊绷带(2个)	AB9	寿衣
	B10	三圣护身符、节德柱护身符、瓦吉护身符、心形护身符、伊西斯符节护身符、生命之符	AB10	护身符
	B11	心脏圣甲虫、有翼的圣甲虫、胸饰、乌加特之眼形状的护身符(4枚)	AB11	心脏圣甲虫
	B12	随葬魔仆	AB12	殡葬网
	B13	殡葬网	AB13	木乃伊制作
	B14	装木乃伊制作材料的盒子	AB14	卡诺卜罐

续表

展区	编号及展品名称		编号及展品名称	
B区	B15	卡诺卜罐	—	
	B16	卡诺卜棺		
	B17	卡诺卜罐器盖		
	B18	逝者塔卡拉特卡诺卜罐		
C区	C1	木棺	AC1	往生之所
	C2	阿吉特兑木棺	AC2	古埃及象形文字
	C3	阿吉特兑木棺	AC3	面具眼睛
	C4	木棺	AC4	木乃伊盒足部
	C5	棺盖	—	
	C6	匿名的木棺		
	C7	面具眼睛		
	C8	木乃伊盒足部		
	C9	随葬面具		
	C10	随葬面具		
	C11	木乃伊面具		
D区	D1	耐克塔蒙图巫沙布提俑供奉盒、霍利的巫沙布提俑(2个)、哈托雷姆赫卜的巫沙布提俑(8个)	AD1	事死如生
	D2	雷伊的巫沙布提俑(1个)、巫沙布提俑(3个)、奈芙伦佩特巫沙布提俑(4个)	AD2	巫沙布提俑
	D3	奈斯孔苏巫沙布提俑(5个)、伊瑞儒的巫沙布提俑(6个)、胡娅的巫沙布提俑(7个)	AD3	随葬雕塑
	D4	法老塞提二世半身像	AD4	“死者的妾”雕像

续表

展区	编号及展品名称		编号及展品名称	
D区	D5	神像上半身	AD5	布塔·赛克·奥西里斯神像
	D6	神像的头	AD6	随葬石碑
	D7	“死者的妾”雕像	AD7	古埃及主要神话人物
	D8	布塔·赛克·奥西里斯神像	AD8	供桌
	D9	迪杰菲尔哈皮的随葬石碑	AD9	丧葬锥
	D10	祭司潘布石碑	—	
	D11	祭司赫纳特神像		
	D12	小金字塔		
	D13	灵魂之所		
	D14	供桌		
	D15	烤饼模型(2个)		
	D16	供桌		
	D17	锥形明器(3枚)		
E区	E1	篮子	AE1	享乐来生
	E2	托盘、椭圆形盘、带盖竹篮	AE2	古埃及人的家具
	E3	头枕、凳子	AE3	随葬容器
	E4	杯(1对)、双耳瓶(2个)、浮雕装饰的瓶(3个)、瓶(4个)、碗(5个)	AE4	古埃及人的着装
	E5	束腰外衣、拖鞋	AE5	古埃及人的服饰
	E6	项链	AE6	古埃及人的化妆用具
	E7	圣甲虫型指环、戒指、金戒指、耳环	AE7	古埃及文明符号
	E8	化妆墨瓶、梳子	AE8	古埃及人服饰彩绘墙
	E9	装化妆品的碗、软膏罐	AE9	出口显示屏
	E10	镜柄、木柄青铜镜	AE10	结语
合计	展品类展示单元:63个		非展品类展示单元:48个	

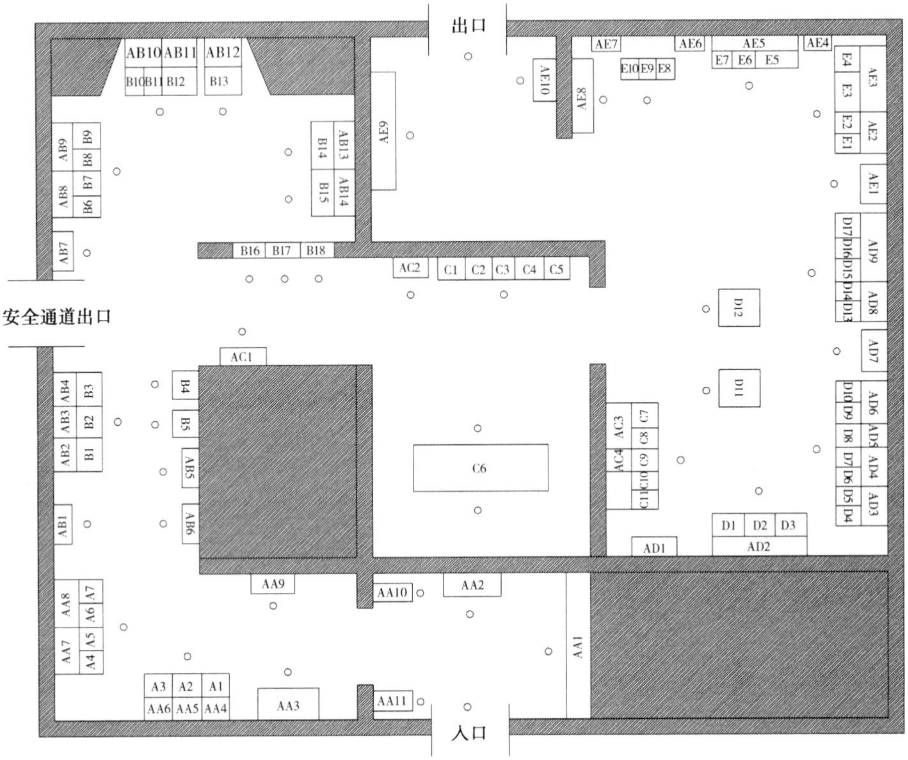

图5-1　4号展厅展示单元分布图

二、观众基本信息统计

4号展厅中共有71名观众接受了前置访谈和后置访谈，具有“前置—后置—观察”数据。统计以这71名观众的信息为主。

在71名观众中，男性观众36人，女性观众35人；个体观众16人，团体观众55人。在团体观众中，朋友25人，家庭25人，亲密5人。最小年龄16岁，最大年龄68岁，平均年龄30.9岁，频率分布直方图如图5-2所示。

71名受访观众均透漏了自己的工作或专业信息，通过对职业进行编码，可归纳为“经管相关”“文科相关”“理科相关”“医学相关”“工科相关”“艺术相关”“教师相关”“企事业单位”“非企事业单位”“无业”10个节点，分布情况如图5-3所示。

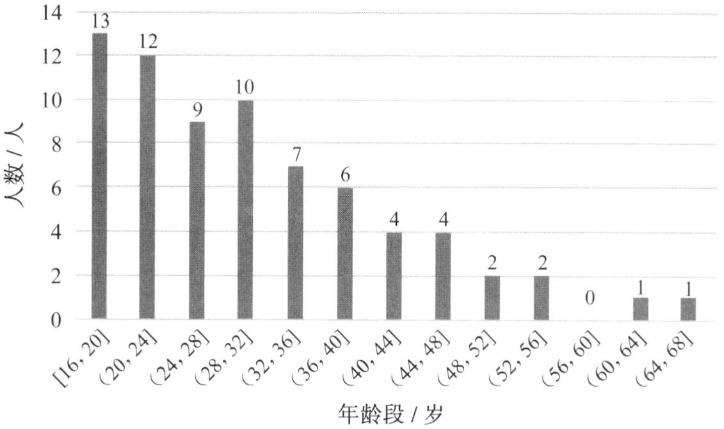

图 5-2 4 号展厅受访者年龄频率分布直方图

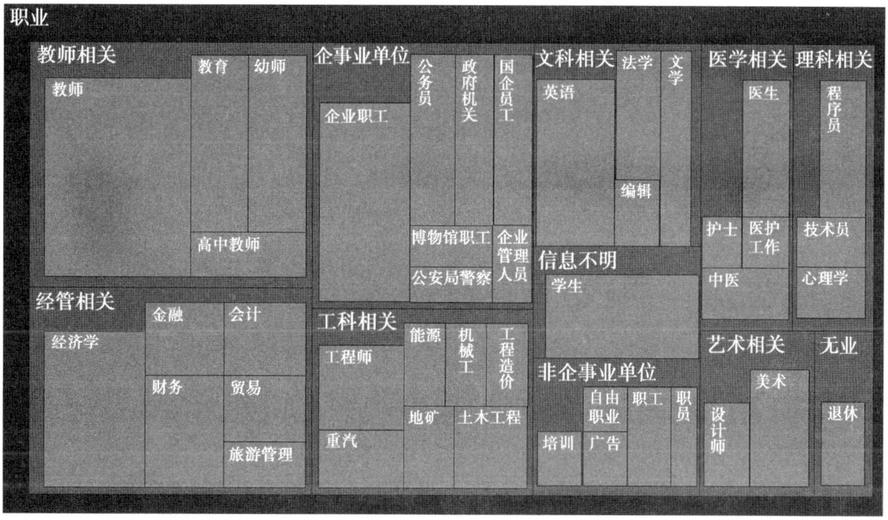

图 5-3 4 号展厅受访者职业分布图

在 71 名受访观众中，本地居民有 55 人，外地游客有 16 人；在 3 年内有山东博物馆参观经验的有 46 人，第一次来山东博物馆参观的有 25 人；在 3 月 31 日—6 月 21 日展览期内，有 4 号展厅参观经验的有 8 人，第一次参观 4 号展厅的有 63 人。

此外，我们还统计了观众对古埃及文明的感兴趣程度。其中，1～2 分表示“基本上没兴趣”，3～4 分表示“有一定的兴趣”，5～6 分表示“有很大的兴趣”。

具体分布情况如图 5-4 所示。

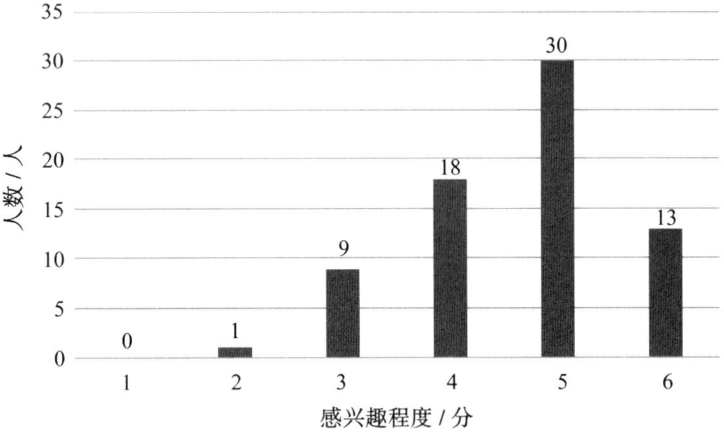

图 5-4　4 号展厅受访者对古埃及文明的感兴趣程度统计

71 名受访者中，前置访谈的平均时长为 85 秒，后置访谈的平均时长为 93 秒。71 名受访者在 4 号展厅中的平均参观时长为 24 分钟，具体分布如图 5-5 所示。

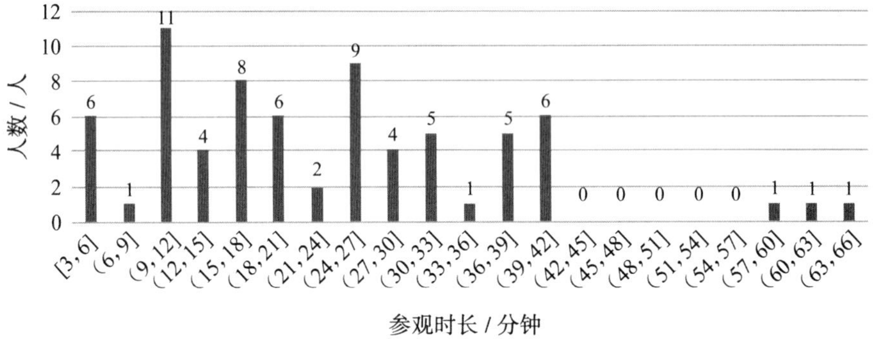

图 5-5　4 号展厅受访者参观时长频率分布直方图

观察员会根据要求，在受访者参观完展厅后，对他所参观的要素或单元数量在整体中的百分比进行评判。在 4 号展厅中，71 名参观者的参观比重均值为 61.8%，具体分布情况如图 5-6 所示。

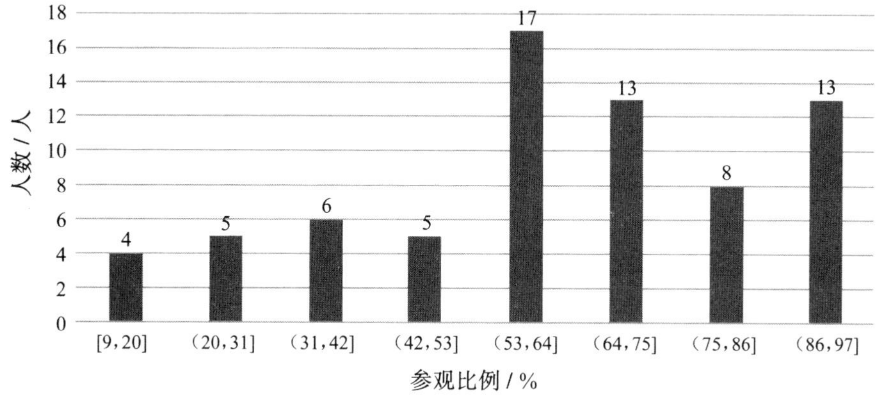

图 5-6　4 号展厅受访者参观比例统计

三、观众参观信息统计

观众参观信息的界定与统计方法，具体可参考第三章第二节相关内容。

基于前述判断标准，我们可以统计出 111 个展示单元前 71 名观众参观投入程度的两种分布情况，并根据这一分布情况，对展示单元的吸引力进行说明。统计结果如表 5-2 所示。

表 5-2　4 号展厅各展示单元吸引受访者人数统计

编号	A 类	B 类	编号	A 类	B 类	编号	A 类	B 类
A1	19	52	AB2	37	34	D10	21	50
A2	24	47	AB3	36	35	D11	41	30
A3	23	48	AB4	42	29	D12	43	28
A4	24	47	AB5	35	36	D13	24	47
A5	25	46	AB6	31	40	D14	23	48
A6	15	56	AB7	29	42	D15	22	49
A7	19	52	AB8	51	20	D16	26	45
AA1	25	46	AB9	49	22	D17	26	45
AA2	31	40	AB10	48	23	AD1	44	27
AA3	46	25	AB11	47	24	AD2	45	26
AA4	41	30	AB12	38	33	AD3	41	30

续表

编号	A类	B类	编号	A类	B类	编号	A类	B类
AA5	41	30	AB13	34	37	AD4	43	28
AA6	43	28	AB14	38	33	AD5	46	25
AA7	37	34	C1	13	58	AD6	52	19
AA8	46	25	C2	14	57	AD7	31	40
AA9	33	38	C3	15	56	AD8	50	21
AA10	40	31	C4	19	52	AD9	48	23
AA11	46	25	C5	23	48	E1	29	42
B1	7	64	C6	4	67	E2	19	52
B2	6	65	C7	24	47	E3	11	60
B3	13	58	C8	31	40	E4	17	54
B4	15	56	C9	22	49	E5	8	63
B5	20	51	C10	27	44	E6	11	60
B6	27	44	C11	25	46	E7	11	60
B7	20	51	AC1	46	25	E8	18	53
B8	19	52	AC2	22	49	E9	20	51
B9	19	52	AC3	60	11	E10	25	46
B10	20	51	AC4	61	10	AE1	46	25
B11	19	52	D1	20	51	AE2	54	17
B12	16	55	D2	20	51	AE3	58	13
B13	17	54	D3	20	51	AE4	51	20
B14	14	57	D4	16	55	AE5	58	13
B15	15	56	D5	19	52	AE6	53	18
B16	18	53	D6	24	47	AE7	35	36
B17	20	51	D7	25	46	AE8	46	25
B18	19	52	D8	23	48	AE9	20	51
AB1	45	26	D9	20	51	AE10	51	20
平均							29.7	41.3

为了直观地表现各展示单元对观众注意力的吸引水平，我们制作了统计图（见图5-7）。

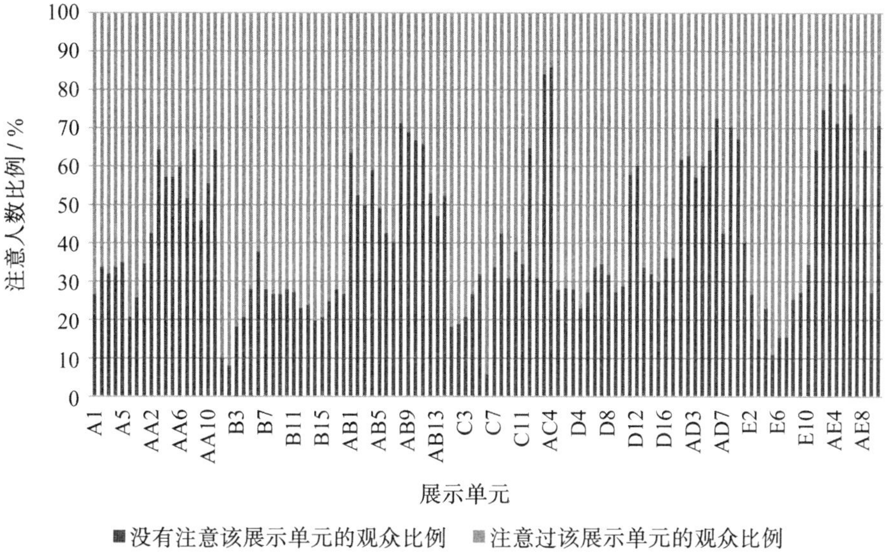

图5-7 4号展厅各展示单元吸引的受访者人数分布

下面我们以“区”为单位，展示各个区域内展示单元的观众注意力分布水平：A区分布如图5-8所示，B区分布如图5-9所示，C区分布如图5-10所示，D区分布如图5-11所示，E区分布如图5-12所示。

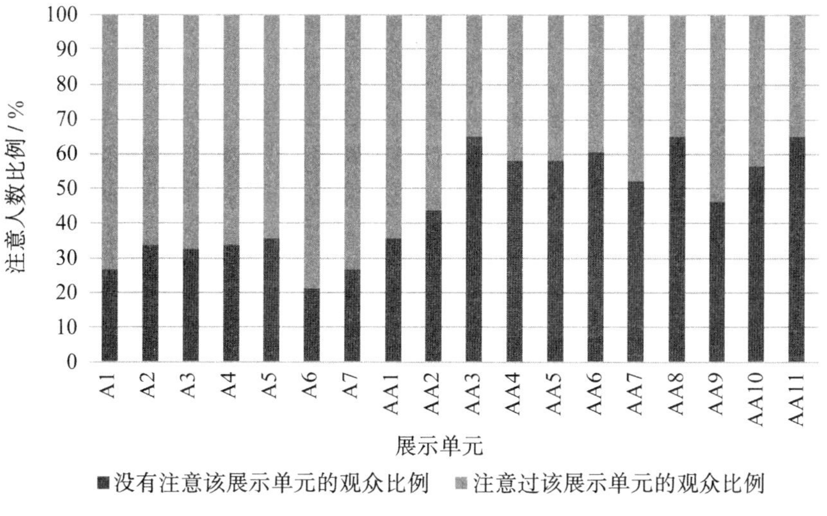

图5-8 4号展厅A区各展示单元吸引的受访者人数分布

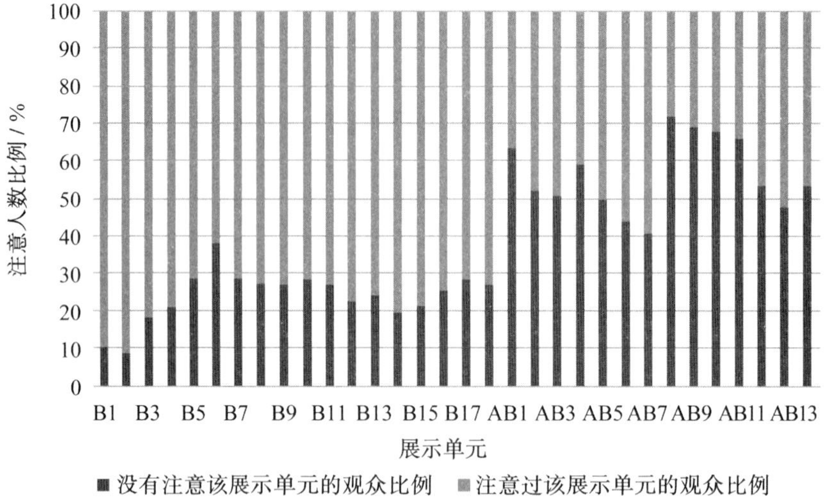

图 5-9　4 号展厅 B 区各展示单元吸引的受访者人数分布

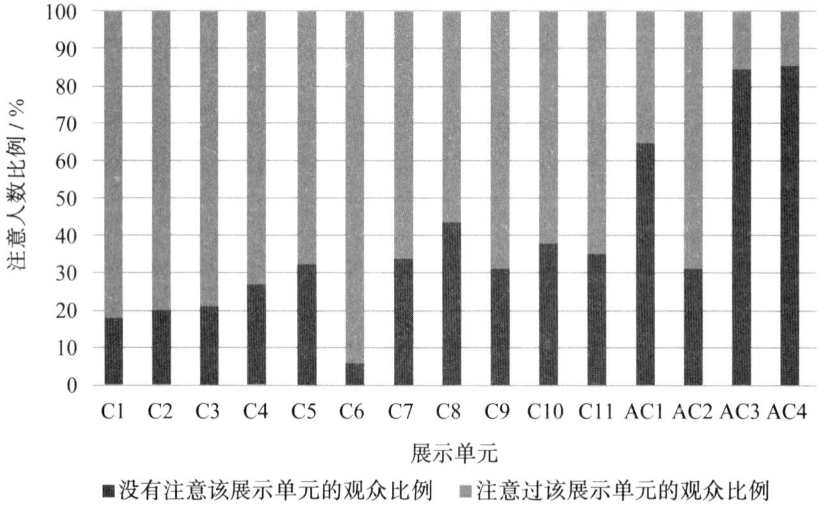

图 5-10　4 号展厅 C 区各展示单元吸引的受访者人数分布

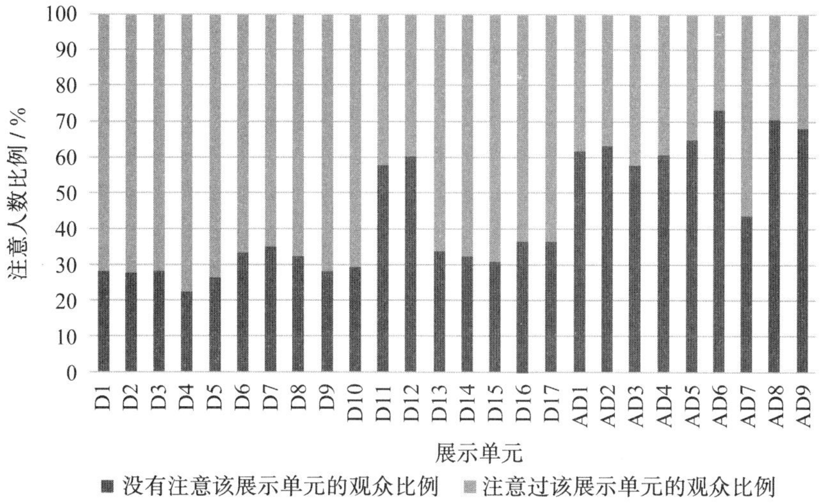

图 5-11　4 号展厅 D 区各展示单元吸引的受访者人数分布

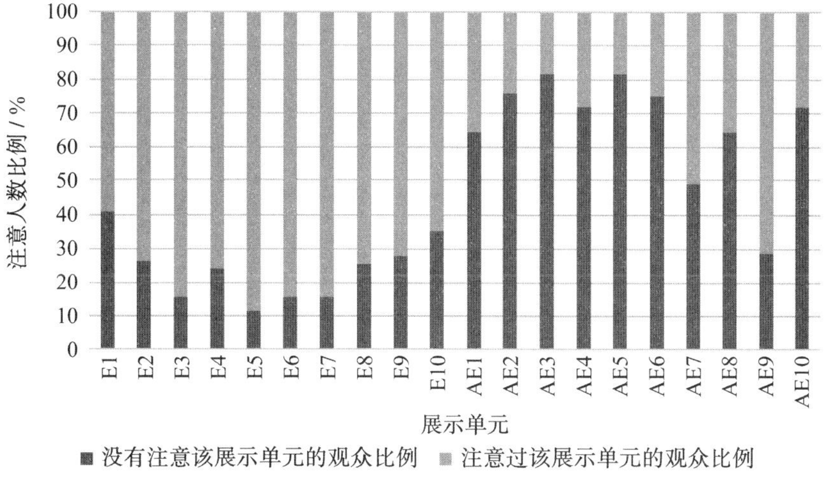

图 5-12　4 号展厅 E 区各展示单元吸引的受访者人数分布

四、观众知识变化统计

在前置访谈环节，我们设置了以“古埃及文明”这个关键词为核心的开放式问题，以获取观众对展览主题信息的认知水平；在后置访谈环节，我们以鼓励观众回忆的方式，来获取观众对展览信息的理解程度。通过对比前置和后置两次访谈的内容，我们可以发现观众在参观前后的知识变化，这一变化被视为展览信息传播的结果。

我们将全部数据导入Nvivo11，并对71名观众在访谈过程中出现的关键词进行编码，形成节点。通过Nvivo11运行"词频"功能，分别对"前置访谈"节点和"后置访谈"节点所覆盖的内容进行词频统计。词语最小长度设定为"2"。在词语的分组类别中，我们选择匹配程度最高的"一般化"。运行"查询"功能后，人工对无意义的虚词进行删减并进行人工比对。前置、后置访谈关键词词频统计具体结果分别如表5-3与表5-4所示。

表5-3　4号展厅前置访谈关键词词频统计

名称	数量/个	百分比/%	名称	数量/个	百分比/%
金字塔	61	37.65	画像	1	0.62
木乃伊	43	26.54	神圣	1	0.62
法老	24	14.81	象形文字	1	0.62
狮身人面像	6	3.70	亚历山大	1	0.62
木乃伊的制作	4	2.47	传说	1	0.62
沙漠	3	1.85	甲虫	1	0.62
埃及艳后	3	1.85	尼罗河	1	0.62
神话	2	1.23	莎草纸	1	0.62
诅咒	2	1.23	亡灵书	1	0.62
面具	2	1.23	王朝	1	0.62
壁画	1	0.62	医学	1	0.62

表5-4　4号展厅后置访谈关键词词频统计

名称	数量/个	百分比/%	名称	数量/个	百分比/%
生死观	41	21.81	彩陶	3	1.60
木乃伊	29	15.43	陪葬品	3	1.60
木乃伊的制作	26	13.83	美术工艺品	3	1.60
中埃对比	22	11.70	人物浮雕	2	1.06
木乃伊的棺椁	11	5.85	雕像	2	1.06
丧葬习俗	9	4.79	铜镜	2	1.06

续表

名称	数量/个	百分比/%	名称	数量/个	百分比/%
生活用品	7	3.72	木乃伊的手	1	0.53
神话宗教	7	3.72	甲虫	1	0.53
服饰纺织	5	2.66	象形文字	1	0.53
文字	4	2.13	金器	1	0.53
装内脏的罐子	4	2.13	青铜器	1	0.53
骷髅	3	1.60	—	—	—

五、观众展览评价统计

通过后置访谈，我们收集了观众对展览的主观评价，这有助于我们了解观众的参观需求，对判断展览的信息传播效果至关重要。同时，我们将观众对展览的评价划分为"没有问题"和"指出问题"两类，两类的界定方法与前文相同。通过 Nvivo11，我们将观众的"指出问题"情况进行编码，分成了 9 个节点，分别是"展品种类单一或缺少""展品及展览阐释不足""二维码位置不明显或失效""展览缺少故事性""展览的多媒体设施较少""展览的形式设计不足""展品摆放位置不合理""展厅照明不足""不喜欢展品"，如图 5-13 所示。

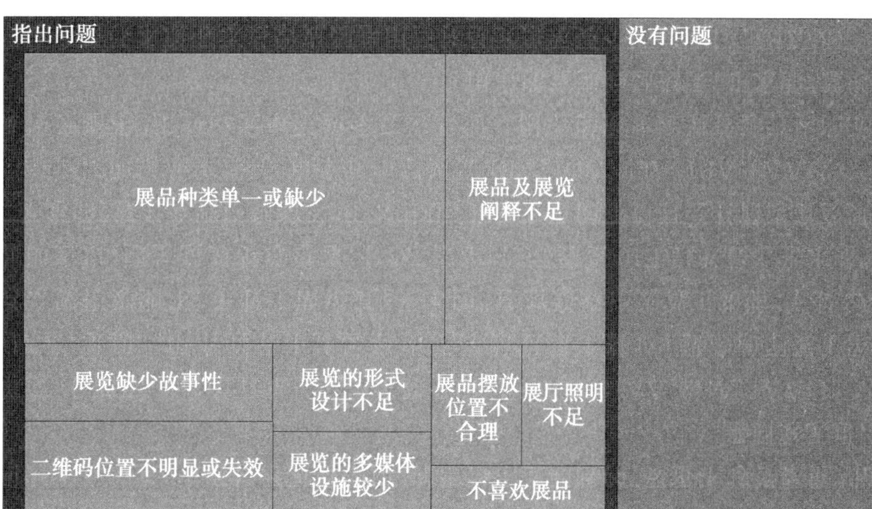

图 5-13　4 号展厅受访者展览评价统计图

图5-13中，面积越大，说明具有相同观点的观众数量越多。左侧代表“指出问题”，右侧代表“没有问题”。有30名观众表示展览“没有问题”，有41名观众对展览“指出问题”。在全部的41名“指出问题”的观众中，认为展览的“展品种类单一或缺少”的观众数量最多（20人），其余各项从高到低排列依次是“展品及展览阐释不足”（8人）、“二维码位置不明显或失效”（3人）、“展览缺少故事性”（3人）、“展览的多媒体设施较少”（2人）、“展览的形式设计不足”（2人）、“展品摆放位置不合理”（2人）、“展厅照明不足”（2人）、“不喜欢展品”（1人）。

六、展览信息传播评估

上文中我们已经指出，观众的知识变化就是展览信息传播的结果，观众的参观信息就是展览信息传播效率的重要影响因素。因此，对这两部分进行分析和评估，是本次展览评估项目中的核心环节。

（一）观众参观信息的分析与评估

1.展示单元的分类

在本节第三部分，我们得到了观众在111个展示单元前的参观投入程度分布情况以及每个展示单元前“注意该展示单元”和“没有注意过该展示单元”的观众分布情况。

从上文得知，111个展示单元中，71名观众里，平均有29.75个人“没有注意过该展示单元”，占比为41.9%。因此，我们以40%为界限，作出如下判定：

（1）“没有注意过该展示单元”的观众比例在35%以上45%以下的展示单元，视为“能够正常吸引观众注意”的展示单元。

（2）“没有注意过该展示单元”的观众比例在35%以下的，视为“能够较好地吸引观众注意”的展示单元。

（3）“没有注意过该展示单元”的观众比例在45%以上的，视为“不能吸引观众注意”的展示单元。

基于上述判断，我们对111个展示单元的性质进行归类，结果如表5-5所示。

表5-5　4号展厅展示单元分类统计

分区	能够正常吸引观众注意	能够较好地吸引观众注意	不能吸引观众注意
A区	A5、AA1、AA2	A1～A4、A6、A7	AA3～AA11
B区	B6、AB6、AB7	B1～B5、B7～B18	AB1～AB5、AB8～AB14

续表

分区	能够正常吸引观众注意	能够较好地吸引观众注意	不能吸引观众注意
C 区	C8、C10、C11	C1～C7、C9、AC2	AC1、AC3、AC4
D 区	D7、D16、D17、AD7	D1～D6、D8～D10、D13～D15	D11、D12、AD1～AD6、AD8、AD9
E 区	E1、E10	E2～E9、AE9	AE1～AE8、AE10

2.参观热区的分布

根据上文对展示单元的分类，我们可以在展厅平面图中将这一结果落实，形成参观热区图，如图 5-14 所示。

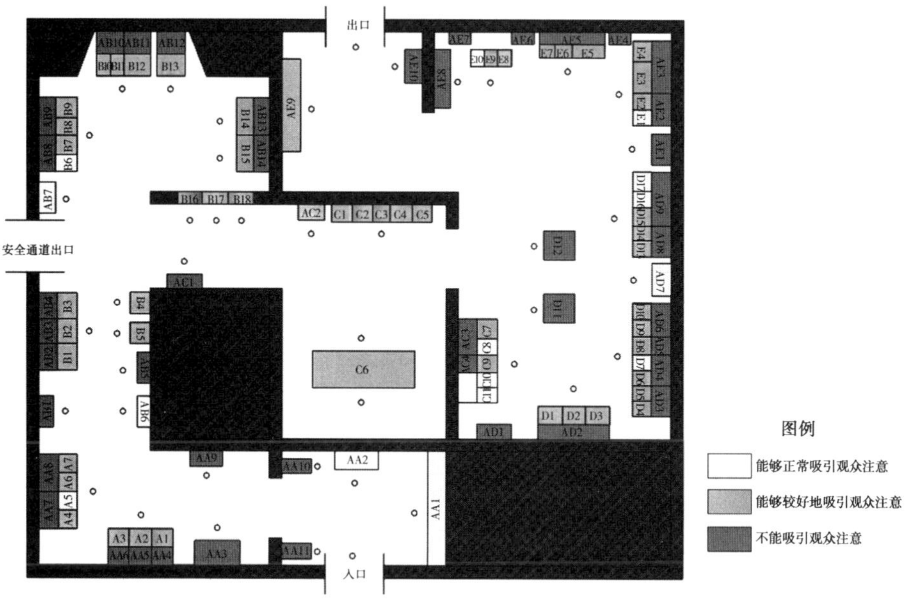

图 5-14　4 号展厅受访者参观热区图

通过热区图，我们可以清楚地发现，“能够较好地吸引观众注意”和“能够正常吸引观众注意”的展示单元，基本为文物展品，而涵盖单元说明、单元说明的下一级文字说明的展示单元，基本处于“不能吸引观众注意”的水平。前者中的各展示单元连接之后，基本上形成了观众在 4 号展厅中参观动线的“主要脉络”。因此，我们判断：前者所涉及的展示单元，能够为展览信息传播提供先决条件，即引起观众比较普遍的注意；而后者所涉及的展示单元，则不能为展览信息传播提供帮助，因为对于大多数观众而言，这些展示单元并不能引起他们的注意。这丧失了展览信息传播发生的第一条件。

3.展示单元的评估

展示单元的评估方法可参考第三章第二节，此处不再赘述。

基于前述评估标准，我们对4号展厅中存在的不足之处进行判定，结果如下：

第一，部分“重要信息点”没有引起观众注意。尽管对展示单元或者展品作出“重要”或“不重要”的判断是不恰当的，但是在展示过程中，这一点无法回避，也无须回避。

(1)AA1、AA2、AA10、AA11这四个展示单元是展厅的“前言”部分，简单介绍了展厅的主题，对整个展厅的展示内容起着引导性作用。但是，AA1、AA2处于“能够正常吸引观众注意”的水平，其余两个处于“不能吸引观众注意”的水平。另外，AE10是展厅的“结语”部分，着重总结展览主题，以表明此次展览在当前社会环境下的现实意义，但其处于“不能吸引观众注意”的水平。

(2)AA3、AB1、AC1、AD1、AE1是展厅中五个单元的“单元说明”，对整个单元的内容起着提纲挈领的作用。但是这五个展示单元均处于“不能吸引观众注意”的水平，无法起到应有的作用。

(3)AB5、AB6这两个展示单元是对运用电脑成像技术还原木乃伊头颅原貌的展示。其中AB5为LED显示屏；AB6是对木乃伊头颅还原的全面介绍，也属于“重要信息点”。其中，AB5处于“不能吸引观众注意”的水平，AB6处于“能够正常吸引观众注意”的水平。

(4)C7～C11展示单元集中展示了古埃及木乃伊随葬中极具特色的器物——“随葬面具”。但是在这些展示单元中，仅C7、C9处于“能够较好地吸引观众注意”的水平，C8、C10、C11处于“能够正常吸引观众注意”的水平。

(5)D11(祭司赫纳特神像)和D12(小金字塔)这两个独立展柜展出的是古埃及文化极具代表性的特色器物，是展览着重强调的“重要内容”之一。但两个展示单元均处于“不能吸引观众注意”的水平，明显与设计意图相悖。

(6)A5(伊西斯与荷鲁斯像)、B6(化妆墨瓶、锥子、刀、钳子)、D7(“死者的妾”雕像)、D16(供桌)、D17(锥形明器)、E1(篮子)、E10(镜柄、木柄青铜镜)等展示单元均属于“重要信息点”，均处于“能够正常吸引观众注意”的水平。

第二，“一般信息点”普遍没能引起观众注意。在该展厅中，A区的AA4～AA9，B区的AB2～AB4、AB8～AB14，C区的AC3、AC4，D区的AD2～AD6、AD8、AD9，E区的AE2～AE8等展示单元的展品辅助介绍说明均被观众忽视。尽管其中极少数内容可以归属为“辅助信息点”，如 AE8(古埃及人服饰彩绘图)，但绝大部分都是重要的信息载体，属于“ ·般信息点”，但是这些信息点均处于“不能吸引观众注意”的水平，没有达到预期效果。在 4 号展厅的统计结果中，整个展厅非展品类展示单元中，有多达 42 个、87.5%的展示单元“不能吸引观众注意”。考虑到“注意”是发生一切参观体验的基本前提，目前的评估结果表明，非实物类展示单元的信息传播能力整体偏低。

(二)观众知识变化的分析与评估

1.展览信息传播的结果

展览的信息传播是否有效，根据观众参观前后的知识变化以及参观后对展览主题的理解程度，并结合展览的信息传播目的进行判断。在本节第四部分，我们对观众在参观前后描述展厅主题的访谈信息进行了词频统计，为了进一步有效、直观地反映观众参观前后的变化，我们通过 Nvivo11 来对这一结果进行了可视化处理，并基于词频统计结果制作了网状结构图，如图 5-15 与图 5-16 所示。

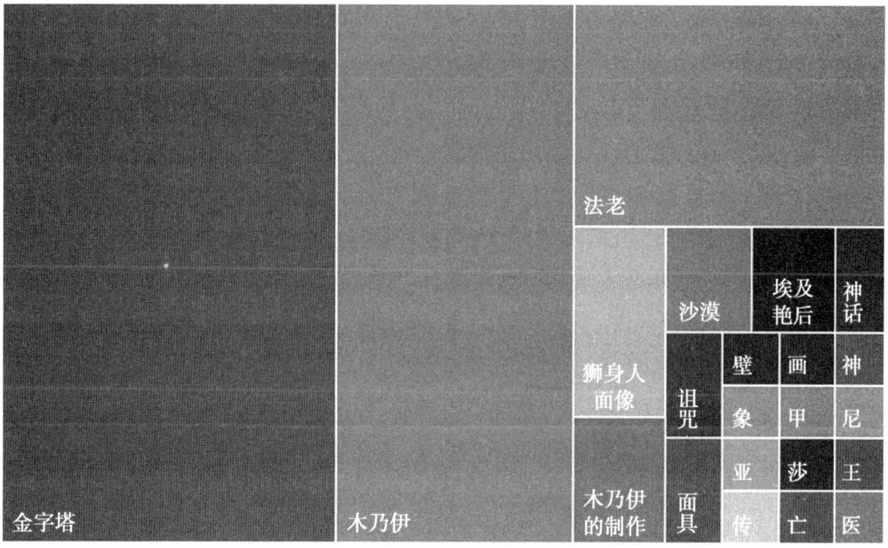

图 5-15　4 号展厅前置访谈网状结构图

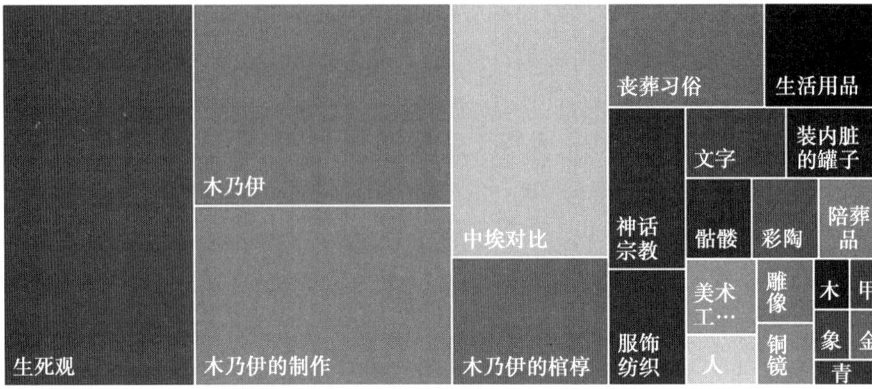

图 5-16　4 号展厅后置访谈网状结构图

在网状结构图中，面积越大，代表词语出现的频率越高。据此我们可以直观地掌握观众在参观前后对展览主题的理解程度。

在前置访谈中，观众对于“古埃及”这一主题的印象，集中在“金字塔”和“木乃伊”这两个概念上，二者所占比例超过了总数的一半。此外，“法老”“狮身人面像”这两个概念也占有较高的比例。上述四个概念所占比例之和超过70％。部分观众对木乃伊的“制作过程”表现出极大的兴趣，极个别观众表现出了对埃及历史的兴趣，如“埃及艳后”“神话传说”“胡夫”“王朝”等，还有个别观众关注到木乃伊之外的文物，如“纸莎草”“亡灵书”等。

在后置访谈中，观众对展览内容的回忆普遍集中在木乃伊上，包括“木乃伊的制作”和“木乃伊的棺椁”。在问题的引导下，半数以上的观众表示通过展览能够感受到古埃及人的生死观——视死如生。并且，在这一部分观众中，又有许多观众主动将古埃及和古中国的生死观进行对比，并阐述了自己的理解。有些观众甚至将对比延伸到了政治、经济和文化领域。部分观众也提到了自己对一些器物的认识，其中多数和丧葬、木乃伊的制作有关。

综上所述，通过直接对比原始词语，我们可以发现，观众通过参观4号展厅，对古埃及的认识由“金字塔”“木乃伊”“法老”“狮身人面像”迁移到了“生死观”“木乃伊的制作”“古埃及和古中国的对比”“木乃伊的棺椁”等内容上。这一变化显然是展览带来的，即展览信息传播的结果。

2.展览信息传播的评估

要进行展览信息传播的评估，需要先明确展览的预期目标。对于4号展厅来说，此次展览的主要目的是介绍古埃及的生死观，使观众通过一系列与丧葬有关的展品对古埃及的生死观有一个直观的认识。在这一过程中，木乃伊是最重要的展品之一，展览希望通过展示木乃伊的制作过程，来表达古埃及人视死如生的观念。

基于这样的前提，我们可以对观众的知识变化结果进行对比，以实现对展览信息传播的评估。通过上文的网状结构图，我们可以直观地对观众表达的原始词语进行梳理，从而通过词频变化来反映展览信息传播的结果。但是，为了更有效地进行评估，我们需要对原始词语进行分类，分类的标准以词语的内涵和所属的类别为准。原因在于原始词语多有重复表达之处，不利于直接和展览目标信息进行对比。为了实现评估，首先我们需要根据原始词语所属的类别，对原始词语进行编码，以组成具有相似意义的新节点。通过对节点进行分析，我们可以进一步理解观众的知识变化。然后，通过 Nvivo11 来对前置、后置访谈进行分析，形成网状结构图，如图 5-17 所示。其中，左边代表前置访谈，右边代表后置访谈，词语的数量用面积来表示，词语的层级关系用嵌套的矩形来表示。根据节点的不同层级，我们依次生成两张对比图。

图 5-17 显示至二级节点。从图中可以发现，在前置访谈中，观众的表述主要集中在“金字塔”“木乃伊”“法老”“狮身人面像”“神话传说”“历史”“环境”“器物”“人物”“文字”“科技”12 个类别上。在后置访谈中，观众对展览的理解集中在“生死观”“木乃伊”“中埃对比”“丧葬习俗”“神话宗教”“文字”“器物”7 个类别上。通过对比可以发现，前置访谈和后置访谈的“面积”基本相同，但是后置访谈的类别小于前置访谈。因此，可以推断：第一，通过观展，观众对“古埃及”的认识趋同。尽管每名观众对展览的内容都有自己的理解，但是总体上仍然会受到展览内容的引导而产生相对接近的学习效果。第二，在前置访谈中占比较高的是“金字塔”“木乃伊”“法老”“狮身人面像”，虽然此处没有对它们进行二次编码，但是根据常识我们知道，这四种器物都是古埃及文化中最具有代表性的符号，体现在我们所知道的任何一个与古埃及文化有关的领域。但是，在后置访谈中，这一结构发生了变化。首先，“木乃伊”是比例最大的一部分，“生死观”从无到有成为占比第二高的内容。其次，对具体“器物”的认知和对古代中埃政治、文化的对比，也是后置访谈中经常出现的内容。最后，“中埃对比”是一个非常显著的变化，观众喜欢采用对比的方法来阐述观点。

展览的目标是通过以木乃伊为主的一系列展品，来展现古埃及人的生死观。通过对比前置、后置访谈的二级节点，我们可以大致判断观众对古埃及人的生死观普遍产生了新的认识，但尚不能说明是通过哪些途径获得的认识，这需要我们采用更深层的节点来分析。

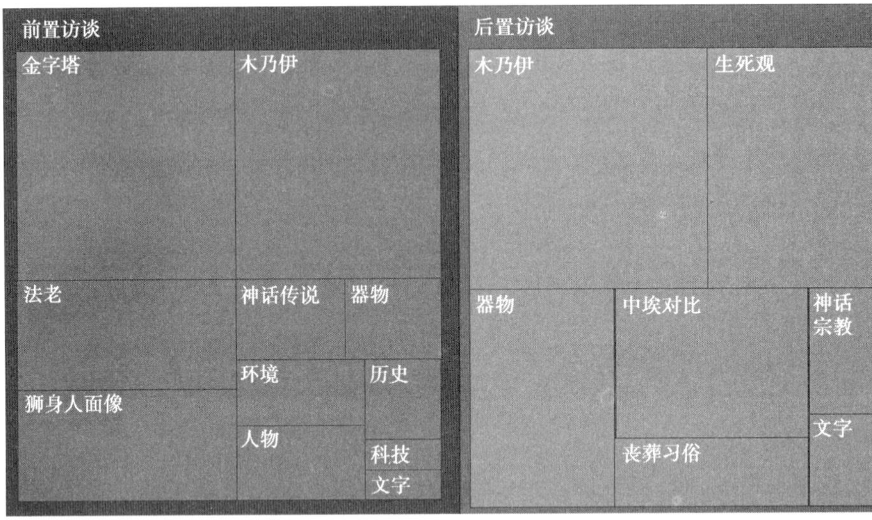

图5-17　4号展厅二级节点网状结构图

图5-18显示至三级节点。从图中可以看出，在前置访谈中，几乎没有观众对“金字塔”“木乃伊”“法老”“狮身人面像”作出进一步的解释。在后置访谈中，观众对“木乃伊”的认识有了很大的变化，主要体现在对“木乃伊的制作”和“木乃伊的棺椁”的认识上。此外，观众对器物的认识也较前置访谈有了较大的提高，其中多数观众对各种葬具的印象深刻。与二级节点相比，三级节点之间的对比更能说明展览信息传播的深度。

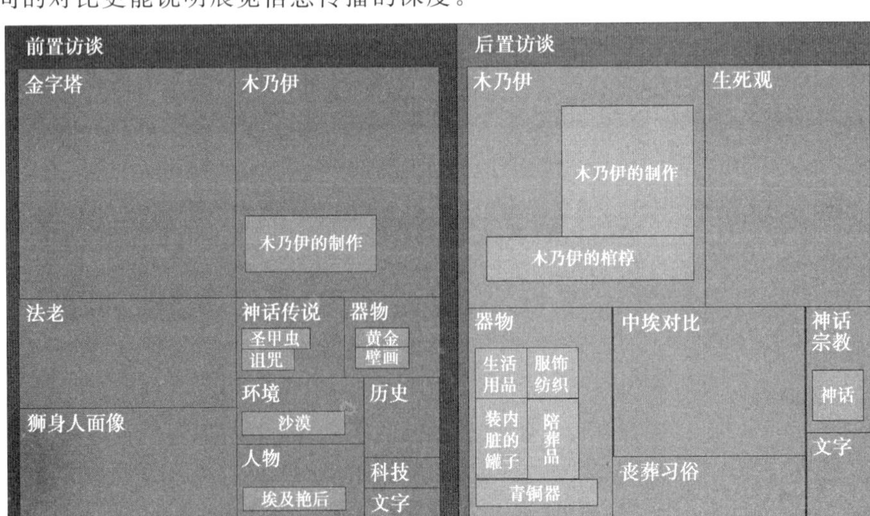

图5-18　4号展厅三级节点网状结构图

（三）总结

4号展厅的评估报告内容构成与其他展厅的评估报告内容相同，此处不再赘述，具体可参考第三章第二节相关内容。

在“观众参观信息”的评估中，我们对展示单元和“观众的注意力水平”进行了系统分析与评估。结果发现，以通柜类展示形式为主的展示单元，基本构成了观众参观运动和注意力分配的主线，而传统意义上力求突出展示的LED显示屏和独立展柜，则“意外”成了观众注意力难以涉及的区域，从而可以判断4号展厅中对LED显示屏和独立展柜中“重要信息点”的处理方式没有达到预期效果。此外，对于极具古埃及丧葬文化特色的“防腐工具”“随葬面具”“随葬雕塑”“随葬品”等集中展示区域，一方面，存在展品密度较高导致观众注意力被分散的潜在问题；另一方面，关于展品的文字介绍与说明基本均被“完全忽略”，从而无法达到预期的效果。不过，值得注意的是，在“观众知识变化”的统计中，“丧葬习俗”“生活用品”“陪葬品”“雕像”仍占有一定的比例，因此我们认为，此处设计在整体上“能够较好地吸引观众注意”，但是掩盖了个体的信息传播。具有提纲挈领作用的单元文字说明，也基本处于无法被观众有效注意的状态，而这些内容对于展览信息的有效传播具有深刻影响。

在“观众知识变化”的评估中，我们以分析词频和节点的方式，全面对比了观众在参观前后对展览内容在理解上所发生的变化。结果表明，参观完展览后，观众普遍能够意识到展览所希望传达的内容是古埃及人的生死观。其中，大多数观众在与访谈员互动的过程中明确说出了“视死如生”的理念，只有少数观众的理解出现了偏差。值得注意的是，在表述生死观的这一部分观众中，大多数观众下意识地使用了对比的方式，即将古埃及人的生死观和中国人的生死观进行对比，有时甚至会延伸到其他领域。因此，在一定程度上我们可以推断，观众对于古埃及人生死观的认识，有相当一部分是源于对中国古代人生死观的理解。尽管对比的结果有的相似、有的不同，但是这种理解生死观的方式非常重要——当观众面对其他国家的文化时，最愿意采用的方法是和自己国家的文化做对比。这一点体现在部分观众对序厅中“中埃文明时间轴对比图”的认可上。此外，观众对木乃伊的认识有了非常明显的深入，特别体现在对木乃伊制作工艺的了解上，并且在这一过程中部分观众带有情绪反应，如“感到震撼”“瘆得慌”等。该展览的目的是向观众传递古埃及人的生死观，而且主要通过对木乃伊的展示来实现。根据上文的分析，我们可以非常明显地注意到，多数观众是通过对木乃伊制作过程的认识，来实现对古埃及人生死观的理解的。尽管这种理解有时脱胎于中国的本土观念，但是显然该展览加深了观众对这一理念的认识。

综上所述，我们可以判断，4号展厅在展览环境的设计上，对“重要信息点”的文物和文字说明的展示方式有疏漏之处，但在展览内容的设计上，对古埃及人生死观的强调仍产生了良好的作用，较好地实现了预期目标，使信息得到了有效的传播。

第二节 “香光馨远——董其昌书风展”观众评估

一、展厅基本情况说明

11号展厅的主题是“香光馨远——董其昌书风展”，以董其昌书法为切入点，将其书风放置到大的文化背景中来考量。本次展览共展出展品76件（套），计97件，展品陈列以时间先后为序，分三章共六个小节，依次讲述了董其昌要超越的目标、董其昌的师友和董其昌的追随者。其中，以董其昌的追随者的展示内容为主。

11号展厅的展品以名家书作为主体，也不避馆阁体和普通书手书作，让展品来讲述董其昌书风的历史流变。展厅中有场景复原1处、视频播放器2处、投影仪1处。

11号展厅此次为临时展览，展览时间为2019年11月16日—2020年2月16日。该展览的主要目的是让观众客观审视董其昌书风的演变，把握书法主脉；让观众反观传统书法，引发对于当下书法文化的思考。

根据项目调查的需要，我们人为地将11号展厅进行了分区，并分为两个层次。

第一个层次：我们将11号展厅分为了A～E五个大的区域。其中，A区为“名家体系当中的董其昌”，B区为“董其昌要超越的目标”，C区为“董其昌的师友——云间书派的营构与崛起”，D区为“董其昌的追随者”，E区为“董其昌书风的后世影响”。分区的依据是展厅的空间分布和观众运动线路的特点，与展览内容并非一一对应关系。

第二个层次的划分与前述展厅相同，也将所有展示单元分为展品类展示单元和非展品类展示单元两类。

在本次研究中，我们将11号展厅划分为93个展示单元，具体如表5-6与图5-19所示。其中，展品类展示单元用“区号＋编号”的形式表示，如A1、B1；非展品类展示单元用“A＋区号＋编号”的形式表示，如AA1、AB1。展品类展示单元共77个，非展品类展示单元共16个。A区展示单元共4个，B区展示单元共8个，C区展示单元共15个，D区展示单元共65个，E区展示单元共1个。

表 5-6　11 号展厅展区划分及展品编号统计

展区	编号	展品名称	展区	编号	展品名称
A 区	A0	场景复原空间	D 区	D21	清・沈荃行书卷
	AA0	场景复原书卷		D22	清・陈邦彦行书卷
	AA1	视频播放器(名家体系)		D23	清・胡会恩行书轴
	AA2	前言		D24	清・王图炳行书轴
B 区	B1	元・赵孟頫雪赋卷		D25	清・蒋衡行书轴
	B2	明・祝允明草书阿房宫赋卷		D26	清・张廷玉行书轴
	B3	明・文徵明草书诗册		D27	清・张大有行书轴
	B4	明・文徵明草书轴		D28	清・刘蛟行书轴
	B5	明・文彭草书轴		D29	清・陈邦彦楷书联
	AB1	董其昌要超越的目标		D30	清・傅玉露行书轴
	AB2	赵孟頫		D31	清・邓钟岳行书轴
	AB3	文徵明		D32	清・程元章行书轴
C 区	C1	明・莫如忠草书扇面		D33	清・张照行书联
	C2	明・莫是龙书札册		D34	清・董邦达楷书册
	C3	明・董其昌行楷轴		D35	清・刘统勋行书轴
	C4	明・董其昌临苏米行书册		D36	清・于敏中行书屏
	C5	明・董其昌行书轴		D37	清・刘毓珍行书轴
	C6	明・董其昌书张文熙父子封诰卷		D38	清・钱维城行书轴
	C7	明・董其昌临怀素草书册		D39	清・梁巘草书轴
	C8	明・董其昌行书轴		D40	清・刘墉草书轴
	C9	明・陈继儒行书四言诗轴		D41	清・梁同书行书轴
	C10	明・董其昌行书册		D42	清・梁同书行书轴
	C11	明・陈继儒草书轴		D43	清・孔继涑行书册
	AC1	董其昌的师友——云间书派的营构与崛起		D44	清・王文治行书屏
	AC2	云间派		D45	清・王文治行书轴
	AC3	辅助展品凳子		D46	清・汪承霈行书联
	AC4	辅助展品瓷碗		D47	清・毕沅行书轴

续表

展区	编号及展品名称		展区	编号及展品名称	
D区	D1	明·邵捷春草书轴	D区	D48	清·汪恭行书轴
	D2	明·王思任行书扇面		D49	清·梁岊行书轴
	D3	清·王铎行书轴		D50	清·永理行书轴
	D4	清·王铎行书轴		D51	清·赵怀玉行书轴
	D5	清·普荷行书五绝诗轴		D52	清·施南金行书轴
	D6	清·冒襄行书轴		D53	清·英和行书轴
	D7	清·孙光祀行书轴		D54	清·陆润庠楷书联
	D8	清·查士标行书轴		D55	清·何凌汉楷书联
	D9	清·方亨咸行书轴		D56	清·林则徐行书联
	D10	清·朱奋行书程子四箴轴		D57	清·张英麟行书屏
	D11	清·沈荃行书轴		D58	清·郭尚先行书轴
	D12	清·米汉雯行书轴		D59	清·鲁琪光行书联
	D13	清·孙岳颁行书轴		D60	清·袁昶楷书轴
	D14	清·韩菼楷书联		AD1	董其昌的追随者
	D15	清·高士奇行书轴		AD2	董其昌书风在明清之际的延续与推动
	D16	清·彭定求楷书轴		AD3	视频播放器
	D17	清·王鸿绪行书轴		AD4	董其昌书风在康熙朝“主流地位”的确立
	D18	清·陈奕禧行书轴		AD5	清中期以后董其昌书风的延续、发展
	D19	清·查昇草书轴			
	D20	明·董其昌行草轴	E区	AE1	对后世的影响

注:表中加灰底展品为重点展品。

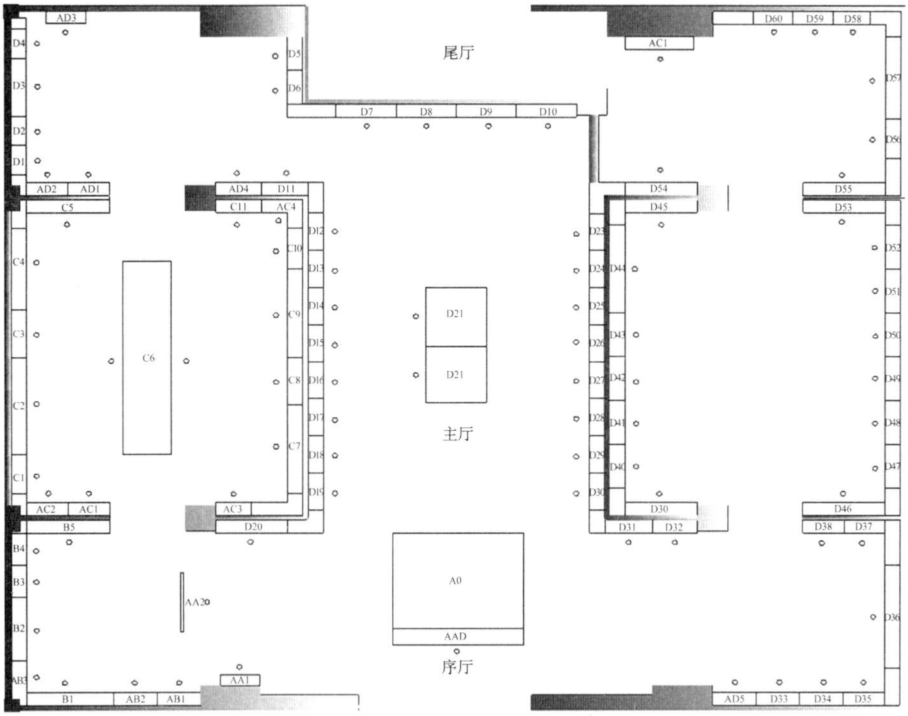

图 5-19　11 号展厅展示单元分布图

二、观众基本信息统计

11 号展厅中共有 63 名观众接受了前置访谈和后置访谈，具有“前置—后置—观察”数据。统计以这 63 名观众的信息为主。

在 63 名观众中，男性观众 56 人，女性观众 7 人；个体观众 32 人，团体观众 31 人。在团体观众中，朋友 20 人，家庭 10 人，亲密 1 人。最小年龄 20 岁，最大年龄 83 岁，平均年龄 50 岁，频率分布直方图如图 5-20 所示。

63 名受访观众均透漏了自己的工作或专业信息，通过对职业进行编码，可归纳为“艺术相关”“经管相关”“教师相关”“医学相关”“理科相关”“军人相关”“工科相关”“企事业单位”“非企事业单位”9 个节点，如图 5-21 所示。

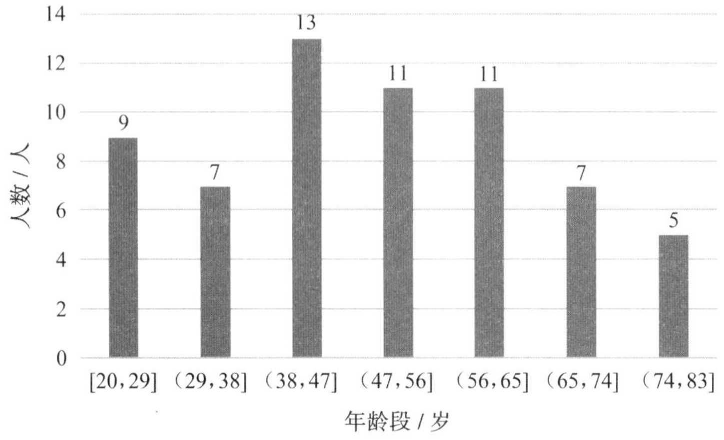

图5-20　11号展厅受访者年龄频率分布直方图

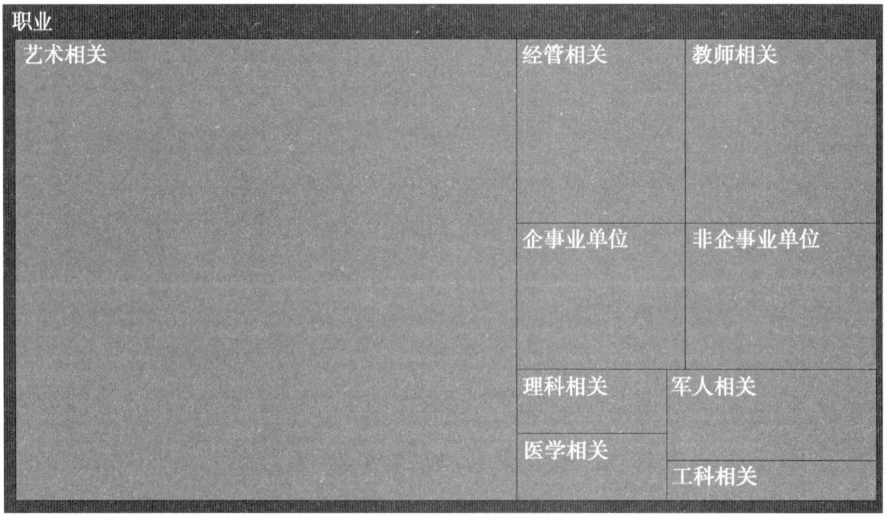

图5-21　11号展厅受访者职业分布图

在63名受访观众中，“本地居民”有48人，“外地游客”有15人；有38名观众表示“特意来参观11号展厅”，有25名观众则表示“随意看看”。此外，我们还统计了观众对书法和11号展厅主题的感兴趣程度，具体分布情况如图5-22所示。其中，1～2分表示“基本上没兴趣”，3～4分表示“有一定的兴趣”，5～6分表示“有很大的兴趣”。

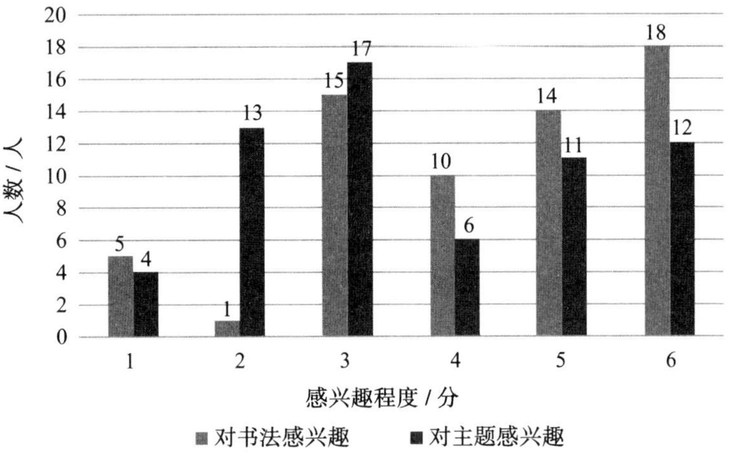

图 5-22　11 号展厅受访者对书法和展厅主题感兴趣程度统计图

在 63 名受访观众中，前置访谈的平均时长为 123 秒，后置访谈的平均时长为 225 秒。63 名受访观众在 11 号展厅中的平均参观时长为 37 分钟，具体分布如图 5-23 所示。

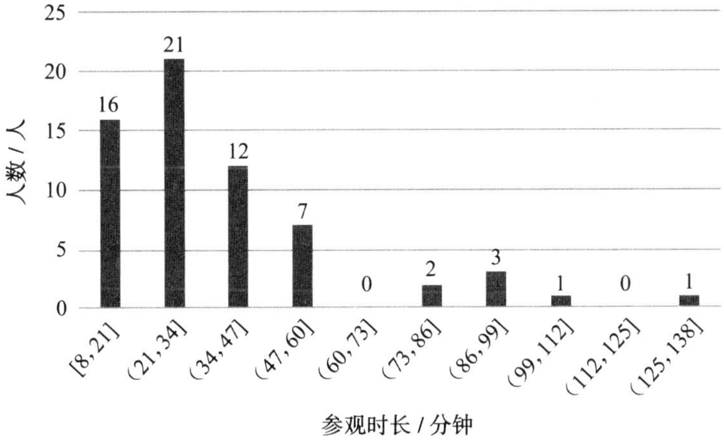

图 5-23　11 号展厅受访者参观时长频率分布直方图

观察员会根据要求，在受访者参观完展厅后，对其参观的要素或单元数量在整体中的百分比进行评判。在 11 号展厅中，63 名受访者的参观比例均值为 62.54％，分布情况如图 5-24 所示。

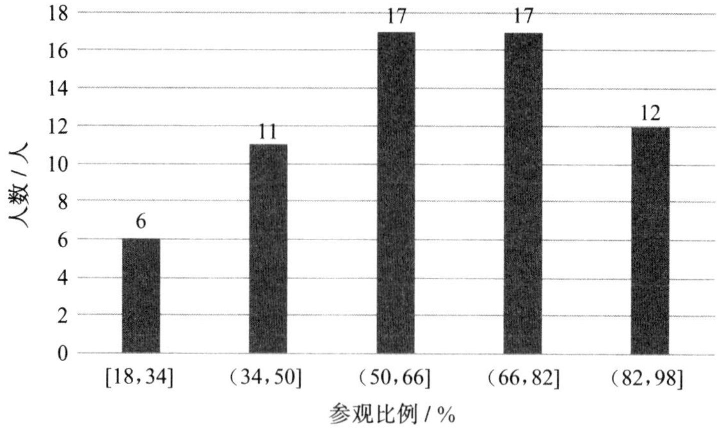

图 5-24　11 号展厅受访者参观比例统计图

三、观众参观信息统计

观众参观信息的统计方法与前述相关内容相同，此处不再赘述，具体可参考第三章第二节。同样地，我们将观众参观投入程度得分在 2 分以下的视为观众没有注意该展示单元，将得分在 2 分及以上的视为观众注意过该展示单元。

基于上述判断标准，我们可以统计出 63 名观众在 93 个展示单元前参观投入程度的两种分布情况，并根据这一分布情况，对展示单元的“吸引力”进行说明。统计结果如表 5-7 所示。

表 5-7　11 号展厅各展示单元吸引的受访者人数统计

编号	A 类	B 类	编号	A 类	B 类	编号	A 类	B 类
A0	31	32	D5	33	30	D36	18	45
AA0	46	17	D6	28	35	D37	28	35
AA1	42	21	D7	14	49	D38	23	40
AA2	27	36	D8	13	50	D39	27	36
B1	12	51	D9	14	49	D40	21	42
B2	11	52	D10	11	52	D41	21	42
B3	12	51	D11	25	38	D42	19	44

续表

编号	A 类	B 类	编号	A 类	B 类	编号	A 类	B 类
B4	21	42	D12	26	37	D43	18	45
B5	18	45	D13	25	38	D44	18	45
AB1	34	29	D14	26	37	D45	26	37
AB2	27	36	D15	27	36	D46	23	40
AB3	32	31	D16	26	37	D47	20	43
C1	14	49	D17	23	40	D48	12	51
C2	9	54	D18	26	37	D49	13	50
C3	14	49	D19	26	37	D50	11	52
C4	9	54	D20	30	33	D51	19	44
C5	10	53	D21	31	32	D52	21	42
C6	15	48	D22	29	34	D53	26	37
C7	29	34	D23	21	42	D54	26	37
C8	25	38	D24	21	42	D55	21	42
C9	25	38	D25	16	47	D56	15	48
C10	26	37	D26	21	42	D57	20	43
C11	39	24	D27	17	46	D58	23	40
AC1	42	21	D28	17	46	D59	22	41
AC2	30	33	D29	19	44	D60	26	37
AC3	49	14	D30	20	43	AD1	42	21
AC4	51	12	D31	18	45	AD2	41	22
D1	22	41	D32	18	45	AD3	34	29
D2	21	42	D33	21	42	AD4	37	26
D3	22	41	D34	20	43	AD5	30	33
D4	22	41	D35	19	44	AE1	32	31
平均							23.67	39.33

为了直观地表现各展示单元对观众注意力的吸引水平，我们制作了统计图(见图 5-25)。

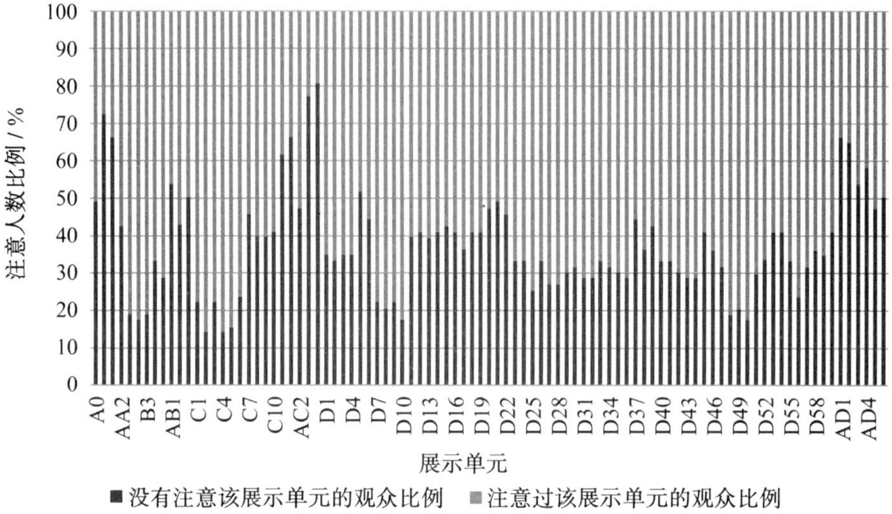

图 5-25　11 号展厅各展示单元吸引的受访者人数分布

下面我们以"区"为单位，展示各个区域内展示单元吸引的观众分布情况：A 区和 E 区的分布如图 5-26 所示，B 区的分布如图 5-27 所示，C 区的分布如图 5-28 所示，D 区的分布如图 5-29 所示。

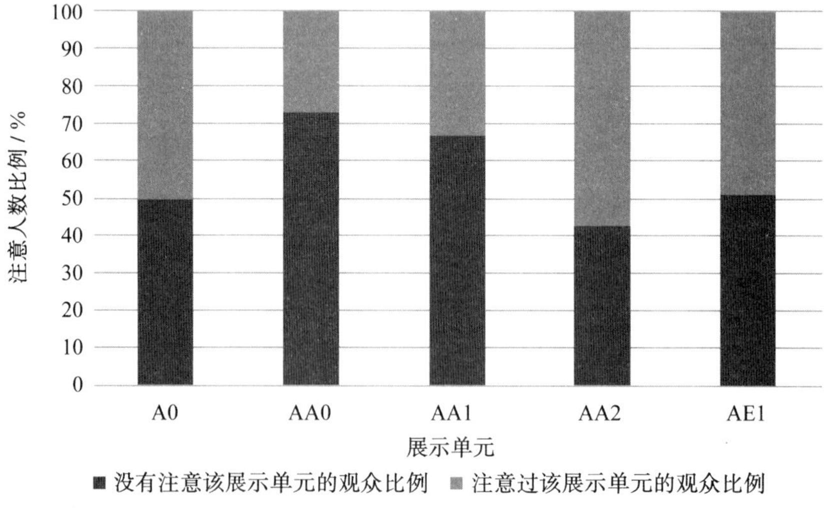

图 5-26　11 号展厅 A 区、E 区各展示单元吸引的受访者人数分布

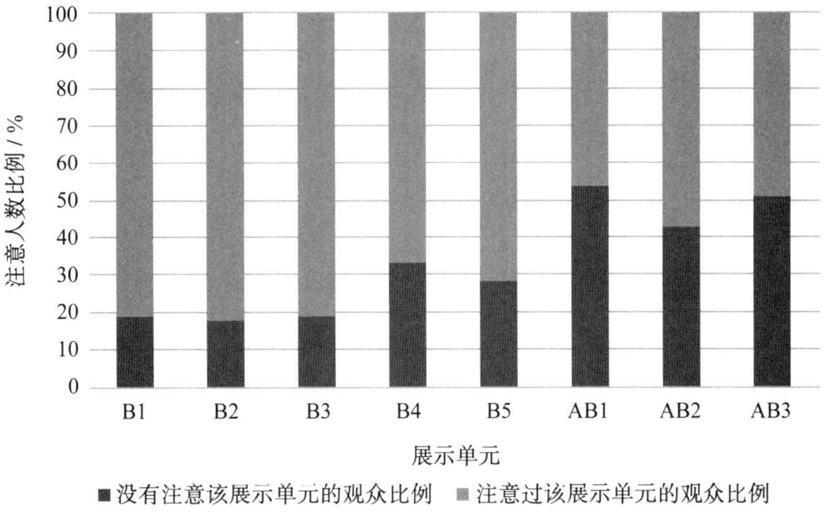

图 5-27 11 号展厅 B 区各展示单元吸引的受访者人数分布

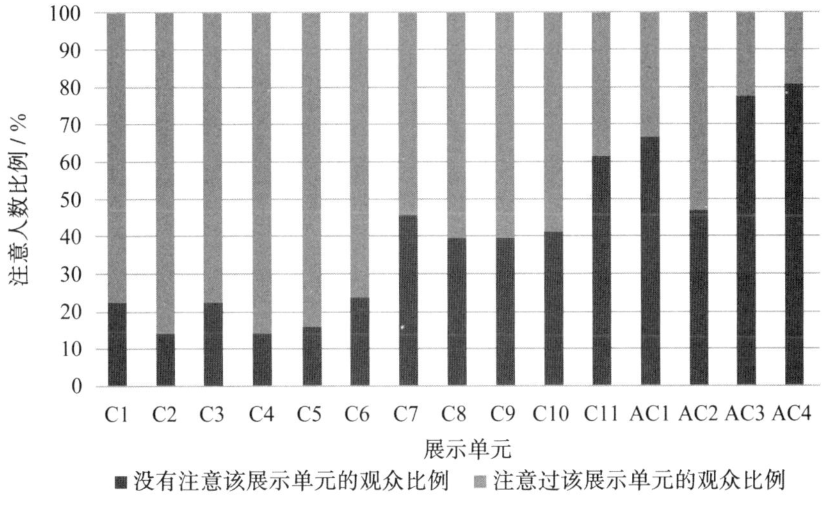

图 5-28 11 号展厅 C 区各展示单元吸引的受访者人数分布

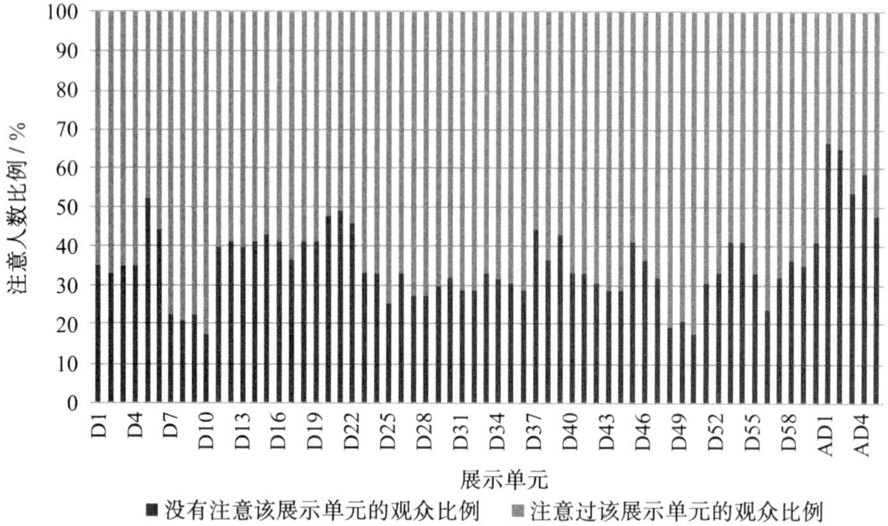

图5-29 11号展厅D区各展示单元吸引的受访者人数分布

四、观众知识变化统计

在前置访谈环节，我们设置了以"董其昌书风"这个关键词为核心的开放式问题，以获取观众对展览主题信息的认知水平；在后置访谈环节，我们以鼓励观众回忆的方式，来获取观众对于展览信息的理解程度。通过对比前置和后置两次访谈的内容，我们可以发现观众在参观前后的知识变化，这一变化被视为展览信息传播的结果。

我们将全部数据导入Nvivo 11，并对63名观众在访谈过程中提到的关键词进行编码，形成节点。通过Nvivo 11运行"词频"功能，我们分别对"前置访谈"节点和"后置访谈"节点所覆盖的内容进行了词频统计。词语最小长度设定为"2"。在词语的分组类别中，我们选择匹配程度最高的"一般化"。运行"查询"功能后，人工对无意义的虚词进行删减，并进行人工比对，具体结果如表5-8和表5-9所示。

表5-8 11号展厅前置访谈关键词词频统计

名称	数量/个	百分比/%	名称	数量/个	百分比/%
赵孟頫	11	15.28	房县芝	1	1.39
王羲之	7	9.72	雍正	1	1.39

续表

名称	数量/个	百分比/%	名称	数量/个	百分比/%
清秀淡雅	6	8.33	当代书法	1	1.39
书画家	6	8.33	功力深厚	1	1.39
明朝书法家	5	6.94	风格严厉	1	1.39
科举	4	5.56	爱写小字	1	1.39
对清朝的影响	4	5.56	千字文	1	1.39
风格飘逸	3	4.17	云间书派	1	1.39
人品不行	3	4.17	纵子行凶	1	1.39
承上启下	3	4.17	明四家之一	1	1.39
颜真卿	2	2.78	华亭派	1	1.39
融合前人	2	2.78	地位	1	1.39
从官	2	2.78	开宗立派	1	1.39
苏轼	1	1.39	—	—	—

表 5-9　11 号展厅后置访谈关键词词频统计

名称	数量/个	百分比/%	名称	数量/个	百分比/%
赵孟頫	14	13.86	当代书法求奇	2	1.98
发扬文化传统	8	7.92	祝枝山	1	0.99
对清的影响	5	4. 95	张廷玉	1	0.99
含蓄内敛	5	4.95	于敏中	1	0.99
王铎	4	3.96	王文治	1	0.99
柔和偏淡	4	3. 96	刘墉	1	0.99
展览脉络清晰	4	3.96	手札	1	0.99
董其昌	3	2.97	董其昌的大字	1	0.99
八大山人	3	2.97	大字郭彦	1	0.99
赵孟頫	3	2.97	影响	1	0.99
流派问题	3	2.97	士大夫的气质	1	0.99
清朝皇帝的影响	3	2.97	对当代书法的影响	1	0.99

续表

名称	数量/个	百分比/%	名称	数量/个	百分比/%
对科举的影响	3	2.97	没有影响	1	0.99
董其昌和赵孟頫	3	2.97	传承书法	1	0.99
真迹	2	1.98	波澜壮阔	1	0.99
文征明	2	1.98	人品不佳	1	0.99
二王	2	1.98	擅长小字	1	0.99
对当代青年人的影响	2	1.98	赵孟頫的书风	1	0.99
董其昌性格的影响	2	1.98	董其昌的源头和后继者	1	0.99
书风	2	1.98	艺术本身没有超越	1	0.99
秀美整齐	2	1.98	董其昌对行书的贡献	1	0.99

五、观众展览评价统计

在后置访谈中，我们还收集了观众对展览的主观评价。观众对于展览的体验状况和观众的参观需求，可作为展览信息传播结果评估的重要参考。

观众对展览的评价总体上可以分为两类，即“没有问题”和“指出问题”，两类的界定可参考第三章第二节中相关内容。通过 Nvivo 11，我们将观众的“指出问题”进行编码，分成了 6 个节点，分别是“环境光线暗”“内容不全面或不足”“介绍不足”“展品放置较远”“温度过高”“整体风格不协调”，如图 5-30 所示。

图 5-30 中，面积越大，代表具有相同观点的观众数量越多。其中，左边表示“指出问题”，右边表示“没有问题”。有 19 名观众表示展览“没有问题”，有 40 名观众对展览“指出问题”。在全部的 40 名“指出问题”的观众中，认为“环境光线暗”的观众有 15 人，占据了总数的 37.5%；其余各项从高到低排列依次是“内容不全面或不足”(13 人)、“介绍不足”(6 人)、“展品放置较远”(4 人)、“温度过高”(1 人)、“整体风格不协调”(1 人)。

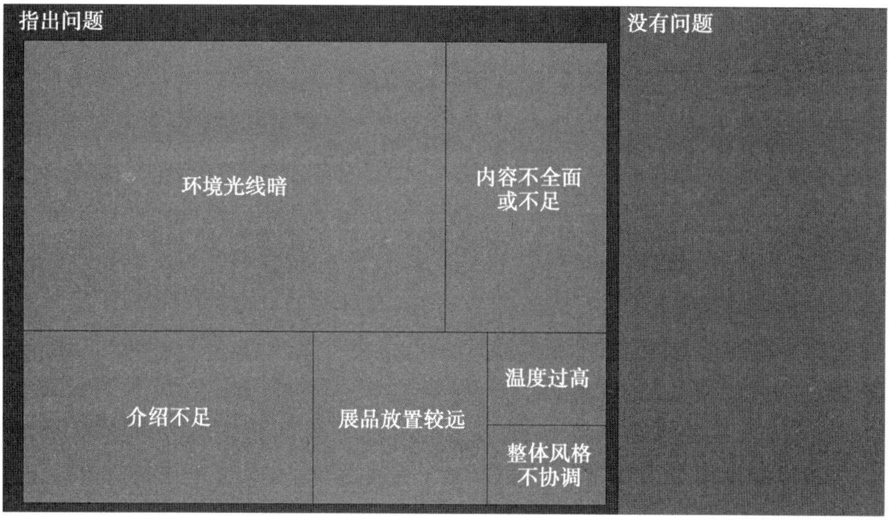

图 5-30　11 号展厅受访者展览评价统计图

六、展览信息传播评估

上文中我们已经指出，观众的知识变化就是展览信息传播的结果，观众的参观信息就是展览信息传播效率的重要影响因素。因此，对这两个部分进行分析和评估，是本次展览评估项目中的核心环节。

（一）观众参观信息的分析与评估

1.展示单元的分类

在本节第三部分，我们得到了观众在 93 个展示单元前的参观投入程度分布情况以及每个展示单元前“注意该展示单元”和“没有注意过该展示单元”的观众分布情况。通过观众注意力分布状况的统计，可以直观地了解各展示单元吸引观众注意力的状况，更好地判断展览信息传播的效果。

从上文得知，93 个展示单元中，63 名观众里平均有 23.67 人“没有注意过该展示单元”，占比为 37.57%。综合考虑，我们作出如下判定：

(1)“没有注意该展示单元”的观众比例在 30%以上 40%以下的展示单元，视为“能够正常吸引观众注意”的展示单元。

(2)“没有注意该展示单元”的观众比例在 30%以下的，视为“能够较好地吸引观众注意”的展示单元。

(3)“没有注意该展示单元”的观众比例在 40%以上的，视为“不能吸引观众注意”的展示单元。

基于上述判断,我们对93个展示单元的性质进行归类,结果如表5-10所示。

表5-10　11号展厅展示单元分类统计

分区	能够正常吸引观众注意	能够较好地吸引观众注意	不能吸引观众注意
A区	—	—	A0,AA0～AA2
B区	B4	B1～B3、B5	AB1～AB3
C区	C8～C9	C1～C6	C7、C10～C11、AC1～AC4
D区	D1～D4、D11、D13、D17、D23～D24、D26、D29～D30、D33～D35、D38、D40～D42、D46～D47、D51～D52、D55、D57～D59	D7～D10、D25、D27～D28、D31～D32、D36、D43～D44、D48～D50、D56	D5～D6、D12、D14～D16、D18～D22、D37、D39、D45、D53～D54、D60、AD1～AD5
E区	—	—	AE1

2.参观热区的分布

根据上文对展示单元的分类,我们可以在展厅平面图中将这一结果落实,形成参观热区图,如图5-31所示。

图5-31　11号展厅受访者参观热区图

通过热区图我们可以清楚地发现，“能够较好地吸引观众注意”和“能够正常吸引观众注意”的展示单元，基本沿通柜形成了观众在 11 号展厅中参观动线的“主要脉络”。但 C 区和 D 区存在较大问题，主厅西侧连廊展品多数为观众所忽视，原因如下：第一，存在展品密度较高导致观众注意力被分散的潜在问题；第二，11 号展厅基本以单一的书写作品展示为主，展品自身的“吸引力”也需要提高。此外，独立展柜和多数文字图版类辅助展品，绝大多数属于“不能吸引观众注意”的展示单元。因此，我们判断：前者所涉及的展示单元，基本能够为展览信息传播提供先决条件，即引起观众比较普遍的注意；而后者所涉及的展示单元，则不能为展览信息传播提供帮助，因为对于大多数观众而言，这些展示单元并不能引起他们的注意，这丧失了展览信息传播发生的第一条件。

3.展示单元的评估

展示单元的评估方法与第三章第二节所述内容相同，此处不再赘述。

基于前述评估标准，我们对 11 号展厅中存在的不足之处进行判定，结果如下：

第一，部分“重要信息点”没有引起观众注意。在 11 号展厅中，重点展品有 46 件（详见表 5-6），其中，仅有 16 件重点展品处于“能够较好地吸引观众注意”的水平，18 件重点展品处于“能够正常吸引观众注意”的水平，C 区中的 C7（明・董其昌临怀素草书册）、C10（明・董其昌行书册）两件重点展品及 D 区中的 D5（清・普荷行书五绝诗轴）、D6（清・冒襄行书轴）、D12（清・米汉雯行书轴）、D15（清・高士奇行书轴）、D18（清・陈奕禧行书轴）、D19（清・查昇草书轴）、D20（明・董其昌行草轴）、独立展柜（D21、D22）、D39（清・梁巘草书轴）10 件重点展品处于“不能吸引观众注意”的水平。从 C 区开始，11 号展厅主要讲述董其昌书风的演变，主要内容以董其昌的师友（C 区）、董其昌的追随者（D 区）为主，但是从热区图中可以发现，C 区和 D 区观众的注意力水平较低，未能很好地实现信息传播。AA1（名家体系）、AA2（前言）、AB1（董其昌要超越的目标）、AC1（董其昌的师友——云间书派的营构与崛起）、AD1（董其昌的追随者）、AE1（对后世的影响）这 6 个展示单元，对整个单元的内容起着提纲挈领的作用，但均处于“不能吸引观众注意”的水平。由此可以看出，对展览的主要内容和脉络进行梳理与介绍的重要文字信息无法引起观众注意，说明此部分内容在设计上存在不足。

第二，“一般信息点”普遍没能引起观众注意。基于对重点展品的划分，其他内容按照“一般信息点”的形式进行处理。可以发现，以下展示单元存在问题:C区中,C11(明·陈继儒草书轴)没能引起观众注意,根据观众评价的内容推测,该区域位于AC4旁边,易被观众忽视。D区中,D14(清·韩菼楷书联)、D16(清·彭定求楷书轴)、D37(清·刘毓珍行书轴)、D45(清·王文治行书轴)、D53(清·英和行书轴)、D54(清·陆润庠楷书联)、D60(清·袁昶楷书轴)7个展示单元无法吸引观众注意。除了单元说明以外,具有"展品性质"的文字吸引力也不足。例如,AB2(赵孟頫)及AB3(文徵明)对"董其昌要超越的目标"的文字介绍、AC2(云间派)的文字介绍、AD2～AD5对董其昌追随者的分节文字介绍,都属于"不能吸引观众注意"的展示单元。另外,展厅中的极少数内容可以归属"辅助信息点",如A0(场景复原空间)、AC3及AC4等辅助展品均处于"不能吸引观众注意"的水平,没有达到预期效果。在11号展厅的统计结果中,16个非展品类展示单元均处于"不能吸引观众注意"的水平。考虑到"注意"是发生一切参观体验的基本前提,所以目前的评估结果表明,非展品类展示单元的信息传播能力整体极低。

(二)观众知识变化的分析与评估

1.展览信息传播的结果

展览信息传播是否有效的判断方法与前述相同。在本节第四部分,我们对观众在参观前后描述展厅主题的访谈信息进行了词频统计,为了进一步有效、直观地反映观众参观前后的变化,我们基于词频统计结果,制作了网状结构图,如图5-32和图5-33所示。

在网状结构图中,色块面积越大,代表词语出现的频率越高。由此可以直接掌握观众在参观前后对展览主题的理解程度。

在前置访谈中,我们可以发现,观众对于展览相关主题的认识,大多集中于"赵孟頫""王羲之""清秀淡雅""书画家""明朝书法家""科举""人品不行""承上启下"。在后置访谈中,观众对于展览的理解,大多集中于"赵孟頫""发扬文化传统""对清的影响""含蓄内敛""王铎""柔和偏淡""展览或脉络清晰""董其昌""八大山人"等,占据了总数的近1/2。

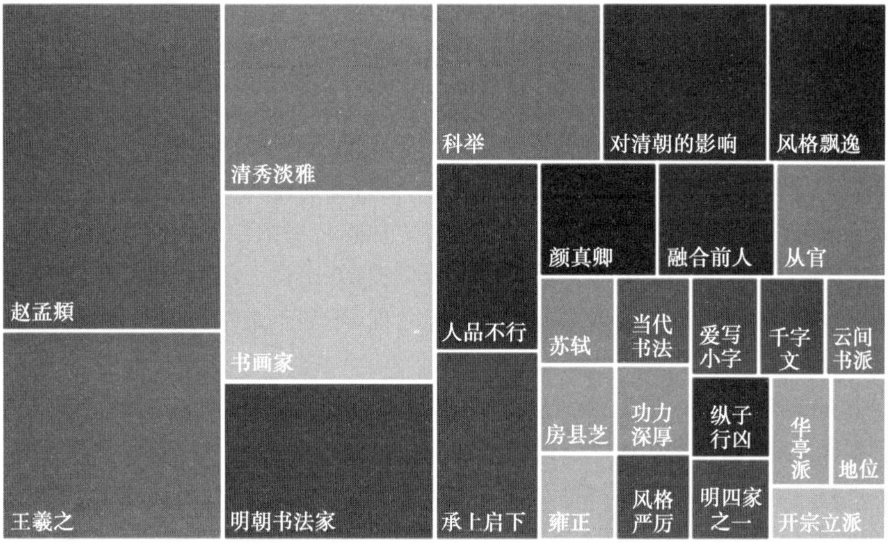

图 5-32 11 号展厅前置访谈网状结构图

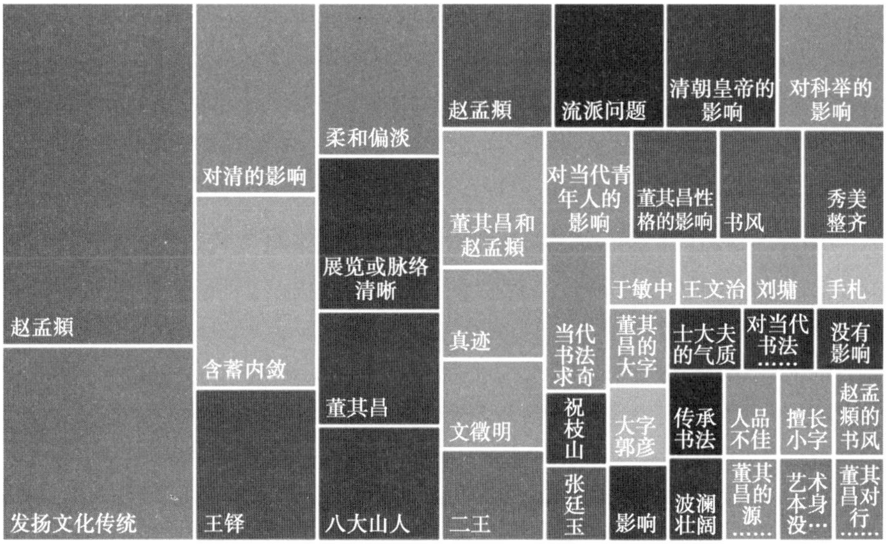

图 5-33 11 号展厅后置访谈网状结构图

2.展览信息传播的评估

要进行展览信息传播的评估，需要先明确展览的预期目标。该展览的主要目的是客观审视董其昌书风的演变，并以此来反观传统书法，引发对当下书法文化的思考，指导我们把握书法文化的发展方向。在这一过程中，展品选择以名家书作为主体，也不避馆阁体和普通书手书作，力图贴近书写文化的历史本原，让展品来讲述董其昌书风的历史流变。

基于这样的前提，我们可以对观众的知识变化结果进行对比，以实现对展览信息传播的评估。上文中，通过网状结构图，我们直观地对观众表达的原始词语进行梳理，并通过词频变化来反映展览信息传播的结果。但是，为了进行更有效的评估，我们需要对原始词语进行分类，并以词语的内涵和所属的类别为准。原因在于，原始词语多有重复表达之处，不利于直接和展览目标信息进行对比。

为了实现评估，首先，我们需要根据原始词语所属的类别，对原始词语进行编码，以组成具有相似意义的新节点。通过对节点进行分析，我们可以进一步理解观众的知识变化。然后，通过 Nvivo 11 来对前置、后置访谈进行分析，形成网状结构图，如图 5-34 所示。其中，左边代表前置访谈，右边代表后置访谈，词语的数量用面积来表示，词语的层级关系用嵌套的矩形来表示。

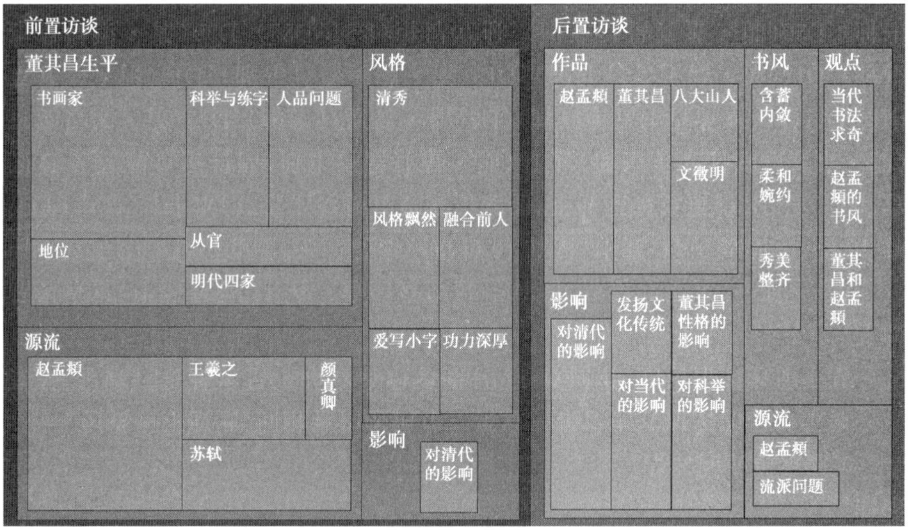

图 5-34　11 号展厅三级节点网状结构图

图 5-34 所示为三级节点，呈现了 63 名观众原始词语的分布情况。根据词语之间的相似程度和前后情境，我们将其进行了分类。从图中我们可以直观地看出，前置访谈的面积小于后置访谈。这表明，通过观展观众对展览的认识有了较大的提升。由于此次调查的观众绝大多数具有艺术背景或是书法爱好

者，因此在前置访谈中，与董其昌关系密切的赵孟頫成为最普遍被提及的内容之一，而且大多认为赵孟頫书法是董其昌书法的源流之一。此外，王羲之、王献之、颜真卿等人的书法，也被视为董其昌书法的源头，故将这些词语视为一类。但是，尽管赵孟頫是出现频率最高的词，但与之相关的“源流”并不是占比最高的部分。绝大多数观众都能从多个方面来阐述他们对董其昌生平的认识，例如兼具书画，在书法界的地位，和科举之间的故事以及民间对他生平的认识等。从中可以看出，参与调查的这部分观众大多对董其昌有比较全面的认识和理解。

在后置访谈中，“作品”占据了最大的比重，大多数观众在参观结束后都能对自己印象深刻的作品进行评述。但是，值得关注的是，在作品的内部，董其昌的作品并不是最多的，仅占赵孟頫作品的一半，且总数与王铎相近。结合观众的评语和展览的内容来看，展厅中董其昌自己的作品的确在数量上不占主导地位，诸如赵孟頫、王铎等人的作品，被视为董其昌作品的源头和去向进行展示。这一点在此处得到了具体体现。此外，在后置访谈中，许多观众谈到了董其昌带来的影响，而这些影响大致可以分为对清代的影响和对当代的影响：前者集中在对清代作品的理解，后者大多通过提倡传统文化的方式来表达。

通过对比可以发现，大多数观众是具有相关专业背景的专业人士或书画爱好者，而且大多对董其昌书法有相对独到的见解。例如，尽管展览想体现董其昌书法和赵孟頫书法之间的继承关系，但是个别观众仍然认为，董其昌书法和赵孟頫书法之间没有继承关系。尽管如此，展览还是基本实现了全面呈现董其昌书风从源头到去向的信息表达，至少在相关专业群体眼中得到了很好的表述。

图 5-35 为二级节点图，能够更加直观地反映我们对观众原始信息所做的进一步处理。在前置访谈中，观众对董其昌的理解分为“生平”“源流”“风格”“影响”四个部分，在后置访谈中分为“作品”“影响”“风格”“观点”“源流”五个部分。从内容上看，后置访谈中增加了“作品”和“观点”两栏。这一点反映了展览给观众带来的直接影响。“作品”意味着展览的内容给观众留下了深刻印象，而“观点”则体现了观众对这些展品的思考。“生平”不见于后置访谈中，其他部分有相应的增加，以“影响”为甚。

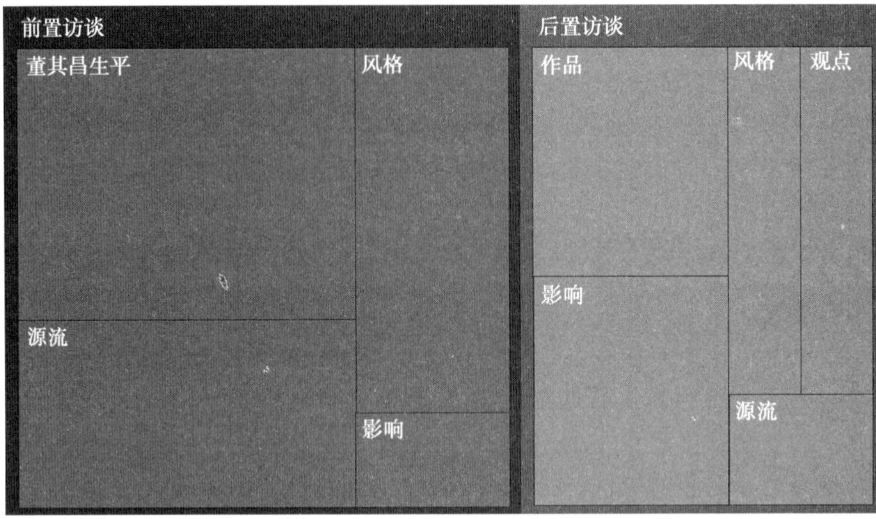

图5-35　11号展厅二级节点网状结构图

该展览有两个目标：一是让观众客观审视董其昌书风的演变，把握其书法主脉；二是让观众反观传统书法，引发对于当下书法文化的思考。从观众的表述中可以发现，他们大都能够清晰地表述展览的主要架构，即从源流到去向及其影响的全过程，并能够表述董其昌及其作品通过赵孟頫、对清代的影响等具体内容来呈现。同时，一部分观众也说明了该展览对于当代书法文化的启迪，由于一部分观众是书画爱好者，因此他们表示展览对于提升自身的书法技巧有直接的帮助。此外，还有观众认为书法文化是中华优秀传统文化的重要组成部分，需要引起当代人的进一步重视，并抵制"求异"的书法怪状。因此，在一定程度上，展览的第二个目标也基本得到了实现。

（三）总结

11号展厅观众评估报告的内容构成与前文其他展厅的评估报告相似，此处不再赘述，具体可参考第三章第二节相关内容。其中，"观众参观信息"和"观众知识变化"是评估展览信息传播效果的重要内容。

在"观众参观信息"的评估中，我们对展示单元和"观众的注意力水平"进行了系统分析与评估。我们发现，以通柜类展示形式为主的展示单元，基本构成观众参观运动和注意力分配的主线。该展厅的展示单元整体上对观众的注意力吸引水平较高，但C区和D区存在较大问题，主厅西侧连廊展品多数为观众所忽视，原因有二：第一，存在展品密度较高导致观众注意力被分散的潜在问题；第二，展厅基本以单一的书写作品展示为主，展品自身的"吸引力"也需要提高。同时，展厅中力求突出展示的视频播放设备和独立展柜，也成了观众注意力难以涉及的区域。由此可以判断，11号展厅中对部分“重要信息点”的处理方式没有达到预期效果。此外，具有提纲挈领作用的单元文字说明和关于展品的文字介绍与说明，基本均被“完全忽略”，从而无法达到预期的效果，而这些内容对于展览信息的有效传播具有深刻影响。

在“观众知识变化”的评估中，我们发现，由于这部分观众对于董其昌普遍有着比较深入和全面的认识，因此展览本身并没有对他们原有的知识结构提出挑战。在这些观众面前，展览和观众呈现出一种“对话”的态势，展览用自己的方式表述了董其昌的源头和去向，这部分观众则依据自己的认识和理解来进行判断和取舍。尽管如此，大多数观众并没有否认展览所呈现的内容，所以展览的传播目的在目标观众中基本得到了实现。

综合“观众参观信息”和“观众知识变化”，我们可以发现，展厅整体照度水平低是观众最为“诟病”的一点，如何在保护文物的前提下改善展厅照明，提升观众的观展体验，是值得我们深思的问题。文字介绍类信息普遍被忽视，但是由于绝大多数受访观众对背景信息了解得比较充分，所以展览所希望传达的关于董其昌书风的流变及影响，在这一群体中基本得到了实现。

第六章　博物馆教育项目评估
——线上观众学习评估

教育是博物馆最重要的社会职能之一，博物馆推出的以展览为核心的文化产品即是其教育与传播功能的体现。本书第二至五章阐述了展览教育与传播效果评估的实践。展览是博物馆教育功能发挥的重要载体，博物馆依托展览开展了一系列教育活动，如人工讲解、语音导览、二维码讲解、各类线上线下教育活动。这些教育活动的开展，一方面拓展了展览的教育功能，丰富了展览的内涵；另一方面又弥补了展览阐释的不足，提升了展览的教育水平。然而，与展览配套的相关教育活动和教育产品有着不同于展览的特点。展览是在特定的文化空间中，观众通过行走，依据个人兴趣、已有知识经验等自由选择的学习，除了个人因素外，社会因素和物理环境因素也会影响到观众的学习；而博物馆的教育活动，更准确的理解是博物馆开展的教学活动，是依据教育学的基本规律，为促进不同年龄、不同知识背景、不同文化背景的观众的学习体验而开展的活动，除个人因素外，教学设计也是影响观众学习体验的十分重要的因素。因此，除了探索实体展览教育与传播效果评估的理论与方法外，积极开展各类教育活动效果的评估工作，对于提升教育项目的质量、提高博物馆文化传播的效率十分有益。

关于教育项目的评估，目前在做的主体有两个：一个是中小学，一个是博物馆。2020 年 9 月 30 日，教育部和国家文物局联合下发的《关于利用博物馆资源开展中小学教育教学的意见》规定："加强考核评价。各地教育部门要加强对利用博物馆资源开展中小学教育教学工作的目标考核和效果评价。各地文物部门要将其纳入博物馆定级评估、运行评估、免费开放绩效考评等博物馆质量评价体系。"由此可见，这两个主体在博物馆教育项目评估中通过不断地探索，走出了一条教育质量提升的新路子。近年来，博物馆远程教育尤其是以互联网为载体的线上教育飞速发展。2020年，由于新冠肺炎疫情爆发，各类博物馆学习产品不断涌现，如云展览、短视频、推文等。这些产品质量参差不齐，而有效提升这些产品质量的路径之一便是探索有益的评估方法。本章将以山东博物馆参与的“国宝讲述人(云讲国宝)——全国文博在线讲解直播推介活动”为例，以原创视频“全网第一次开箱——明衍圣公香色麻飞鱼袍”为评估目标，对观众的学习效果进行评估，以期对此类学习资源的评估有所裨益。

一、评估背景

陈列展览是博物馆诸多服务中历史最为悠久且最能体现自身特色的项目，也是博物馆发挥教育职能的主要途径。但是博物馆的常设展览、临时展览和引进展览等往往设立于博物馆内，观众必须进入博物馆才能看到。进入21世纪以来，人类进入了数字化时代，数字经济蓬勃发展，5G、VR、大数据、人工智能等现代技术不断更新迭代，博物馆纷纷开始走上数字化建设之路，探索更好地发挥教育职能的新形式。

2020年新冠肺炎疫情的爆发进一步加速了博物馆的数字化转型，线上展览与线下展览相比，能够避免人群聚集，更加符合疫情防控的要求，逐渐成为博物馆履行教育职能的重要手段。因此，对博物馆的线上展览进行观众研究，了解观众对博物馆线上展览和教育资源的需求和满意度，对于衡量和提升山东博物馆的公共文化服务水平有着重要作用。

山东博物馆在博物馆数字化建设之路上进行了多样化的尝试：在官方网站设立《虚拟展厅》专门栏目；使用云观博、文物山东、学习通等线上平台举办解说观展活动；通过微博、抖音、快手等社交媒体平台推出文物讲解直播活动；在喜马拉雅平台上线“把国宝讲给你听”“六合同风”“成语故事汇”“布衣中国”等音频专辑；推出明衍圣公朝服等三件国宝参演《国家宝藏》第二季；通过线上商城和文创智造云平台推出“鲁博手礼”等文创产品；在线下推出文物讲解语音导览程序和数字展厅。为了解山东博物馆“云讲国宝”视频的教育效果，更好地指导今后类似产品的设计与制作，山东博物馆开展了线上学习产品的教育评估工作。

二、评估设计

(一)评估研究对象

本次选取的评估研究对象为山东博物馆“云讲国宝”系列讲解视频之

一——“全网第一次开箱——明衍圣公香色麻飞鱼袍”。该视频由山东博物馆在2020年8月1日首次推出，视频中讲解的文物——明衍圣公香色麻飞鱼袍，是国内现存唯一的一件传世男式飞鱼纹赐服，十分珍稀。为了更好地向观众展示该文物，博物馆设置了一个独特的展示角度，使文物七度平躺在展示柜中进行拍摄，整体视觉呈现效果较好、制作精良。该视频是山东博物馆为参加由央视新闻、中国文物报社和哔哩哔哩联合举办的“云讲国宝”活动制作，因此相较于山东博物馆推出的其他讲解视频能获得更高的流量和曝光度，人群覆盖面更加广泛。与参加“云讲国宝”活动的优质的短视频相比，该视频收获了3.3万次播放量和1493个弹幕，表现优异。

该视频主要对明衍圣公香色麻飞鱼袍进行讲解，视频开篇以年轻人喜爱的手伴开箱作为引子，引出飞鱼袍并对其背后所蕴含的重要意义——皇帝赏赐的、仅次于蟒袍的荣誉之服进行讲解；随后正式开始对山东博物馆馆藏的明衍圣公香色麻飞鱼袍的历史渊源、文化底蕴和基础信息进行讲解；视频最后介绍的是来自山东博物馆的保管员、修复师、策展人、讲解员。该视频主要在哔哩哔哩网站进行宣发，截至2020年12月9日，该视频在哔哩哔哩网站的播放量为3.3万次，共收获1493个弹幕和151条评论。

（二）调查对象和调查方法

本次山东博物馆“云讲国宝”视频的观众评估以“全网第一次开箱——明衍圣公香色麻飞鱼袍”为例，以观众满意度为主要评估指标，采用定量问卷调查的方式开展。本次调研问卷采用线上与线下相结合的推送方式：线下方式是在山东博物馆馆内寻找受访者观看视频并填写问卷，线上方式是线上寻找受访者观看视频并填写问卷。共获取有效样本403个。

（三）研究指标和调查内容

本次调查包含线上资源使用评价、线上资源使用情况和线上资源认知情况三个一级指标。其中，线上资源使用评价包括内容和呈现两个二级指标，线上资源使用情况包括主要目的、使用频次/时长、影响资源选择的主要因素、偏好的直播活动类型、与其他资源平台的优劣对比和推荐度六个二级指标，线上资源认知情况只有信息获取渠道一个二级指标。

调查问卷以研究指标为依据进行设计，主要包含三部分内容：第一部分主要用于考察受访者对山东博物馆线上视频内容和呈现两个维度的资源使用评价以及视频推荐度，为更客观地获取受访者对于山东博物馆线上展览满意度情况的量化数据，该部分问题采用五级量表的形式，将观众对各项目的态度分为非常认同、比较认同、一般、不太认同和很不认同，分别用数字 5、4、3、2、1 表示；第二部分主要考察受访者对山东博物馆线上视频/直播的使用情况、认知情况和意见建议，包括内容、呈现方式、目的、信息获取渠道、重要影响因素、类型偏好、观看频次和时长等维度；第三部分用于收集观众的基本信息，包括性别、年龄、受教育程度和居住地。

三、技术说明

（一）数据分析说明

本次研究对所有的采集数据进行了逻辑查错，并使用 SPSS 22.0 软件对调研数据进行分析，如“明代服饰文化展”展前需求调查，我们将采用五级量表得到的结果转换成了百分制。

（二）信度分析

本次研究采用 Cronbach's α 系数检验问卷内部的一致性信度。表 6-1 中的数据分析结果显示，本问卷的 Cronbach's α 系数为 0.799，内在信度较高。

表 6-1　可靠性统计

Cronbach's α 系数	项数
0.799	15

（三）效度分析

本次研究使用 SPSS 22.0 软件，采用探索性因子分析检验问卷的有效性。表 6-2 中的数据分析结果显示，本次问卷的 KMO 值为 0.892，效度高。

表 6-2　KMO 和 Bartlett's 球形检验

KMO 取样适切性量数	Bartlett's 球形检验		
	近似卡方	自由度	显著性
0.892	2189.567	105	0.000

四、山东博物馆"云讲国宝"视频观众评价

(一)观众背景信息

1.观众性别

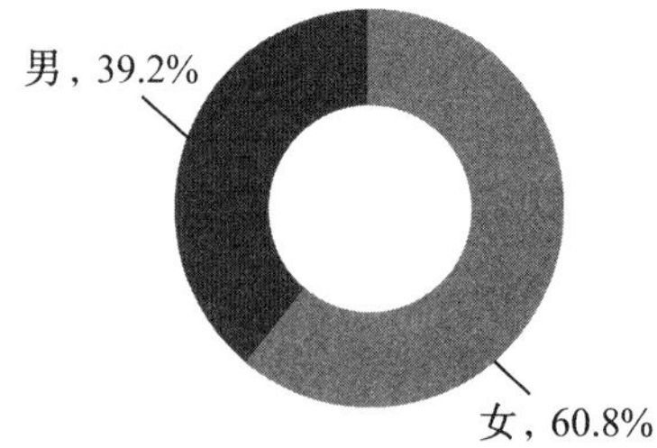

图 6-1　观众性别分布

图 6-1 中的调研结果显示,观看山东博物馆"云讲国宝"视频的观众中,女性占比为 60.8%,男性占比为 39.2%。

2.观众年龄

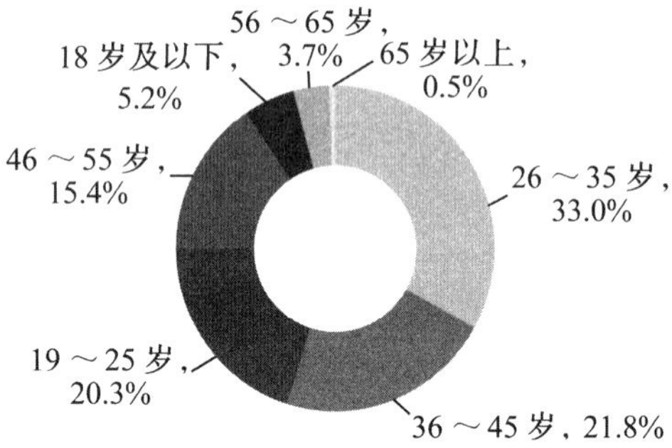

图 6-2　观众年龄分布

图 6-2 中的调研结果显示,观看山东博物馆"云讲国宝"视频的观众大多为中青年。其中,有 33.0%的观众年龄为"26～35 岁",占比最高;有 21.8%的观众年龄为"36～45 岁";分别有 20.3%和 15.4%的观众年龄为"19～25 岁"和"46～55 岁";有 5.2%的观众年龄为"18 岁及以下";有 3.7%的观众年龄为"56～65 岁";有 0.5%的观众年龄为"65 岁以上",占比最低。

3.观众学历

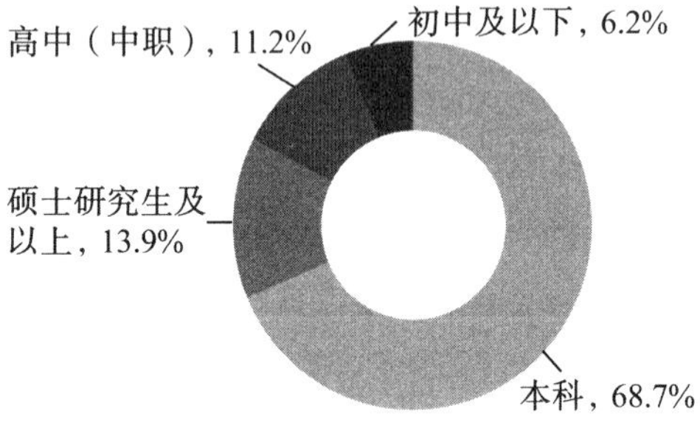

图 6-3　观众学历分布

图 6-3 中的调研结果显示,有 68.7%的观众学历为"本科",占比最高;有 13.9%的观众学历为"硕士研究生及以上";分别有 11.2%和 6.2%的观众学历为"高中(中职)"和"初中及以下"。

4.观众居住地

图 6-4 中的调研结果显示,有 44.7%的观众居住地在"山东省外的其他省份城市",占比最高;有 39.5%的观众居住地在"山东省济南市";有 15.6%的观众居住地在"除济南市外的山东省其他城市";有 0.2%的观众居住地在"境外",占比最低。由此可见,观看这一视频的观众中,省外观众的占比明显高于实体展览的省外观众。

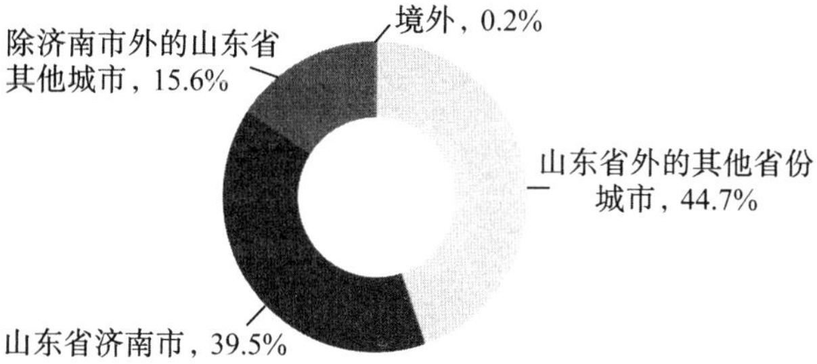

图 6-4　观众居住地分布

(二)线上资源总体满意度

图 6-5 中的调研结果显示，2020 年山东博物馆“云讲国宝”视频使用总体满意度得分为 87.3 分，处于较高水平，说明观众的使用体验较好。各项指标满意度得分均在 80 分以上，其中，受访者对“音画正常、配音配乐能有效渲染气氛”的评价最高，满意度得分为 89.0 分；其次为“内容翔实、丰富，令人收获颇丰”，满意度得分为 88.4 分；对“拍摄/制作精美，艺术价值高”的评价得分为 88.1 分；对“编排合理，内容叙述逻辑合理”的评价得分为 87.1 分；对“讲解生动有趣，吸引力强”的评价得分为 85.7 分；对“时间长度合适”的评价得分为 85.5 分。

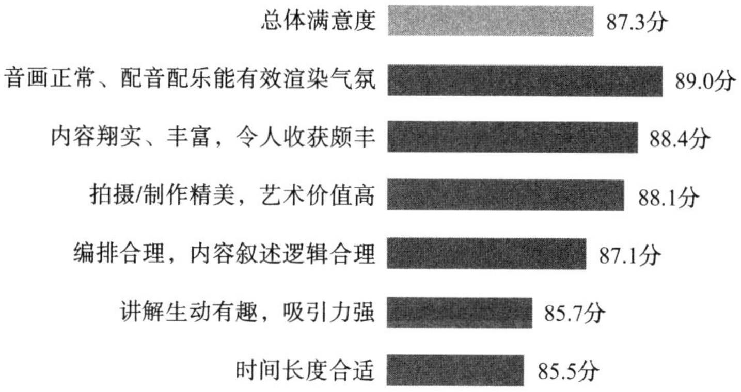

图 6-5　2020 年山东博物馆“云讲国宝”视频使用满意度得分

“云讲国宝”视频的品牌推荐度是反映资源质量和观众忠诚度的重要指标。图 6-6 中的调研结果显示，有 89.6%的观众“愿意”向他人推荐山东博物馆的“云讲国宝”视频，说明山东博物馆“云讲国宝”视频的品牌推荐度较高。其中，有 61.8%的观众表示“非常愿意”向他人推荐，没有人表示“很不愿意”向他人进行推荐。

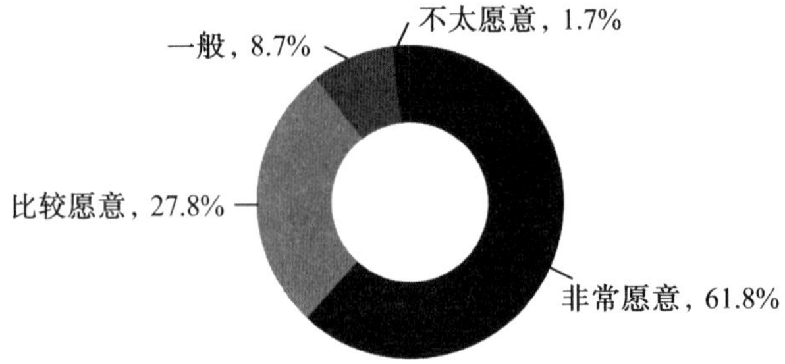

图 6-6　2020年山东博物馆"云讲国宝"视频品牌推荐度

以上数据分析结果显示，不同年龄段和不同地域的观众在品牌推荐度上有显著差异，其中18～35岁的青年观众和山东省以外的观众对于山东博物馆"云讲国宝"视频的推荐度相对较低。

观众对于"云讲国宝"视频各项指标的满意度能够反映该视频的优劣之处，为博物馆优化"云讲国宝"视频提供参考。如图6-7所示，通过运用IPA分析法① 对山东博物馆"云讲国宝"视频进行分析发现，内容编排和讲解方式是满意度最低但重要性最高的两项指标。这两项指标的观众满意度评价得分也相对较低。通过改进内容编排方式和提升讲解的趣味性能够有效提升观众的满意度。

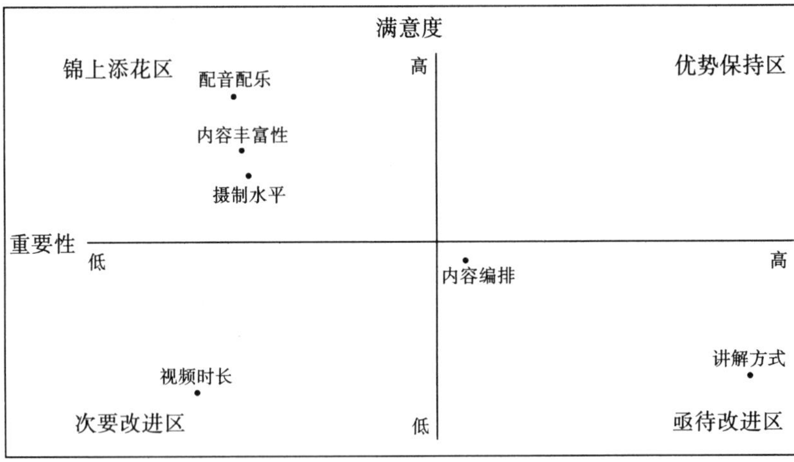

图 6-7　观众对于"云讲国宝"视频各项指标满意度与各项指标重要性情况

① IPA分析法的全称为"Importance-Performance Analysis"，是对重要性及表现进行分析的方法，这一方法被广泛运用在满意度评估中，是以重要性和满意度的总平均值为坐标原点，重要性为 X 轴，满意度为 Y 轴，生成一个包含四个象限的分析图。通过此方法可以了解"云讲国宝"视频需要改善的地方。

(三)不同年龄段观众满意度评价

各年龄段观众的认知水平和网络熟悉程度不一,对于"云讲国宝"视频的内容和呈现形式有不同的感受和评价。山东博物馆的"云讲国宝"视频对于18岁及以下人群和36岁及以上人群的吸引力较强,但对于19～35岁人群的吸引力还需提升。

表6-3中的调研结果显示,18岁及以下人群和36岁及以上人群对于山东博物馆"云讲国宝"视频的各项指标评价较好,18岁及以下人群对各项指标的评价得分均在95分左右,36岁及以上人群的评价得分均在90分左右。其中,18岁及以下人群对于"云讲国宝"视频的时间长度和内容编排满意度评价最高,但对配音配乐的满意度仍有提升的空间;36岁及以上人群对于"云讲国宝"视频的配音配乐、内容丰富度和摄制水平满意度评价较高,但对视频讲解方式、内容编排和时间长度的满意度仍有提升的空间。

19～35岁的人群是互联网的主要观众,对于短视频、直播等多种形式的优质内容接触较多,要求相对其他年龄段人群来说更高,需求更加难以满足。从表6-3中的调研结果来看,该年龄段人群对"云讲国宝"视频的各项指标评价得分均与其他两个年龄段有显著差异,评价得分均在80～85分。该类人群对于山东博物馆"云讲国宝"视频在配音配乐、内容丰富度和摄制水平等方面的满意度评价较高,但对内容编排、时间长度和讲解方式的满意度还有较大的提升空间。

表6-3　不同年龄段观众对"云讲国宝"视频内容丰富度满意度评价得分

19～35岁	18岁及以下	36岁及以上
音画正常,配音配乐能有效渲染气氛(86.2分)	时间长度合适(97.6分)	音画正常,配音配乐能有效渲染气氛(92.1分)
内容翔实、丰富,令人收获颇丰(85.5分)	编排合理,内容叙述逻辑合理(96.4分)	内容翔实、丰富,令人收获颇丰(91.3分)
拍摄/制作精美,艺术价值高(85.3分)	内容翔实、丰富,令人收获颇丰(95.2分)	拍摄/制作精美,艺术价值高(90.7分)
编排合理,内容叙述逻辑合理(83.7分)	拍摄/制作精美,艺术价值高(95.2分)	讲解生动有趣,吸引力强(90.6分)

续表

19～35 岁	18 岁及以下	36 岁及以上
时间长度合适(81.6 分)	讲解生动有趣，吸引力强(95.2 分)	编排合理，内容叙述逻辑合理(90.3 分)
讲解生动有趣，吸引力强(81.0 分)	音画正常，配音配乐能有效渲染气氛(94.0 分)	时间长度合适(89.1 分)

根据表6-4中的数据分析结果，经差异显著性检验，三个年龄段在内容丰富性维度($p=0.000$)、摄制水平维度($p=0.000$)、讲解方式维度($p=0.000$)、时长维度($p=0.000$)、内容编排维度($p=0.000$)、配音配乐维度($p=0.000$)上均显著。其中，19～35岁与18岁及以下、36岁及以上两个年龄段之间有显著性差异，但是18岁及以下和36岁及以上两个年龄段之间没有显著性差异。这表明，观众的年龄段对视频的内容和呈现方式有影响。

表6-4　不同年龄段与“云讲国宝”视频各方面评价统计量

		人数	平均值	标准偏差	标准误	平均值的95%置信区间		最小值	最大值
						下限	上限		
内容翔实、丰富，令人收获颇丰	18 岁及以下	21	95.24	10.06	2.20	90.66	99.82	75.00	100.00
	19～35 岁	215	85.47	18.11	1.24	83.03	87.90	0.00	100.00
	36 岁及以上	167	91.32	16.22	1.25	88.84	93.80	0.00	100.00
	总计	403	88.40	17.29	0.86	86.71	90.09	0.00	100.00
拍摄/制作精美，艺术价值高	18 岁及以下	21	95.24	10.06	2.20	90.66	99.82	75.00	100.00
	19～35 岁	215	85.34	16.93	1.15	83.08	87.62	25.00	100.00
	36 岁及以上	167	90.72	15.64	1.21	88.33	93.11	25.00	100.00
	总计	403	88.09	16.38	0.82	86.49	89.69	25.00	100.00
讲解生动有趣，吸引力强	18 岁及以下	21	95.24	10.06	2.20	90.66	99.82	75.00	100.00
	19～35 岁	215	81.05	21.03	1.43	78.22	83.87	0.00	100.00
	36 岁及以上	167	90.57	17.05	1.32	87.97	93.17	0.00	100.00
	总计	403	85.73	19.67	0.98	83.81	87.66	0.00	100.00

续表

		人数	平均值	标准偏差	标准误	平均值的95%置信区间		最小值	最大值
						下限	上限		
时间长度合适	18岁及以下	21	97.62	7.52	1.64	94.20	101.04	75.00	100.00
	19～35岁	215	81.63	21.47	1.46	78.74	84.51	0.00	100.00
	36岁及以上	167	89.07	19.89	1.54	86.03	92.11	0.00	100.00
	总计	403	85.55	20.80	1.04	83.51	87.58	0.00	100.00
编排合理，内容叙述逻辑合理	18岁及以下	21	96.43	8.96	1.96	92.35	100.51	75.00	100.00
	19～35岁	215	83.72	20.71	1.41	80.94	86.50	0.00	100.00
	36岁及以上	167	90.27	16.66	1.29	87.72	92.81	0.00	100.00
	总计	403	87.10	19.02	0.95	85.23	88.96	0.00	100.00
音画正常，配音配乐能有效渲染气氛	18岁及以下	21	94.05	13.47	2.94	87.91	100.18	50.00	100.00
	19～35岁	215	86.16	17.69	1.21	83.78	88.54	0.00	100.00
	36岁及以上	167	92.07	15.05	1.16	89.77	94.37	25.00	100.00
	总计	403	89.02	16.69	0.83	87.39	90.65	0.00	100.00

根据表6-5中的数据分析结果，经差异显著性检验，三个年龄段在推荐度上有显著性差异($p=0.000$)；19～35岁与18岁及以下、36岁及以上两个年龄段之间有显著性差异，但是18岁及以下和36岁及以上两个年龄段之间没有显著性差异。综上所述，观众的年龄对于“云讲国宝”视频的推荐度有影响。

表6-5　不同年龄段与“云讲国宝”视频推荐度统计量

		人数	平均值	标准偏差	标准误	平均值的95%置信区间		最小值	最大值
						下限	上限		
推荐度	18岁及以下	21	95.24	10.06	2.20	90.66	99.82	75.00	100.00
	19～35岁	215	83.02	19.55	1.33	80.40	85.65	25.00	100.00
	36岁及以上	167	92.07	15.54	1.20	89.69	94.44	25.00	100.00
	总计	403	87.41	18.19	0.91	85.63	89.19	25.00	100.00

（四）不同地域观众满意度评价

图 6-8 中的调研结果显示，山东博物馆的“云讲国宝”视频对于山东省观众的吸引力较强，但外省观众的满意度和推荐度还有提升的空间。山东省观众对于山东博物馆“云讲国宝”视频的各项指标评价较高，得分均在 90 分以上。其中，对于“内容翔实、丰富，令人收获颇丰”和“编排合理，内容叙述逻辑合理”的满意度评价最高，得分分别为 93.1 分和 92.0 分；其次为“音画正常，配音配乐能有效渲染气氛”和“拍摄/制作精美，艺术价值高”，得分分别为 91.6 分和 91.4 分；相较而言，观众对视频讲解方式和时间长度的满意度仍有提升的空间。

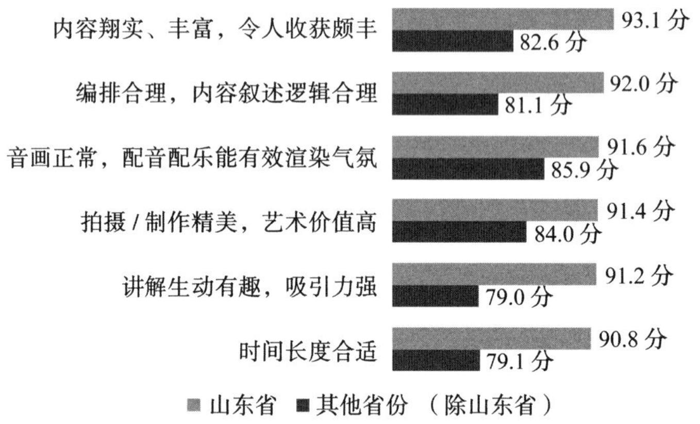

图 6-8 2020 年山东博物馆“云讲国宝”视频观众满意度评价得分

山东省外观众对于山东博物馆“云讲国宝”视频的各项指标评价得分均低于 86 分，并且有四项指标得分在 80 分左右。山东省外观众对于“云讲国宝”视频“音画正常，配音配乐能有效渲染气氛”和“拍摄/制作精美，艺术价值高”两项指标的满意度较高，而对于视频在内容丰富度、内容编排、时间长度和讲解方式等方面的满意度还有待进一步提升。

根据表 6-6 中的数据分析结果，经差异显著性检验，地域在内容丰富性维度（$p=0.000$）、摄制水平维度（$p=0.000$）、讲解方式维度（$p=0.000$）、时长维度（$p=0.000$）、内容编排维度（$p=0.000$）、配音配乐维度（$p=0.001$）上均显著。山东省观众与山东省外观众有显著性差异，山东省观众对视频各个评价指标的满意度水平显著高于山东省外观众。这表明，地域对视频的内容和呈现方式有影响。

表 6-6　不同地域与“云讲国宝”视频各方面评价统计量

		人数	平均值	标准偏差	标准误	平均值的 95% 置信区间		最小值	最大值
						下限	上限		
内容翔实、丰富，令人收获颇丰	山东省	222	93.13	12.83	0.86	91.43	94.83	50.00	100.00
	其他省份	181	82.60	20.09	1.49	79.65	85.54	0.00	100.00
	总计	403	88.40	17.29	0.86	86.71	90.09	0.00	100.00
拍摄/制作精美，艺术价值高	山东省	222	91.44	14.66	0.98	89.50	93.38	25.00	100.00
	其他省份	181	83.98	17.45	1.30	81.42	86.54	25.00	100.00
	总计	403	88.09	16.38	0.82	86.49	89.69	25.00	100.00
讲解生动有趣，吸引力强	山东省	222	91.22	16.18	1.09	89.08	93.36	0.00	100.00
	其他省份	181	79.01	21.44	1.59	75.86	82.15	0.00	100.00
	总计	403	85.73	19.67	0.98	83.81	87.66	0.00	100.00
时间长度合适	山东省	222	90.77	17.13	1.15	88.50	93.03	0.00	100.00
	其他省份	181	79.14	23.05	1.71	75.76	82.52	0.00	100.00
	总计	403	85.55	20.80	1.04	83.51	87.58	0.00	100.00
编排合理，内容叙述逻辑合理	山东省	222	92.00	15.07	1.01	90.01	94.00	0.00	100.00
	其他省份	181	81.08	21.51	1.60	77.92	84.23	0.00	100.00
	总计	403	87.10	19.02	0.95	85.23	88.96	0.00	100.00
音画正常，配音配乐能有效渲染气氛	山东省	222	91.55	15.92	1.07	89.45	93.66	0.00	100.00
	其他省份	181	85.91	17.13	1.27	83.40	88.42	25.00	100.00
	总计	403	89.02	16.69	0.83	87.39	90.65	0.00	100.00

根据表 6-7 中的数据分析结果，经差异显著性检验，不同地域在推荐度上有显著性差异($p=0.000$)。山东省观众与其他省份观众有显著性差异，山东省观众推荐度显著高于其他省份的观众。因此，观众的地域分布对于“云讲国宝”视频的推荐度有影响。

表 6-7 不同地域与"云讲国宝"视频推荐度统计量

		人数	平均值	标准偏差	标准误	平均值的95%置信区间		最小值	最大值
						下限	上限		
推荐度	山东省	222	93.02	14.34	0.96	91.12	94.91	25.00	100.00
	其他省份	181	80.52	20.00	1.49	77.59	83.46	25.00	100.00
	总计	403	87.41	18.19	0.91	85.63	89.19	25.00	100.00

(五)与同类视频的比较

与观众观看过的其他线上历史文化视频相比,缺乏创新知识点和未能凸显博物馆的专业优势是山东博物馆"云讲国宝"视频亟待提升的两大方面。图6-9中的调研结果显示,有51.6%的观众认为"云讲国宝"视频在内容上最有待"提供有价值的创新知识点或观点",占比最高;有51.1%的观众认为云讲国宝视频在内容上最有待提升"特色鲜明、凸显博物馆独特的专业优势";其余各项按占比高低依次为"文字解说水平高,语法修辞准确性高"(39.2%)、"知识结构完整、关键知识点无遗漏"(39.2%)、"反映最前沿的专业信息与社会热点"(32.0%)、"内容科学严谨,没有概念性、知识性错误"(27.0%)。这表明,山东博物馆"云讲国宝"视频在内容的科学性和准确性方面表现较好,但是在知识的创新性、独特性和完备性等方面还有提升空间。

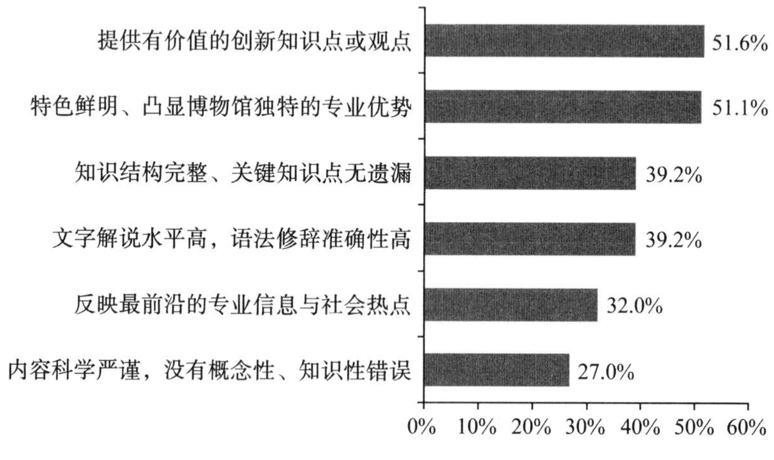

图 6-9 观众认为"云讲国宝"视频在内容上最有待提升部分占比

与观众观看过的其他线上历史文化视频相比，选择呈现效果不同指标的观众人数占比差距不大，表明观众对于视频的呈现效果总体上处于比较满意的状态。图 6-10 中的调研结果显示，有 38.0％的观众认为视频在“图形、图像简洁、清晰，色彩鲜明，音画同步”方面最有待提升，占比最高；分别有 37.7％和 36.2％的观众选择“视频的互动效果（可分享、评论、发弹幕等）”和“动画造型和谐、动作流畅”；其余各项按占比高低依次为“屏幕布局、字体、色彩设置合理，使用体验良好”（35.0％）、“文本字号大小适宜，语句通俗易懂”（35.0％）、“音频音质清晰，音量适中，无明显噪音”（34.2％）、“视频特效逼真、播放流畅”（33.5％）。这表明，“云讲国宝”视频在图像清晰度和互动性方面还有待提高，同时这两方面也是观众较为关注的因素。

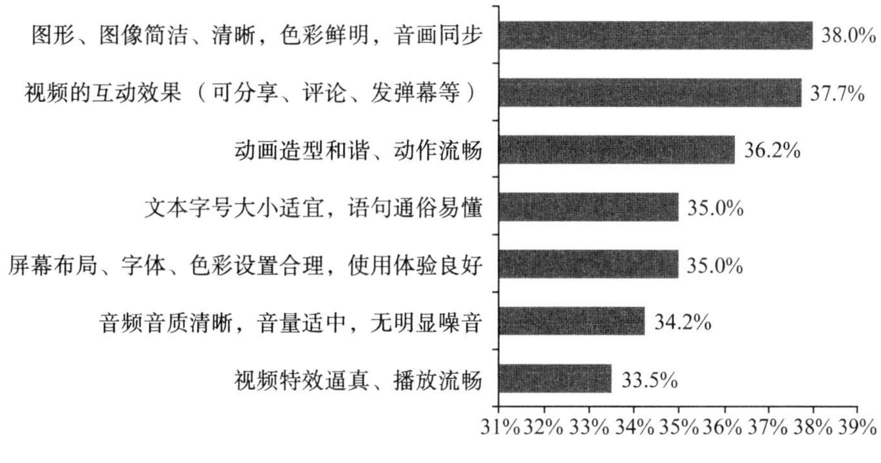

图 6-10　观众认为“云讲国宝”视频在呈现效果上最有待提升部分占比

五、观众对博物馆“云讲国宝”视频的认知和使用偏好

（一）观众对于博物馆利用视频进行教育传播的态度

对于观众而言，博物馆采用视频或直播等形式进行教育传播的做法具有不受时间和空间的限制、显著扩大与提升教育传播的覆盖面和便利度的优势。图6-11中的调研结果显示，观众对“突破了博物馆空间的限制，受众广，传播面广”和“突破了时间限制，可长期留存，还可随时观看，非常方便”两项指标的认可度最高，得分分别为 90.9 分和 90.8 分；“形式生动活泼，可看可听，趣味性强，通俗易懂，很吸引人”和“主题新颖、多元，内容灵活，贴近现实生活，是博物馆展览的有益延伸”两项指标的得分均为 89.8 分；相较而言，观众对于“篇幅

有限，信息承载量小，观众只能浅尝辄止”和“知识不系统，只能作为线下展览的辅助”的认可度较低，得分仅分别为61.2分和53.2分。这表明，观众对于此种教育传播形式的看法以正面为主。该种教育传播形式的优点和缺点均十分显著。一方面，博物馆通过线上视频或直播进行教育传播的做法突破了时空限制，形式生动活泼，主题新颖、多元，在人群覆盖面、便利性、趣味性和灵活性等方面具有突出的优势；另一方面，其劣势也较为明显，观众无法亲眼看到文物，而且网络信息混杂，需要观众甄别优质内容。

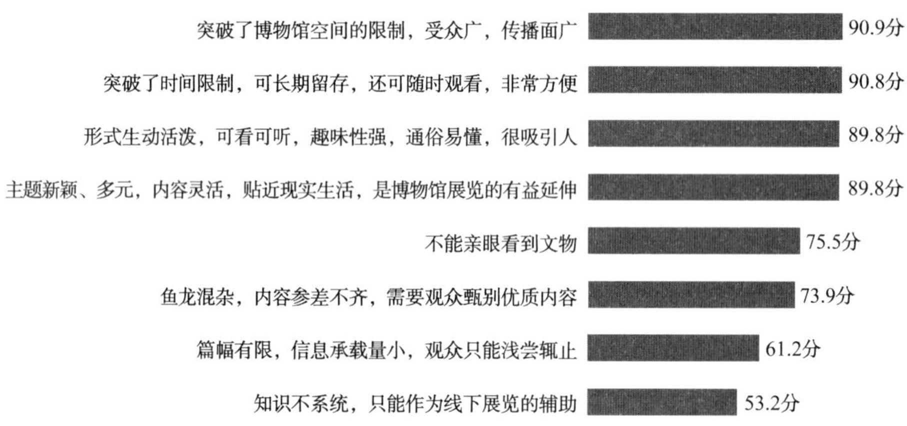

图6-11 观众对博物馆通过视频或直播等形式进行教育传播的做法评价

（二）观众获取信息的主要渠道

了解观众获取“云讲国宝”视频的主要信息渠道，有助于提升“云讲国宝”视频的宣传效果。目前，社交媒体渠道和官方线上渠道已经成为观众获取“云讲国宝”视频信息的主要渠道。

图6-12中的调研结果显示，有45.9%的观众“通过微博、微信朋友圈等社交媒体渠道”获取“云讲国宝”视频的播出信息，占比最高；有43.7%的观众“通过博物馆官网、App等官方渠道推荐”获取相关信息；其余信息获取渠道按占比高低依次为“通过抖音、快手等短视频渠道”（26.6%）、“通过文化云、文化主题公众号等线上平台”（25.3%）、“通过视频网站的热搜、趋势推送”（24.1%）、“通过哔哩哔哩弹幕视频网站”（23.6%）、“通过视频网站的账号关注推送”（21.1%）、“通过亲友推荐”（19.1%）、“通过政府公告、媒体等传统新闻渠道”（16.1%）、“通过书籍、报告等文献资料”（9.4%）。整体而言，观众主要通过线上的新媒体渠道和官方渠道获取“云讲国宝”视频的信息，而传统新闻媒体和文献资料等渠道的使用人数相对较少。

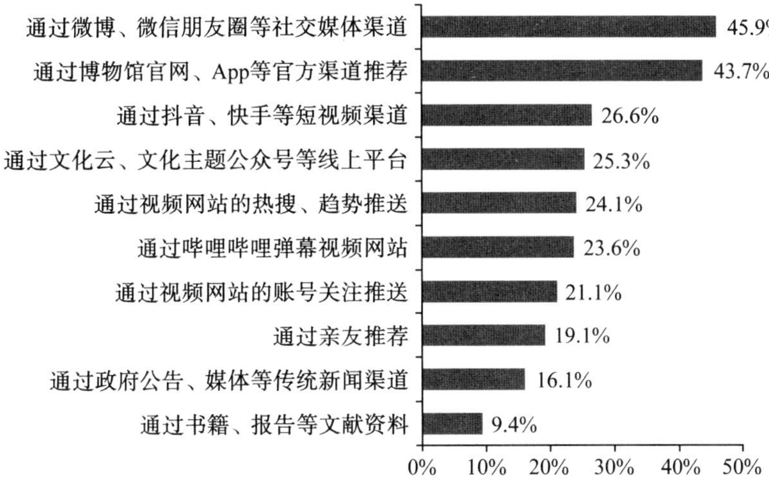

图 6-12　观众获取“云讲国宝”视频的主要渠道统计

（三）观众观看博物馆视频的目的

研究观众观看“云讲国宝”视频的主要目的，有利于博物馆进行有针对性的调整，从而提升观众满意度。图 6-13 中的调研结果显示，有 75.9%的观众认为“提升历史文化修养”是观看博物馆“云讲国宝”视频的最主要目的，占比最高；分别有 59.6%和 52.9%的观众是出于“兴趣爱好”和“学习专业知识”的目的而观看视频；相较而言，出于“进行学术研究”（15.9%）、“开展社交活动”（11.9%）、“陪同亲友、同事观看”（10.9%）和“消磨时间”（8.7%）等目的而观看视频的观众占比较少，均在 10%左右。这表明，山东博物馆“云讲国宝”视频的观众主要以学习型和兴趣型为主，通过“云讲国宝”视频进行学术研究和社交的观众占比较低。

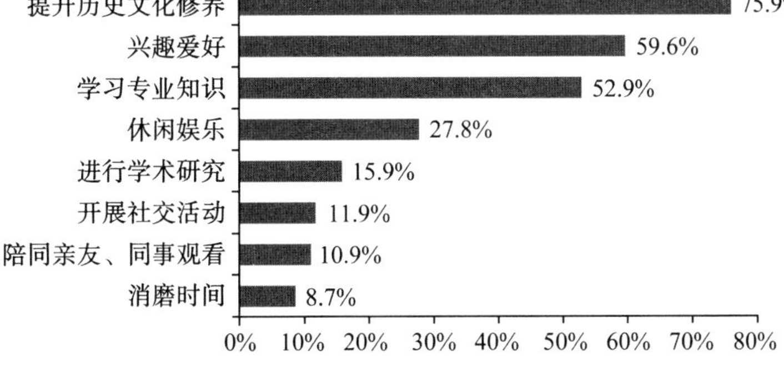

图 6-13　观众观看博物馆“云讲国宝”视频的主要目的统计

(四)观众感兴趣的直播内容

内容和形式是观众选择“云讲国宝”视频最重要的两个影响因素。图6-14中的调研结果显示,有74.2%的观众在观看博物馆网络视频或直播时,十分重视“内容丰富、知识点多”这一因素,占比最高;有63.3%的观众认为“形式多样、趣味性强”是重要的影响因素;分别有48.1%和44.9%的观众认为“画面精美度”和“主题新颖、多变”是最重要的影响因素;网络视频或直播的“互动性”(17.9%)、“更新/播出时间”(16.1%)和“更新频次”(10.2%)对观众的影响较小。这表明,观众更为偏爱内容丰富、趣味性强、画面精美和主题新颖的“云讲国宝”视频。

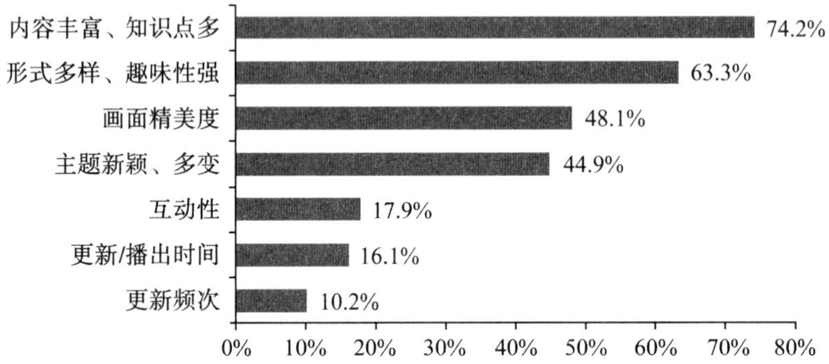

图6-14　观众观看博物馆网络视频或直播时最重要的影响因素统计

现场探秘和文物修复等考古类直播活动最受观众欢迎,其次为历史文化知识讲座类和展览展示类直播活动。图6-15中的调研结果显示,分别有53.6%和47.9%的观众对博物馆“直播探秘考古现场,了解考古知识”和“直播博物馆文物修复、护理工作”感兴趣;有43.9%的观众对于“直播历史文化知识讲座”感兴趣;其余各项按占比高低依次为“直播参观博物馆展厅展品”(39.0%)、“直播参观人文景观,了解当地历史文化”(32.5%)、“直播参观历史遗迹”(29.5%)、“未在展厅展出的库房文物相关内容的直播或视频”(20.8%)、“直播博物馆职工工作日常”(10.7%)。这表明,博物馆在进行线上直播时可以增加考古类、讲座类和展览展示类的直播活动场次。

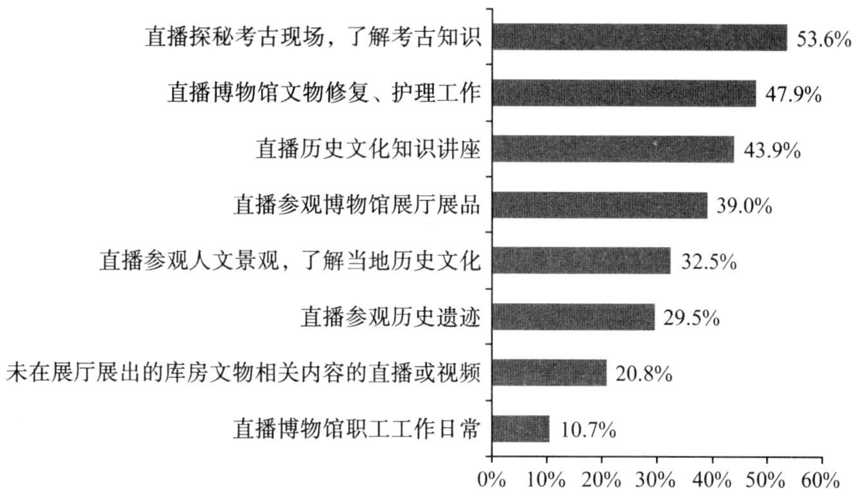

图 6-15　观众感兴趣的博物馆直播活动类型统计

（五）观众习惯的观看频率

大多数观众选择每周观看 1～2 次博物馆直播活动，并且直播活动的预告内容也是观众选择是否观看的影响因素。图 6-16 中的调研结果显示，有 40.9％的观众计划“每周观看一次”博物馆的直播活动，占比最高；有 27.3％的观众计划“2～3 天观看一次”直播活动；其余各项按占比高低依次为“时间不确定，根据节目预告与直播内容观看”（18.6％）、“每两周观看一次”（7.2％）、“每月观看一次”（3.5％）、“不能保证每月观看一次”（2.5％）。

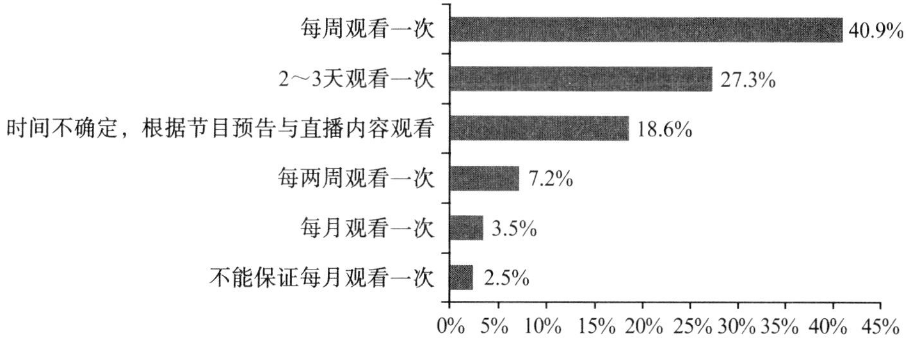

图 6-16　观众计划观看博物馆直播活动的频次统计

据调查,时长在10分钟以内的视频最受观众欢迎。图6-17中的调研结果显示,有40.7%的观众偏好时长为“5～10分钟”的博物馆“云讲国宝”视频;有30.5%的观众偏好时长为“2～5分钟”的网络视频;其余各项按占比高低依次为“10～20分钟”(29.5%)、“20分钟以上”(19.6%)、“2分钟以内”(4.7%)。

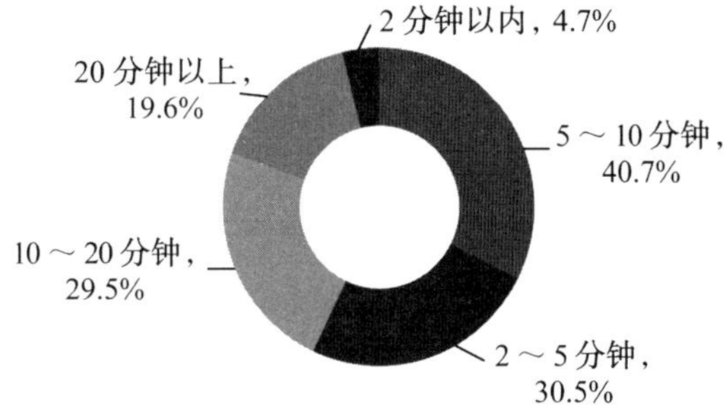

图6-17 观众偏好的博物馆“云讲国宝”视频时长统计

表6-8整理了“云讲国宝”活动获奖视频的时长和播放次数。由表可以看出,目前市场上绝大多数短视频的时长都集中在5～10分钟,受众可以利用工作、生活中的碎片时间观看视频。该时长适合现代人紧张的生活节奏。虽然单个短视频的内容承载量有限,但是可以通过系列视频的方式建立较为系统和完善的知识体系。例如,《如果国宝会说话》系列纪录片虽然每集只有5分钟,但是整个系列按照时间脉络讲解了从新石器时代到宋、元、明、清各个时代的代表性文物,内容短小精练又自成体系。

表6-8 “云讲国宝”活动获奖视频时长和播放次数

视频名称	发布者	时长	播放次数
《沧海一声笑》山水乐团#云讲国宝#	北京山水民乐艺术团	6分3秒	24000
飞来一峰青芙蓉	中国园林博物馆	3分50秒	21000
全球第一张恐龙邮票主角就是它!	重庆自然博物馆	7分21秒	5720
宫中好乘凉——来自故宫博物院的多语种故事讲述	故宫宣教	11分	4020
鎏金银壶	宁夏固原博物馆	4分28秒	3089
一把金伞	民族文化宫博物馆	4分19秒	2339
辛追嫔驰的云纹漆鼎	湖南省博物馆	6分30秒	2183
一份有错别字的入党誓词	武汉革命博物馆	5分55秒	1700
刘胜金缕玉衣	河北博物院	7分56秒	1148
中国“智造”——来自两千四百年前的冰箱	湖北省博物馆	6分38秒	538

六、主要结论和对策建议

(一)积极推动博物馆数字化建设,发展在线业务

数字化和线上技术的运用极大地丰富了博物馆履行职能的途径和形式,对于博物馆教育功能的发挥具有重要意义。近年来,国内外各大博物馆逐步探索和构建了更为丰富的、多感官的博物馆知识教育体系,为公众提供了更为广泛的、便利的和个性化的学习机会。以上海博物馆为例,其在 1984 年就在馆内成立电脑组,开始了博物馆的数字化建设探索,是中国博物馆界数字化转型的先驱。

我国政府也十分重视和支持博物馆发展在线业务,加强文物数字化建设。2018 年 10 月,中共中央办公厅、国务院办公厅印发的《关于加强文物保护利用改革的若干意见》提出了"创新文物价值传播推广体系""激发博物馆创新活力""加强科技支撑"等主要任务,明确要求"发展智慧博物馆,打造博物馆网络矩阵""充分运用互联网、大数据、云计算、人工智能等信息技术,推动文物展示利用方式融合创新,推进'互联网＋中华文明'行动计划"。2019 年 5 月,国家文物局发布了《博物馆馆藏资源著作权、商标权和品牌授权操作指引(试行)》,旨在进一步推动博物馆逐步开放共享文物资源信息,激发博物馆创新活力。2020 年 11 月,国家文物局在官网上公布了一批关于政协十三届全国委员会第三次会议提案的回复函,提出要大力发展博物馆"云展览"、支持博物馆发展在线业务、大力加强文物数字化建设、加快物质文化遗产数据库建设以及将文物数字化基础能力建设纳入数字新基建计划。

数字化本身就是博物馆近年来致力探索和发展的趋势,2020 年的新冠肺炎疫情则进一步加速了博物馆的数字化建设。一方面,公共文化场所一度停止开放,虽然目前已逐步恢复开放,但仍有人流量限制等疫情防控要求,难以满足各类人群的需求;另一方面,5G、VR、大数据、人工智能等现代技术在疫情期间得到了快速发展和应用,为博物馆的创新性发展提供了契机。不管是国外还是国内,各大博物馆都在积极探索和发展以"云展览""云直播""云课堂"等为代表的线上业务,显著提升了博物馆的教育效能,推动了博物馆文化服务方式的创新。例如,梵蒂冈博物馆上线了 360°沉浸式体验,观众可以通过屏幕直接观看著名的西斯廷天顶壁画;大英博物馆对馆藏进行了扩建升级,在线展示 40 余万件高清文物作品并对展品进行详细介绍;圣彼得堡埃尔米塔什博物

馆则针对不同年龄段观众推出了各类艺术教育项目。[①]

为更好地发挥博物馆的社会教育功能,让社会公众能够在足不出户的情况下便利地获取各类博物馆教育资源,山东博物馆对线上资源进行进一步开发、利用和宣传十分符合当前形势并且很有必要。

博物馆的数字化建立在实体博物馆及其藏品和展览的基础之上,既是在线上重现实体博物馆的各个方面,又是实体博物馆在虚拟空间的延伸,进一步拓展了博物馆履行职能的边界,并催生了博物馆利用互联网进行远程教育的新型教育方式。新型博物馆教育形式一方面可以打破时空限制,通过新媒体技术和移动技术为公众提供类型多样的教育项目,使观众在任何时间、任何地点均可使用自己的设备进行观看和学习;另一方面可以大幅提升博物馆教育的互动性,使博物馆可以基于交互式多媒体向公众提供多样的文物相关信息。例如,英国泰特美术馆的"Hello Cube"雕塑视频装置可以在墙壁上投射出图像,观众通过肢体动作和语音指令可以改变其颜色和图案,并可以通过社交媒体平台和官方网站进行实时沟通和交流。

基于传统博物馆和数字化博物馆的不同特性,山东博物馆应在充分了解不同模式的共性和差异性的基础上开展线上业务。由于山东博物馆的资源有限,而为了更好地面向普通观众履行其职能,尤其是教育职能,则应结合线上业务不受时空限制且互动性强的特点,明确线上业务的开展方向——普及性和趣味性。博物馆线上业务的传播渠道和业务形式都应是多样化的,尽可能地覆盖更多人群,提升观众获取博物馆教育资源的便利度,而其内容则既需要具备一定的丰富度和教育价值,又应尽可能地具有趣味性和互动性,如此才能在信息爆炸的时代吸引更多关注和流量。博物馆线上、线下业务具有互相补充的关系,观众虽然可以在实体博物馆中现场观摩实物,但是现场往往缺乏对文物故事和历史价值的讲解,走马观花式的参观极为普遍,而线上业务则可以在虚拟空间中延伸实体展览。例如,观众可以根据兴趣爱好查看藏品的放大图片、详细模型、信息说明以及音频动画等各类信息,在观众自由探索的过程中博物馆的教育效果也得到了提升。

后文将从线上业务的传播渠道、业务形式、业务内容和需求评估四个方面,提出提升山东博物馆线上业务效能的对策建议。

(二)重视新媒体传播渠道,差异化推送提升宣传效果

调研结果显示,社交媒体和官方自媒体等新媒体传播渠道已经成为观众

① 参见伊丽妍冬:《疫情冲击下欧洲博物馆谋求"转型"》,《艺术市场》2020年第12期。

获取山东博物馆“云讲国宝”视频信息的最主要渠道。建议山东博物馆构建新媒体传播矩阵，充分利用线上各传播渠道进行整合营销，尤其需要注重社交媒体平台，如抖音、微信、新浪微博以及视频网站如哔哩哔哩、腾讯视频、优酷视频、爱奇艺等线上传播渠道。例如，可以在哔哩哔哩网站进行探秘考古现场、博物馆文物修复等观众喜爱的直播活动。

博物馆在进行线上文化传播时要改变传统观念，建立观众思维，从“我要提供什么样的内容给公众”转变为“公众希望在我的平台上看到什么样的内容”。首先，建议通过问卷调研、观众反馈和大数据分析等方式输出观众画像。要重点关注以下几个方面：观众是谁(年龄、性别、收入、学历、职业领域、兴趣爱好)？观众为什么关注这个新媒体平台？观众希望从平台上获取什么服务？平台能够给观众提供什么价值？其次，不同的媒介形式及内容吸引着不同的受众群体，建议针对不同人群进行需求分析并推出相关服务。可以前往博物馆参观的粉丝，希望通过线上平台获取展览展示信息、进行参观预约以及语音导览等服务；有学习兴趣的粉丝对文博类信息更感兴趣，希望通过线上平台阅览科普类知识或关于文物的深度解读；有消费需求的粉丝希望通过线上平台购买画报或文创周边产品等；有小孩的粉丝希望通过线上平台进行学习。不同人群的需求既是服务需求，也是完成传播的不同形式。线上平台提供的服务不仅能满足观众需求，还能作为差异化卖点进行宣传，并且有较大概率可在观众群体中自发宣传和产生裂变。

故宫博物院打造其“年轻、有趣”全新形象的做法则是对以上观点的有力印证。一方面，故宫博物院借助微信、微博、抖音等新媒体平台，与其他品牌开展多次跨界营销，获得了极高的曝光度，同时也有力地推动了故宫形象的年轻化转型。例如，与腾讯合作推出了《穿越故宫来看你》、与抖音合作推出了“斗转星移共团圆”宫廷月饼吉盒、与麦当劳合作推出了“炸鸡故宫桶”等。另一方面，故宫将传统文化元素植入各类美轮美奂的生活小物和文艺作品之中，开发推出了多样化的衍生文创产品，如故宫口红、朝珠耳机、故宫笔记本、故宫日历、美人伞等文化创意产品。以故宫文化资源为基调，同时兼顾生活性和实用性，在传承和保护传统文化的同时带来了经济效益。故宫博物院推出的《雍正行乐图》动态图片、《我在故宫修文物》纪录片、《上新了·故宫》综艺节目以及《故宫回声》连载漫画等形式多样、内涵丰富的文艺作品，既通过影视渠道提高了曝光度，也加深了人们对故宫文化和匠人精神的了解。

(三)线上业务形式多样化，不断探索创新形式

博物馆线上业务极大地丰富了博物馆履行职能的形式。目前，山东博物

馆线上业务主要包括线上展览、文创产品、新媒体业务、传统媒体业务和线上平台五大类，涵盖了线上展览、线上直播、线上视频、线上音频、电视综艺、线上课程等主流形式（见表6-9）。

表6-9 山东博物馆线上业务

线上业务	具体内容
线上展览	官网《虚拟展厅》栏目
	数字化保护项目
	线上数字展厅
文创产品	线上商城
	文创智造云平台
新媒体业务	微信公众号
	微博互动
	网络微视频
	网络直播
	音频作品
传统媒体业务	电视节目
	广播电视节目
线上平台	学习通App
	云观博App
	语音导览程序
	"文物山东"平台
	超星"文雅慕课"平台

博物馆教育作为一种广义教育，其开展的形式主要包括陈列讲解、辅助教学、开展讲座、举办展览。[①] 在探索和发展博物馆数字化的过程中，国内外博物馆业务衍生出了丰富多彩的形式，除了线上展览、线上讲座、线上直播、线上课程、线上视频/音频等形式，还发展出了线上游戏、电视综艺、线上咨询、互动抽奖以及线上夏令营等新形式。虽然目前山东博物馆开展的线上业务的形式已经较为丰富和多样化，但是对于强互动性和趣味性的创新形式的利用还有待

① 参见王宏钧：《中国博物馆学基础》，上海古籍出版社2001年版，第3～45页。

加强。以线上游戏为代表的创新形式具有极强的趣味性和互动性,同时还兼顾学习和教育价值。以美国纽约大都会博物馆设计的一款在线游戏——“大都会博物馆谋杀案”为例,玩家需要从大都会艺术博物馆的新美国馆中的雕像、油画和各类物件中找出萨金特肖像画中谋杀“X 夫人”的真凶。这款游戏将博物馆藏品作为推动游戏情节的元素,使玩家在玩游戏的过程中兴致勃勃地观察、了解甚至研究和欣赏藏品。①

(四)持续生产优质内容,着力提升文案功力

优质内容是持续吸引观众注意力的法宝,其重要性不言而喻。而线上视频的内容主要涵盖两方面:一是呈现对象,二是讲解文案。优秀的讲解文案既有知识性又有趣味性,兼顾艺术审美与大众需求,对于文物介绍及文化内涵的有效传达有着至关重要的作用。而博物馆线上视频的呈现对象主要以文物为主,无论是文字讲解还是画面呈现都要基于文物本身,对最终的内容产出有着显著影响。

建议在选择文物时,既要紧扣主题,注重代表性,使文物互相之间具有一定的逻辑联系,形成体系,也要关注时代潮流,尽量选择符合公众当下审美或兴趣的文物,尽可能地吸引更多的观众。以《如果国宝会说话》为例,制作团队在选择文物时,既考虑到了中华文化源远流长,从新石器时代一直到唐、宋、元、明、清的文物都有出现,在讲解文物的同时也展现了文化的发展脉络,也考虑到了现代观众的喜好,挑选出许多符合年轻观众审美的“萌萌哒”的文物作为吸睛点。

建议在撰写讲解文案前,要通过二手资料研究对讲解文物、视频主题以及地域文化进行归纳梳理;提取有效信息,如文物的来源、材质、造型、用途、制作工艺、铭记题跋、历史价值、艺术价值等,并按照递进顺序依次排列;整合信息并从中提炼核心内容,厘清思路并构建整体大纲和框架;围绕核心主题介绍文物背后的历史故事或者历史背景,挖掘文物背后的历史文化内涵。以《如果国宝会说话》为例,制作团队用心发掘了不同文物的关注点,如蛋壳黑陶杯的制作技艺、太阳神鸟金箔体现的人文精神、殷墟嵌绿松石甲骨所承载的历史信息。此外,有的文物展示了古代文明,有的文物则展现了不同文明之间的联系,还有的文物则展现了文明的代际传承。文案通过点、线、面一步一步地将逻辑体系建构丰富起来,从而展现多样的、深入的优质内容。

讲解文案的语言风格要随文物的背景故事和艺术文化而改变,既要有偏

① 参见张丽:《数字化时代中国博物馆教育发展研究》,华中师范大学硕士学位论文,2015 年。

抒情的一面，又要有严肃的一面。例如，在讲解《洛神赋图》时，文案糅合了《诗经》和《离骚》的语言风格，借旅人所观、所感描摹洛神之风华，在讲解旅人的爱情故事的同时，也将画卷完整地呈现在观众眼前，展现出了旅人对美的无限向往和永不可得的缺憾。文案内容如下：

一阵微风吹起，恍惚之间，有位伊人，映入眼帘。烟波浩渺中，那如朝阳般新鲜的一瞥，瞬间击中了旅人内心，洛神有多美？旅人如此形容：翩若惊鸿，婉若游龙，荣曜秋菊，华茂春松，又如云笼月，雪回风般朦胧。

而在讲解素纱单衣时，文案则采用一种故事化、生活化的描述方法，引导人们走进辛追夫人的生活：

两千多年前的一天，西汉长沙国丞相利苍的妻子——辛追夫人下葬，贴身侍女挑出她最喜爱的几件衣服，仔细叠好、封箱，放在她的棺木旁。

同时，文案也描绘了素纱单衣特有的朦胧之美及其背后的中国审美：

这一件是她的最爱，它没有衬里，轻薄、通透、柔弱、神秘。可以想象，当辛追夫人把它套在各种华服的最外面，华服上艳丽的纹饰，在这层薄纱下，若隐若现。她走到哪里，哪里就是宴饮聚会的焦点，这就是素纱单衣。

随着时代的发展，观众的需求和偏好都发生了巨大的变化，讲解方式和内容也需要随之更新。博物馆讲解文案的应用场景从线下延伸至线上，面对的挑战是巨大的，传统的填鸭式讲解难以让受众产生共鸣。互联网时代，每个人可以接触到的信息前所未有的多，各类游戏、电影、音乐、直播等娱乐方式极易分散人们的注意力，这就要求博物馆“云讲国宝”视频必须足够优质和有趣，这样才能持续吸引人们的注意。另外，博物馆“云讲国宝”视频由于不受时间和空间的限制，其受众覆盖面也不受地域限制而无限扩大；同时，现代人阅读习惯的改变与生活节奏的加快也使得网民更偏向利用碎片化的时间快速浏览各类信息。这些都要求讲解文案的语言必须更加通俗化和大众化，在短时间内迅速吸引受众注意力并简洁地抛出观点。

（五）探索独特品牌风格，形成差异化记忆点

品牌定位是指企业在市场定位和产品定位的基础上，对特定的品牌在文化及个性差异上的商业性决策，也是建立一个与目标市场有关的品牌形象的过程和结果。博物馆也要积极建立自己的品牌，通过一以贯之的独特风格，从而在目标受众心中占据一个特殊位置，使受众需要观看历史类或与博物馆相关的短视频时，会第一时间想到山东博物馆。

建议专门制作富有山东博物馆特色的音画 Logo，在视频或活动开始时播放，以强化受众对山东博物馆的认知和印象。以文物讲解纪录片《如果国宝会说话》为例，该纪录片每集开头会固定出现提示音："叮——你有一条来自国宝的留言，请注意查收。"既呼应片名，又为观众营造出一种仿佛真的听到国宝在说话的氛围，还能不断强化观众对于品牌的印象和记忆点。

笔者在研究同类历史文化类短视频时发现，同类产品的佼佼者均形成了自己的独特风格。以哔哩哔哩百大 Up 主鬼谷藏龙(芳斯塔芙)为例，其短视频内容以古生物科普为主，单个短视频播放量最高达 357.5 万次，弹幕数量达 1.8 万个，在科普中夹杂大量的人文知识，形成了科学严谨且极富趣味性的风格。提及古生物科普，大部分人的第一印象应该是科学和严肃的，但鬼谷藏龙的短视频无论是视频标题、画面呈现还是解说文案和解说风格，都体现出了趣味性。

(1)视频标题一般由讲解对象名称和其最突出的特征组成，采用年轻人喜欢并且有趣的语言，如"棘皮动物：六亲不认的演化步伐""病毒：生于三界之外、不灭六道之中"。

(2)画面呈现与解说文案联系紧密。例如，视频中有一句讲解是棘皮动物"在幼虫的身体一侧后方长出了一个类似于五角星的东西"，其画面中就分别呈现出了"幼虫""身体侧后方""五角星"的图示，帮助观众迅速理解难点(见图 6-18)。

(3)解说文案幽默风趣，解说富有感情，吸引了众多对古生物完全没有概念也没有兴趣的观众成为其死忠粉。比如，"在二亿到四亿年前的海洋里，殊途同归的海百合与海蕾在海洋里可谓处处开花。一眼望去，热情奔放的海百合与内敛含蓄的海蕾，还有其他怪模怪样的棘皮动物共同组成了一个妖艳的海底花园，里面长着各种各样的奇葩。"又比如，"经过了 3.5 亿年的进化，终于全部都灭绝了！嘿嘿，弹幕里认祖宗的小朋友们，你们是不是又被我骗了呀?"从以上示例中可以看出，其在撰写文案时经常使用生动且精准的词语，为历史背景信息的介绍增添了许多趣味性。

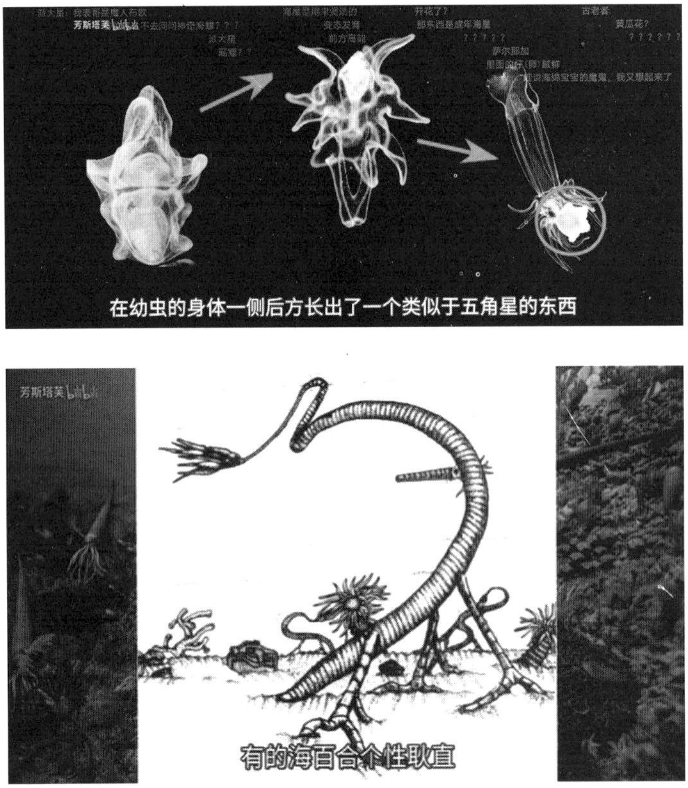

图 6-18　鬼谷藏龙视频内容截图

《如果国宝会说话》是央视出品的文物讲解纪录片，三季豆瓣评分均在9.5分左右，其在内容创新、文案撰写、讲解方式以及展品选择等多个方面都做到了在突出文物本身价值和意义的基础上，尽可能地吸引年轻观众。从该纪录片的海报来看，既有符合年轻人审美的海报，又有戳中年轻人心坎的卖萌海报——三星堆青铜人像一本正经地表示："说我像奥特曼的你别走。"（见图6-19）

从文物选择上来看，制作团队并非仅仅着眼于重量级的历史文物，而是在现代审美与历史价值之间追求平衡，挑选出了许多符合年轻观众审美的"萌萌哒"的文物作为吸睛点，起到了很好的效果，如接下来要介绍的陶鹰鼎。

图 6-19　《如果国宝会说话》官方海报

使用接地气的形容词来描述文物，不仅为讲解增添了许多趣味，而且也使观众对文物留下了十分深刻的印象。以第一季中的《陶鹰鼎：陶，醉了六千年》这一视频为例，文物是一只鹰造型的陶制鼎，由于造型过于独特，专家也不知道它的具体用途，竟然被官方吐槽：“这是一只有着胖胖腿的鹰……它除了上古的王者之气，又同时显示出另一种很现代的气息，用当下的话说，就是——萌萌哒。”用胖和萌来形容文物，不仅毫无违和感，还引发观众热烈反响，纷纷在弹幕中回复“萌萌哒”“王者之气加现代气息等于萌萌哒”“这个文案谁写的太逗了”“官方吐槽最为致命”等，甚至还有观众为陶鹰鼎制作了表情包（见图6-20）。

图 6-20　《陶鹰鼎》视频截图（左）和表情包（右）

（六）聚焦核心观众，增加观众交互功能

虽然博物馆“云讲国宝”视频面向社会不同群体开放，但是不同人群的喜好和需求存在较大差异，因此博物馆在开展活动时需要提前确定目标人群，并有针对性地提升目标人群的个性化体验。在确定主要受众的基础上，建议针对目标人群开展更为精细化的研究，调查该类人群对博物馆“云讲国宝”视频的认知情况和使用情况，重点了解其偏好和未能满足的需求。

由于资源有限，建议博物馆在运营伊始就通过观众调研分析其观众组成和潜在观众群体，确定“云讲国宝”视频的主要受众群体，再制定有针对性的运营策略。此处有针对性的运营策略，并不是说以后博物馆开展的活动仅仅关注这一类人群，而是以面向此类人群的活动为主，同时在一定周期内有规律地开展面向各类人群的活动。根据中国互联网络信息中心发布的数据，截至2020年3月，20～29岁、30～39岁中国网民的占比分别为21.5%和20.8%，高于其他群体。若从网民的构成和活跃度来看，则建议博物馆在设计“云讲国宝”视频时，以青壮年人群为主要对象，重点针对其喜好和需求对视频进行改善和提升。

此外，现有视频的互动性不强，弹幕和评论数量都较少，建议增加提问频次，提升互动性，从而更好地调动观众的积极性。提问时可制作一个互动页面，讲解员提出疑问的同时弹出对应按钮，观众可通过点击相应选项回答问题，回答后讲解员要及时给予反馈。

观众在收到实时反馈后，往往会大幅提升积极性和互动意愿，会通过弹幕积极互动。这既可以为视频积聚人气，也可以提升视频的趣味性。

（七）重视需求和意见反馈，评估教育活动效果

近年来，观众的需求越来越多样化和个性化，传统博物馆的公共文化服务供给产品与观众的需求对接度仍然有待提升。例如，“云讲国宝”活动官方评选出的优秀作品分为博物馆和私人Up主两类，但是无论是播放量还是弹幕数量，私人Up主发布的视频都要明显高于博物馆发布的视频。因此，建议博物馆加强对观众需求和意见的调研，持续评估教育活动的效果，提升公共文化服务供给与公众需求的供需对接程度。项目策划前，开展前置评估，通过定量问卷调研的方式，对潜在观众的需求进行研究和分析；项目策划中，开展形成性评估，建立问题及时反馈机制，收集、处理和回应观众参与活动时遇到的问题；项目推出后，开展总结性评估，可以通过定量问卷调研、定性深度访谈和总结座谈会等方式征集观众的意见，评估整体活动的成效，为日后更好地开展教育活动奠基。

附　录

附录一　观众满意度调查问卷

山东博物馆2018年度观众满意度调查问卷

山东博物馆正在进行2018年度观众满意度的调研工作，需要您协助回答一些问题，请您根据自己的真实情况在相应的选项上画“√”。您的回答无对错之分，仅作为博物馆改进服务质量的参考依据。感谢您的合作！

第一部分　观展特性

1.您今天是和谁一起来参观的？

A.独自一人　　B.家人或亲戚　　C.朋友　　D.团体（学校、旅游团）

E.其他：________【请注明】

2.您主要是通过哪种渠道了解山东博物馆展览信息的？

A.亲朋好友推荐　　B.网络　　C.电视、广播

D.报纸、杂志　　E.旅行社推介　　F.其他：________【请注明】

3.请问您本次参观山东博物馆距离上次大概有多久？

A.半年内　　B.半年到一年内　　C.1～3年

D.3年以上　　E.第一次参观

4.请问您本次是选择哪种交通方式来山东博物馆观展的？

A.步行　　B.骑车　　C.公交　　D.自驾车

E.旅游大巴　　F.其他：________【请注明】

5.您今天参观山东博物馆大概停留多长时间？

A.1小时以内　B.1～2小时　C.3～4小时　D.5小时以上

6.您本次来山东博物馆的主要参观目的是什么？

A.旅游休闲　B.教育子女　C.学习知识

D.文物鉴赏　E.学术研究　F.好奇

G.陪同他人或被动组织而来　H.其他：________【请注明】

7.请问您今天是不是特别为哪一个展览或活动而来到山东博物馆的？

A.是(继续)　B.不是(第8题跳过)

8.请问您今天是为了哪个展览或活动来山东博物馆的呢？【多选题】

(1)常设展览部分

A.佛教造像艺术展　B.汉代画像艺术展

C.山东历史文化展

D.鲁王之宝——明朱檀墓出土文物精品展

E.考古山东(话说考古)　F.山东考古成果展

G.非洲野生动物大迁徙展

(2)临时展览部分

A.中正仁和——走进养心殿　B.万世师表展

C.湿地精灵——山东鸟类标本展　D.山东省打击文物犯罪成果展

E.其他：________【请注明】

(3)其他活动

A.专题讲座　B.教育活动(孔子学堂、自然教室、历史教室等)

C.其他：________【请注明】

第二部分　观众对各服务要素的满意度评价

1.场馆环境及氛围营造满意度评价

(1)您对交通便利性的满意度如何？

A.非常满意　B.满意　C.一般　D.不满意　E.非常不满意

F.不清楚

(2)您对停车便利性的满意度如何？

A.非常满意　B.满意　C.一般　D.不满意　E.非常不满意

F.不清楚

(3)您对展厅参观秩序的满意度如何？

A.非常满意　B.满意　C.一般　D.不满意　E.非常不满意

F.不清楚

(4)您对场馆温度(舒适度)的满意度如何?

A.非常满意　B.满意　C.一般　D.不满意　E.非常不满意

F.不清楚

(5)您对环境卫生状况的满意度如何?

A.非常满意　B.满意　C.一般　D.不满意　E.非常不满意

F.不清楚

(6)您对场馆风格设计的满意度如何?

A.非常满意　B.满意　C.一般　D.不满意　E.非常不满意

F.不清楚

2.场馆配套设施满意度评价

(1)您对公共卫生间的满意度如何?

A.非常满意　B.满意　C.一般　D.不满意　E.非常不满意

F.不清楚

(2)您对公共休息设施的满意度如何?

A.非常满意　B.满意　C.一般　D.不满意　E.非常不满意

F.不清楚

(3)您对电梯设施的满意度如何?

A.非常满意　B.满意　C.一般　D.不满意　E.非常不满意

F.不清楚

(4)您对免费寄存处的满意度如何?

A.非常满意　B.满意　C.一般　D.不满意　E.非常不满意

F.不清楚

(5)您对自助取票处的满意度如何?

A.非常满意　B.满意　C.一般　D.不满意　E.非常不满意

F.不清楚

(6)您对无线网络覆盖的满意度如何?

A.非常满意　B.满意　C.一般　D.不满意　E.非常不满意

F.不清楚

(7)上述问题如有不满意或非常不满意,请简述原因:______________。

3.观展体验效果满意度评价

(1)您对指引标识导向清晰程度的满意度如何?

A.非常满意　B.满意　C.一般　D.不满意　E.非常不满意

F.不清楚

(2)您对展览参观线路设置的满意度如何?

A.非常满意　B.满意　C.一般　D.不满意　E.非常不满意

F.不清楚

(3)您对展品陈列方式的满意度如何?

A.非常满意　B.满意　C.一般　D.不满意　E.非常不满意

F.不清楚

(4)您对展厅灯光效果的满意度如何?

A.非常满意　B.满意　C.一般　D.不满意　E.非常不满意

F.不清楚

(5)您对文物展品丰富程度的满意度如何?

A.非常满意　B.满意　C.一般　D.不满意　E.非常不满意

F.不清楚

(6)您对展览内容知识性的满意度如何?

A.非常满意　B.满意　C.一般　D.不满意　E.非常不满意

F.不清楚

(7)您对展品趣味性(观赏性)的满意度如何?

A.非常满意　B.满意　C.一般　D.不满意　E.非常不满意

F.不清楚

(8)您对展品说明的通俗易懂程度的满意度如何?

A.非常满意　B.满意　C.一般　D.不满意　E.非常不满意

F.不清楚

(9)您对互动体验设施效果(含视频、触摸屏等)的满意度如何?

A.非常满意　B.满意　C.一般　D.不满意　E.非常不满意

F.不清楚

4.临时展览满意度评价

(1)您对展览数量的满意度如何?

A.非常满意　B.满意　C.一般　D.不满意　E.非常不满意

F.不清楚

(2)您对展览主题吸引力的满意度如何?

A.非常满意　B.满意　C.一般　D.不满意　E.非常不满意

F.不清楚

(3)您对展览水平和质量的满意度如何?

A.非常满意　B.满意　C.一般　D.不满意　E.非常不满意
F.不清楚
(4)上述如有不满意或非常不满意,请简述原因:________________。
5.讲解服务满意度评价
(1)您对讲解员服务的满意度如何?
A.非常满意　B.满意　C.一般　D.不满意　E.非常不满意
F.不清楚
(2)您对志愿者服务的满意度如何?
A.非常满意　B.满意　C.一般　D.不满意　E.非常不满意
F.不清楚
(3)您对语音导览服务的满意度如何?
A.非常满意　B.满意　C.一般　D.不满意　E.非常不满意
F.不清楚
6.场馆服务人员满意度评价
(1)您对服务人员仪容仪表的满意度如何?
A.非常满意　B.满意　C.一般　D.不满意　E.非常不满意
F.不清楚
(2)您对服务人员服务态度的满意度如何?
A.非常满意　B.满意　C.一般　D.不满意　E.非常不满意
F.不清楚
(3)您对服务人员专业水平的满意度如何?
A.非常满意　B.满意　C.一般　D.不满意　E.非常不满意
F.不清楚
7.信息服务满意度评价
(1)您对官网(PC端)信息服务的满意度如何?
A.非常满意　B.满意　C.一般　D.不满意　E.非常不满意
F.不清楚
(2)您对移动端(公众号等)信息服务的满意度如何?
A.非常满意　B.满意　C.一般　D.不满意　E.非常不满意
F.不清楚
(3)您对宣传材料的满意度如何?
A.非常满意　B.满意　C.一般　D.不满意　E.非常不满意
F.不清楚

8.生活类服务满意度评价

(1)您对纪念品商店出售的纪念品的满意度如何?

A.非常满意　B.满意　C.一般　D.不满意　E.非常不满意

F.不清楚

(2)您对三楼南侧环廊自然礼品店的满意度如何?

A.非常满意　B.满意　C.一般　D.不满意　E.非常不满意

F.不清楚

(3)您对便民服务设备(婴儿车、轮椅等)的满意度如何?

A.非常满意　B.满意　C.一般　D.不满意　E.非常不满意

F.不清楚

(4)上述如有不满意或非常不满意,请简述原因:____________。

第三部分　观众的总体满意度和忠诚度

1.整体而言,您对这次参观山东博物馆的满意度如何?

A.非常满意　B.满意　C.一般　D.不满意　E.非常不满意

2.在参观过程中,给您留下深刻印象的是什么?【多选题】

A.博物馆的建筑物

B.博物馆的展品及布局

C.博物馆文物的展示方式

D.博物馆的服务(讲解介绍)

E.博物馆的特色纪念品

F.其他

3.参观后,您觉得本次参观的意义何在?【多选题】

A.增长了知识

B.学习了优秀的传统文化,让我更加热爱传统文化

C.娱乐身心

D.增强了环境保护和动物保护意识

E.满足了好奇心

F.其他

4.您是否愿意再次来山东博物馆参观?

A.非常愿意　B.愿意　C.不一定　D.不愿意　E.非常不愿意

5.您是否愿意向亲朋好友推荐山东博物馆?

A.非常愿意　B.愿意　C.不一定　D.不愿意　E.非常不愿意

6.您觉得博物馆应从哪些方面加强，请按重要性依次排列(选择四项)：

A.陈列方式　　B.服务意识

C.管理意识　　D.宣传教育

E.纪念品及博物馆的宣传资料　　F.环境卫生

G.安全保卫　　H.文物保护

7.您认为山东博物馆未来还需要在哪些方面改进？________________。

第四部分　观众基本资料

1.您的性别是______。

A.男　　B.女

2.您的年龄是______。

A.12～18岁　　B.19～25岁　　C.26～35岁

D.36～45岁　　E.46～55岁　　F.56～65岁

G.66岁以上

3.您的受教育程度是______。

A.初中及以下　　B.高中(中职)　　C.大专

D.本科　　E.硕士研究生及以上

4.您的职业是______。

A.学生　　B.教师　　C.企事业单位员工

D.企事业单位管理人员　　E.自由职业者

F.公务员(含公检法工作人员)　　G.离退休人员

H.个体工商业者　　I.其他：________【请注明】

5.您的平均每月税前收入属于以下哪个范围？

A.2000元以下　　B.2001～3000元

C.3001～4000元　　D.4001～6000元

E.6001～10000元　　F.10000元以上

6.您的家庭居住地是______。

A.山东省济南市

B.山东省其他城市：________【请注明】

C.其他省份：________【请注明】

D.海外地区

附录二　展前观众需求调查问卷

“衣冠大成——明代服饰文化展”观众需求调查问卷

山东博物馆正在进行2020年“明代服饰文化展”的展前需求调查，想了解一下您对本次“明代服饰文化展”的期待、需求与建议，以便我们进一步提升展览质量。您的意见对我们非常重要，只需要占用您几分钟的时间，非常感谢您的支持！

本调查问卷为电子版问卷。

1. 筛选题

(1)您的性别是______。

A.男　　B.女

(2)您的年龄是______。

A.18岁及以下　　B.19～25岁

C.26～35岁　　D.36～45岁

E.46～55岁　　F.56～65岁　　G.65岁以上

(3)您的受教育程度是______。

A.初中及以下

B.高中(中职)

C.大专

D.本科

E.硕士研究生及以上

(4)您目前的居住地是______。

A.山东省济南市

B.山东省其他城市

C.其他省份：________【请注明】

D.海外地区

(5) 请问您对古代服饰的感兴趣程度如何？

A.非常感兴趣　　B.比较感兴趣　　C.有点感兴趣　　D.不感兴趣

2.服饰展览认知度与需求

(1)请问您是否知道山东博物馆即将举办“明代服饰文化展”？

A.知道【继续答题】

B.不知道【跳转至(3)】

(2)请问您是通过什么渠道提前了解到“明代服饰文化展”相关信息的?【多选题】

A.电视、广播

B.微信、微博等社交网络平台

C.报纸、杂志

D.公交、地铁、电梯等公共场所的广告

E.市区 LED、户外广告、海报、道旗

F.他人推荐

G.参与或路过博物馆现场

H.视频、门户、购物网站广告

I.官方邀请、通知

J.其他:________【请注明】

(3)“明代服饰文化展”是山东博物馆即将在9月底开幕的一个临时展览,展览将通过文字、实物、图片、多媒体视听等多种表现形式,生动形象地展现明代服饰的艺术价值与文化底蕴。请问您是否有兴趣参观该展览?

A.有兴趣【继续答题】

B.没有兴趣【终止答题】

(4)请问您对“明代服饰文化展”的哪些内容最感兴趣?【每个选项将配示例图、文字说明】【多选题,限选三项】

A.明代典型男、女形制服饰

B.明代服饰的色彩搭配

C.明代服饰的纹饰、吉祥寓意

D.与服饰相关的历史文化知识

E.明代服饰配饰(手环、项链等)

F.明代纺织、服饰制作工艺

G.其他服饰相关内容:________【请举例】

(5)请问您希望在展前更多地了解以下哪些“明代服饰文化展”相关内容?【多选题,限选三项】

A.服饰展购票/取票方式

B.服饰展展览时间

C.服饰展展品内容

D.明代服饰背景知识

E.展览场馆位置、交通信息

F.展厅设施设备(无障碍设施、听障视障设备等)

G.特别活动信息

H.其他内容:________【请举例】

(6)为了使"明代服饰文化展"展览说明文字符合您的阅读习惯,请您对以下描述文字风格进行评价。【请逐项进行评价】

①您喜欢精简风格,仅介绍名称、年代、服饰形制、纹样等基本信息的说明方式吗?

A.非常喜欢　B.喜欢　C.一般　D.不喜欢　E.非常不喜欢

②您喜欢详细的叙述性文字、语言通俗易懂的说明方式吗?

A.非常喜欢　B.喜欢　C.一般　D.不喜欢　E.非常不喜欢

③您喜欢学术风格、语言严谨精确、较多使用专业术语的说明方式吗?

A.非常喜欢　B.喜欢　C.一般　D.不喜欢　E.非常不喜欢

④您喜欢活泼风格、讲述背景小知识与历史典故的说明方式吗?

A.非常喜欢　B.喜欢　C.一般　D.不喜欢　E.非常不喜欢

⑥您喜欢现代风格、融合网络时代用语、便于理解的说明方式吗?

A.非常喜欢　B.喜欢　C.一般　D.不喜欢　E.非常不喜欢

(7)为平衡展示和保护之间的矛盾,提升展览的展示效果与观展体验,您期待展览提供哪些项目?【请逐项进行评价】

①您喜欢古装(复制品)试穿吗?

A.非常喜欢　B.喜欢　C.一般　D.不喜欢　E.非常不喜欢

②您喜欢古装换装电子小游戏吗?

A.非常喜欢　B.喜欢　C.一般　D.不喜欢　E.非常不喜欢

③您喜欢鲁绣体验,为衣服绣图案吗?

A.非常喜欢　B.喜欢　C.一般　D.不喜欢　E.非常不喜欢

④您喜欢现代的传统服饰走秀活动吗?

A.非常喜欢　B.喜欢　C.一般　D.不喜欢　E.非常不喜欢

⑤您喜欢由智能手机扫码观看的三维立体图、小动画吗?

A.非常喜欢　B.喜欢　C.一般　D.不喜欢　E.非常不喜欢

⑥您喜欢服饰文化艺术的相关讲座吗?

A.非常喜欢　B.喜欢　C.一般　D.不喜欢　E.非常不喜欢

⑦您喜欢服饰文化艺术的相关文创产品吗?

A.非常喜欢　B.喜欢　C.一般　D.不喜欢　E.非常不喜欢

(8)请问您对“明代服饰文化展”最期待的元素有哪些?【多选题,限选三项】

A.服饰文物展品

B.服饰制作工艺

C.服饰设计风格、思路

D.服饰穿戴传统、习俗

E.服饰文化相关历史典故、奇闻轶事

F.古代服饰相关文创产品

G.古代服饰展中的多样展览形式

H.现代服饰对传统文化、生活礼仪的传承

I.其他内容:________【请举例】

3.文创产品需求

(1)“明代服饰文化展”将开发各类文创产品,您期待的种类有哪些?【多选题】

A.服饰、图录等书籍

B.古代传统风格服饰

C.传统配饰(挂饰、项链、耳环等)

D.带有服饰元素的装饰品

E.服饰明信片、张贴画等

F.身着古代传统服饰的手办、模型

G.古代传统风格的日用品(折扇、雨伞等)

H.其他:________【请注明】

(2)您目前购买文创产品的消费习惯是什么?请您对以下消费方式进行评价。【请逐项进行评价】

①您喜欢通过线上电商平台(天猫、京东等)购买吗?

A.非常喜欢　B.喜欢　C.一般　D.不喜欢　E.非常不喜欢

②您喜欢通过社交网络平台(微信、微博、App 等)购买吗?

A.非常喜欢　B.喜欢　C.一般　D.不喜欢　E.非常不喜欢

③您喜欢联络商家定制、预购商品吗?

A.非常喜欢　B.喜欢　C.一般　D.不喜欢　E.非常不喜欢

④您喜欢观展时前往馆内纪念品店购买吗?

A.非常喜欢　B.喜欢　C.一般　D.不喜欢　E.非常不喜欢

⑤您喜欢前往综合类商场、购物街购买吗?

A.非常喜欢　B.喜欢　C.一般　D.不喜欢　E.非常不喜欢

⑥您喜欢前往授权专卖店购买吗?

A.非常喜欢　　B.喜欢　　C.一般　　D.不喜欢　　E.非常不喜欢

(3)山东博物馆计划出版一本"明代服饰文化展"图录,您最希望在图录中看到哪些内容?【多选题】

A.高清服饰图

B.服饰细节图

C.服饰信息说明,如服饰尺寸、色彩、纹饰解读等

D.服饰穿戴后的效果图

E.其他:________【请注明】

(4)山东博物馆计划出版一本"明代服饰文化展"图录,您更偏爱哪种规格?

A.大16开(285 mm×215 mm,与A4纸相当)

B.正16开(260 mm×185 mm)

C.12开(285 mm×285 mm)

D.对尺寸规格没有概念

E.其他:________【请注明】

(5)山东博物馆计划出版一本"明代服饰文化展"图录,您更偏爱哪种装帧风格?

A.平装　　B.软精装　C.精装　　D.其他:________【请注明】

(6)您是否愿意通过扫描二维码或关注微信公众号等方式获得更多与图录和展览相关的解读信息?

A.是　　B.否

(7)开放题

您对"明代服饰文化展"还有哪些期待和要求,请留下您的宝贵意见。【问答题】

____

____

____

____

附录三 观众访谈提纲

“山东历史文化展(史前时期)”观众访谈提纲

第一部分 观众前置访谈提纲

导语:您好,我是山东博物馆的工作人员,目前我们正在进行一项关于这个展厅的观众调查,请问可以耽误您3分钟时间,问您一些问题吗?

(拒绝):好的,没问题,祝您参观愉快。

(我还没看呢):这正是我们所需要的,想在您看之前先了解一些信息。

(接受):好的,非常感谢您的支持和配合。我们的访谈会被录音,但问题不会涉及您的隐私,且结果仅用于学术研究。

(如果拒绝录音,也可以照常进行,但需要访谈人员在结束后,立刻复述内容并用录音笔记录。)

问题如下:

1.请问您今天为什么来山东博物馆参观呢?(可以通过1～2个追问来获取更多信息)(追问:您是这一段时间内都在济南本地,还是来济南旅游或出差的呢?)

2.请问您此次参观之前是否有计划要参观哪几个展厅呢?如果有,该展厅在您的计划内吗?

3.您此前曾来过山东博物馆吗?

(来过):上一次是多久之前呢?上一次有来过该展厅吗?

4.您曾去过其他地方的博物馆吗?

(去过):能够列举几个吗?

过渡语:好的,我们的问题已经过半了。

问题:(没有答案)

5.请问您对历史感兴趣吗?(展示图版)从1到6,您会给自己打几分呢?

6.请问您对该主题感兴趣吗?(展示图版)从1到6,您会给自己打几分呢?

7.请问看到这个展厅的主题,您能想到哪些词汇或内容呢?不要拘束,什么都可以。

8.(史前):史前时期,陶器是最常见的一种器物,请问一提到陶器,您能想到哪些词汇或内容呢？例如，您觉得它们……

过渡语：好的，最后一个问题。

问题：（不公布答案）

9.（史前）：请问目前考古学的证据表明，我们的先民最晚是从什么时间开始“种地”的？

A.距今10万年　B.距今5万年　C.距今1万年　D.距今5000年

结束语：我们的问题就是这些。首先，非常感谢您对我们工作的支持和配合！我们这里有一份小小的纪念品，烦请您收下。……再次感谢。另外，我们希望在您参观完这个展厅之后，在出口处再耽误您1分钟时间，问一下您对这个展厅的意见和看法可以吗？如果您对我们的题目感兴趣，刚才这道题的答案也会在那时跟您作进一步的交流。

（同意）：非常感谢您的支持和配合，祝您参观愉快，一会儿在展厅出口处再见。

（不同意）：好的，抱歉耽误您的时间，再次感谢您的支持和配合，祝您参观愉快。（然后该样本作废，进行下一组。）

第二部分　观众后置访谈提纲

导语：您好！再次感谢您对我们工作的支持和配合！

问题如下：

1.麻烦问一下，在您参观完这个展厅之后，您对哪些内容印象比较深刻呢？（可以做1～2个追问，例如，您能否回想起一些具体的展品呢？或者前置访谈中的第8题。）

2.（史前）：在您参观完之后，除了陶器，您还能想到哪些内容呢？

3.请问刚才的选择题，您还需要调整吗？

4.您认为参观完该展厅后，您对这个主题的兴趣会有所提升吗？（完全没有提升/有很少的提升/有很大的提升/我现在对它非常感兴趣了）

5.您认为参观完该展厅后，您对这个主题的理解会有所提高吗？（完全没有提高/有很少的提高/有很大的提高/我从参观中学到了非常多的内容）

6.请您评价一下这个展览的质量、优点与不足(可说出1～6条)。(鼓励多说)

结束语：再次感谢您的支持和配合！我们所有的问题就是这些，我们刚才那道小问题的答案是……最后，请问您是否方便透露一下您的年龄、职业与专业呢？

（同意）：非常感谢您的配合，祝您参观愉快。

（不同意）：好的，没关系，非常感谢您的配合，祝您参观愉快。

参考文献

一、中文文献

[1]北京师范大学教育学部中国儿童博物馆研究中心:《儿童·博物馆·教育:共同愿景》,上海教育出版社2021年版。

[2]沈辰:《众妙之门:六谈当代博物馆》,文物出版社2019年版。

[3]郑奕:《博物馆与中小学教育结合:制度设计研究》,复旦大学出版社2010年版。

[4]郑奕:《博物馆教育活动研究》,复旦大学出版社2015年版。

[5]单霁翔:《博物馆的观众服务》,天津大学出版社2017年版。

[6]周婧景:《博物馆儿童教育:儿童展览与教育项目的双重视角》,浙江大学出版社2017年版。

[7]肥志:《如果历史是一群喵:夏商西周篇》,黑龙江美术出版社2017年版。

[8]李忠美:《新零售运营管理(慕课版)》,人民邮电出版社2020年版。

[9]刘电芝:《教育与心理研究方法》,西南师范大学出版社1997年版。

[10]中国国家文物局、中国博物馆协会:《中国博物馆志3:上海卷、山东卷、青海卷》,文物出版社2013年版。

[11]杜莹:《博物馆儿童美育:让儿童感知博物馆的"美"》,科学出版社2020年版。

[12][美]彼特·萨米斯、米米·迈克尔森:《以观众为中心:博物馆的新实践》,尹凯译,科学出版社2018年版。

[13][英]海因:《学在博物馆》,李中、隋荷译,北京燕山出版社2010年版。

[14][美]莎伦·E.谢弗:《让孩子爱上博物馆》,于雯、刘鑫译,译林出版社

2018年版。

[15]单霁翔:《从重“物”到“人”“物”并重——博物馆社会服务理念的提升》,《中国博物馆》2014年第3期。

[16]史吉祥:《描述·解释·改变——博物馆观众研究的三重境界》,《东方考古》2018年第1期。

[17]史吉祥:《再论博物馆公众》,《中国博物馆》2018年第3期。

[18]王启祥:《国内博物馆观众研究知多少》,《博物馆学季刊》2004年第2期。

[19]席丽、赵星宇、涂强:《博物馆微学习资源设计思路初探》,《中国博物馆》2020年第4期。

[20]席丽:《展览阐释不足问题及对策研究——以“山东历史文化展(史前展厅)”为例》,《文博学刊》2021年第3期。

[21]尹凯:《博物馆观众研究议题:概念、理论与实践》,《东南文化》2015年第6期。

[22]尹凯:《如何发现博物馆之于观众的意义——一项基于深度访谈和叙事研究的观众研究的启发》,《自然科学博物馆研究》2020年第4期。

[23]周瑶:《中国博物馆观众研究方法的现状与反思》,《中国博物馆》2018年第2期。

[24]赵星宇、史吉祥:《研究、评估与调查的关系——对博物馆观众研究几个关键概念的辨析》,《东南文化》2020年第1期。

[25]赵星宇等:《博物馆学习视角下的展览环境效果评估——以展线与照明设计对观众注意力的影响研究为例》,《自然科学博物馆研究》2020年第1期。

[26]赵星宇、姜惠梅、席丽:《展览教育效果评估的理论、方法与实践——以山东博物馆2018—2019年展览观众评估项目为例》,《东南文化》2021年第1期。

[27]严建强:《从展示评估出发:专家判断与观众判断的双重实现》,《中国博物馆》2008年第2期。

[28]严建强:《在博物馆里学习:博物馆观众认知特征及传播策略初探》,《东南文化》2017年第4期。

[29]郑奕:《博物馆教育的出发点:创设让人“快乐”的体验》,《中国博物馆》2017年第4期。

[30]郑奕:《相关性　共鸣度　同理心——博物馆企及观众的关键》,《东

南文化》2018 年第 1 期。

[31]周婧景、林咏能:《国际比较视野下中国博物馆观众研究的若干问题——基于文献分析与实证调研的三角互证》,《东南文化》2020 年第 1 期。

[32]周婧景:《对博物馆“以观众为中心”概念的再理解》,《中国博物馆》2021 年第 1 期。

[33]孙其媛:《传播学视角下博物馆展览宣传研究——以“又见大唐”书画文物展为例》,《文化产业》2020 年第 29 期。

[34]王法东、席丽:《基于问卷调查的国有博物馆观众满意度提升探究——以山东博物馆为例》,《文物鉴定与鉴赏》2019 年第 2 期。

[35]张拓、黄佩思:《故宫文创产品网络营销策略研究》,《中国市场》2020 年第 35 期。

[36]张越、陈理娟:《提升传统文化影响力目标下的文物讲解词编写——以西北大学博物馆为例》,《文博》2019 年第 1 期。

[37]赵星宇:《试析中国的博物馆观众研究发展脉络——基于“观众研究”“观众评估”与“理论方法”的视角》,《自然科学博物馆研究》2020 年第 4 期。

[38]席丽:《基于大文创视角的博物馆品牌形象的创建》,《中国文物报》2020 年 4 月 21 日。

[39]席丽:《“双减”出台　文博利好?给博物馆教育带来哪些启示》,《中国文物报》2021 年 9 月 7 日。

[40]钱欢青:《省博“上新”了,这次是世界级精品》,《济南时报》2020 年 9 月 30 日。

[41]杨勇:《山东石刻有了分类“图谱”》,《大众日报》2014 年 8 月 8 日。

[42]赵秋丽、冯帆:《“衣冠大成——明代服饰文化展”亮相省博》,《山东侨报》2020 年 10 月 23 日。

[43]钱欢青:《“香光馨远——董其昌书风展”省博开展》,《济南时报》2019 年 11 月 18 日。

[44]张丽:《数字化时代中国博物馆教育发展研究》,华中师范大学博士学位论文,2015 年。

二、英文文献

[1] M. B. Alt, “A cognitive approach to understanding the behaviour of museum visitors”, University of London, 1983.

[2] S. C. Bitgood, H. H. Shettel, “An overview of visitor studies”,

Journal of Museum Education, vol. 21, no. 3 (1996), pp. 6-10.

[3] B. I. Gilman, "Museum fatigue", *The Scientific Monthly*, vol. 1, no. 2 (1916), pp. 62-74.

[4] J. Hohenstein, T. Moussouri, *Museum learning: Theory and research as tools for enhancing practice*, New York: Routledge Press, 2017.

[5] J. H. Falk, L. D. Dierking, *Learning from museums: Visitor experiences and the making of meaning*, Walnut Creek, Lanham, New York, Oxford: AltaMira Press, 2000.

[6] L. Kelly, "Evaluation, research and communities of practice: Program evaluation in museums", *Archival Science*, vol. 4, no. (1-2) (2004), pp. 45-69.

[7] S. Bicknell, G. Farmelo, S. Museum, *Museum Visitor Studies in the 90s*, London: Science Museum, 1993.

[8] R. S. Miles, "Museum audiences", *International Journal of Museum Management and Curatorship*, vol. 5, no. 1 (1986), pp. 73-80.

[9] R. S. Miles, A. F. Tout, "Human biology and the new exhibition scheme in the British museum (natural history)", *Curator: The Museum Journal*, vol. 21, no. 1 (1978), pp. 36-50.

[10] M. E. Munley, "Back to the future: A call for coordinated research programs in museums", *The Journal of Museum Education*, vol. 11, no. 1 (1986), pp. 3-6.

[11] C. G. Screven, "Exhibit evaluation—A goal-referenced approach", *Curator: The Museum Journal*, vol. 19, no. 4 (1976), pp. 271-290.

[12] R. L. Wolf, B. L. Tymitz, "Studying visitor perceptions of zoo environments: A naturalistic view", *International Zoo Yearbook*, vol. 21, no. 1 (1981), pp. 49-53.